全国高职高专汽车专业领域人才培养"十三五"规划教材

汽车电气设备构造与维修

主　编　张　洲　修辉平
副主编　罗　继　罗文昭　李　琼
　　　　郭阳阳　符晓芬

华中科技大学出版社
中国·武汉

内 容 提 要

本书主要阐述了汽车各电气设备的基本结构、工作原理以及其控制电路,并结合典型故障现象,分析了各电路原理、各系统的故障特点以及排除方法。全书选材注重理论与实践的结合,内容全面新颖,层次分明,图文并茂,引入了现代真实电路案例,强化了汽车新技术和实用技术的介绍,较全面地反映了汽车电气设备的现状及其电路控制原理、检修方法。本书注重针对性与实用性,可以较好地培养学生的技术应用能力。

本书可作为高等职业院校汽车类专业的教材,也可以作为职业技能培训教材和相关专业人员的参考书。

图书在版编目(CIP)数据

汽车电气设备构造与维修/张洲等主编. —武汉:华中科技大学出版社,2019.9
全国高职高专汽车专业领域人才培养"十三五"规划教材
ISBN 978-7-5680-5701-1

Ⅰ.①汽… Ⅱ.①张… Ⅲ.①汽车-电气设备-构造-高等职业教育-教材 ②汽车-电气设备-车辆修理-高等职业教育-教材 Ⅳ.①U472.41

中国版本图书馆 CIP 数据核字(2019)第 204183 号

汽车电气设备构造与维修 张 洲 修辉平 主编
Qiche Dianqi Shebei Gouzao yu Weixiu

策划编辑:汪 富
责任编辑:戢凤平
封面设计:原色设计
责任监印:周治超
出版发行:华中科技大学出版社(中国·武汉)   电话:(027)81321913
　　　　　武汉市东湖新技术开发区华工科技园   邮编:430223
录　排:武汉三月禾传播有限公司
印　刷:武汉华工鑫宏印务有限公司
开　本:787mm×1093mm 1/16
印　张:16.5
字　数:418 千字
版　次:2019 年 9 月第 1 版第 1 次印刷
定　价:42.00 元

本书若有印装质量问题,请向出版社营销中心调换
全国免费服务热线:400-6679-118　竭诚为您服务
版权所有　侵权必究

前　言

随着电子工业的发展，越来越多的电子设备应用在汽车上，汽车电子技术的应用程度已经成为衡量整车水平的主要标志。电子产品在整车的价值量占比不断提升，单台汽车的汽车电子价值量占比从1950年的1％提升到目前的20％～35％。这主要是因为汽车电子复杂度不断提高和功能不断增加，已从最早期的车载无线电、电子点火装置发展到如今的安全控制系统、动力控制系统等多种机电一体化单元的组合。其控制原理由机械式、电子式逐渐转化为微机控制式，并可进行逻辑分析，然后控制相关的电气设备。这对汽车电气设备的检修提出了新的要求，需要不断增强检修人员的素质，帮助其建立基本的检修思路，使其学会利用现代检测设备进行不解体检测维修。

"汽车电气设备构造与维修"是高等职业院校汽车类专业的核心课程。该课程以"汽车构造""电工电子"等为基础，实践性强。本书采用项目式编排方式，主要阐述汽车各电气设备的基本结构、工作原理以及其控制电路，并结合典型故障现象分析各电路原理，可帮助读者了解各系统的故障特点以及排除方法。

本书由武汉职业技术学院张洲、九江职业技术学院修辉平担任主编，由长沙职业技术学院罗继、随州职业技术学院罗文昭、湖南工业职业技术学院李琼、武汉职业技术学院郭阳阳、海南经贸职业技术学院符晓芬等老师任副主编，在此对以上编写人员表示衷心感谢。

本书可作为高等职业院校汽车类专业的教材，也可以作为职业技能培训教材和相关专业人员的参考书。

本书在编写过程中参阅了大量的书籍资料，在此向相关作者表示感谢。由于编者水平有限，书中可能存在不妥或错漏之处，恳请读者批评指正。

张　洲
2019年6月

目　　录

项目1　汽车电气系统概述 …………………………………………………………… (1)
　任务1.1　汽车电气设备的发展 …………………………………………………… (1)
　　1.1.1　初始阶段 ……………………………………………………………… (1)
　　1.1.2　性能改善阶段 ………………………………………………………… (2)
　　1.1.3　飞速发展阶段 ………………………………………………………… (3)
　　1.1.4　智能阶段 ……………………………………………………………… (3)
　任务1.2　汽车电气系统的组成及特点 …………………………………………… (4)
　　1.2.1　汽车电气系统的组成 ………………………………………………… (4)
　　1.2.2　汽车电气设备的特点 ………………………………………………… (6)
　任务1.3　汽车电路中的常用符号 ………………………………………………… (7)
　　1.3.1　图形符号 ……………………………………………………………… (7)
　　1.3.2　文字符号 ……………………………………………………………… (16)
　任务1.4　汽车电气电路中常用的诊断工具 ……………………………………… (21)
项目2　汽车电源系统与检修 ………………………………………………………… (27)
　任务2.1　汽车电源系统概述 ……………………………………………………… (27)
　　2.1.1　电源系统类型 ………………………………………………………… (28)
　　2.1.2　电源系统的组成和工作原理 ………………………………………… (28)
　任务2.2　蓄电池的构造与型号 …………………………………………………… (29)
　　2.2.1　蓄电池的作用与类型 ………………………………………………… (29)
　　2.2.2　铅酸蓄电池的构造 …………………………………………………… (30)
　　2.2.3　蓄电池的型号 ………………………………………………………… (33)
　任务2.3　蓄电池的工作原理及工作特性 ………………………………………… (34)
　　2.3.1　蓄电池的工作原理 …………………………………………………… (34)
　　2.3.2　蓄电池的工作特性 …………………………………………………… (36)
　　2.3.3　蓄电池的容量及影响因素 …………………………………………… (38)
　任务2.4　蓄电池的故障诊断及排除 ……………………………………………… (40)
　　2.4.1　极板硫化 ……………………………………………………………… (40)
　　2.4.2　自行放电 ……………………………………………………………… (41)
　　2.4.3　活性物质脱落 ………………………………………………………… (41)
　　2.4.4　极板短路 ……………………………………………………………… (42)
　任务2.5　蓄电池的使用与维护 …………………………………………………… (42)
　　2.5.1　蓄电池的维护 ………………………………………………………… (42)

  2.5.2 蓄电池的技术状况检验 …………………………………………………… (42)
  2.5.3 蓄电池的使用 …………………………………………………………… (45)
 任务 2.6 电池技术的发展 ………………………………………………………… (46)
  2.6.1 免维护蓄电池 …………………………………………………………… (46)
  2.6.2 燃料电池 ………………………………………………………………… (47)
  2.6.3 碱性蓄电池 ……………………………………………………………… (48)
  2.6.4 电动汽车电池 …………………………………………………………… (49)
 任务 2.7 交流发电机的构造与型号 ……………………………………………… (49)
  2.7.1 交流发电机的构造 ……………………………………………………… (50)
  2.7.2 交流发电机的型号 ……………………………………………………… (56)
 任务 2.8 交流发电机的工作原理及工作特性 …………………………………… (56)
  2.8.1 交流发电机的工作原理 ………………………………………………… (56)
  2.8.2 交流发电机的工作特性 ………………………………………………… (60)
 任务 2.9 交流发电机的故障诊断及排除 ………………………………………… (62)
  2.9.1 充电系的故障诊断 ……………………………………………………… (62)
  2.9.2 交流发电机的故障检测与维修 ………………………………………… (64)
  2.9.3 交流发电机与调节器的使用及维护 …………………………………… (65)

项目 3 汽车起动系统与检修 …………………………………………………… (67)
 任务 3.1 起动系统的构造及工作原理 …………………………………………… (67)
  3.1.1 起动系统的组成与类型 ………………………………………………… (67)
  3.1.2 起动系统的结构 ………………………………………………………… (70)
 任务 3.2 起动系统控制电路 ……………………………………………………… (76)
  3.2.1 无起动继电器的控制电路 ……………………………………………… (76)
  3.2.2 带起动继电器的控制电路 ……………………………………………… (77)
  3.2.3 带组合继电器的控制电路 ……………………………………………… (78)
 任务 3.3 起动系统的故障诊断及排除 …………………………………………… (79)
  3.3.1 起动系统故障原因及分析 ……………………………………………… (79)
  3.3.2 起动系统故障排除 ……………………………………………………… (80)

项目 4 汽车点火系统与检修 …………………………………………………… (90)
 任务 4.1 点火系统概述 …………………………………………………………… (90)
  4.1.1 点火系统的发展概况 …………………………………………………… (90)
  4.1.2 点火系统的基本要求 …………………………………………………… (91)
  4.1.3 点火系统的类型 ………………………………………………………… (93)
 任务 4.2 传统点火系统的组成及工作原理 ……………………………………… (95)
  4.2.1 传统点火系统的组成 …………………………………………………… (95)
  4.2.2 传统点火系统的工作过程 ……………………………………………… (96)
  4.2.3 传统触点式点火系统的工作特性 ……………………………………… (98)

任务 4.3　电子点火系统的组成及工作原理 …………………………………… (100)
　　4.3.1　电子点火系统的组成与基本原理 ……………………………………… (101)
　　4.3.2　电子点火系统部件的结构与原理 ……………………………………… (102)
任务 4.4　微机控制点火系统 …………………………………………………… (106)
　　4.4.1　微机控制点火系统概述 ………………………………………………… (106)
　　4.4.2　微机控制点火系统的类型及工作原理 ………………………………… (107)
　　4.4.3　微机控制点火系统各部分的构成 ……………………………………… (108)
　　4.4.4　微机控制点火系统分类 ………………………………………………… (116)
　　4.4.5　微机控制点火系统的控制内容及方法 ………………………………… (118)
任务 4.5　微机控制点火系统的故障诊断及排除 ……………………………… (121)
　　4.5.1　点火控制系统的部件检修 ……………………………………………… (121)
　　4.5.2　点火控制模块的故障检修 ……………………………………………… (125)
　　4.5.3　电子控制器的故障检修 ………………………………………………… (126)

项目 5　汽车照明、信号系统与检修 …………………………………………… (127)

任务 5.1　汽车照明系统 ………………………………………………………… (127)
　　5.1.1　汽车照明系统的组成 …………………………………………………… (127)
　　5.1.2　汽车前照灯 ……………………………………………………………… (129)
　　5.1.3　雾灯与其他照明灯 ……………………………………………………… (135)
任务 5.2　汽车照明系统电路 …………………………………………………… (136)
　　5.2.1　继电器控制式前照灯控制电路 ………………………………………… (136)
　　5.2.2　前照灯自动变光控制电路 ……………………………………………… (137)
　　5.2.3　前照灯自动开灯/延时闭灯控制电路 ………………………………… (137)
　　5.2.4　前照灯照射角度调整机构及控制电路 ………………………………… (139)
　　5.2.5　汽车照明系统电路 ……………………………………………………… (140)
任务 5.3　汽车照明系统电路故障诊断与排除 ………………………………… (141)
　　5.3.1　汽车照明电路常见故障及原因 ………………………………………… (141)
　　5.3.2　汽车照明电路常见故障诊断与排除 …………………………………… (142)
任务 5.4　汽车信号系统 ………………………………………………………… (143)
　　5.4.1　汽车信号系统的组成 …………………………………………………… (143)
　　5.4.2　常用信号系统 …………………………………………………………… (144)
任务 5.5　汽车信号系统电路 …………………………………………………… (145)
　　5.5.1　汽车转向灯及闪光器电路 ……………………………………………… (145)
　　5.5.2　制动与倒车信号装置电路 ……………………………………………… (146)
　　5.5.3　扬声器和扬声器继电器电路 …………………………………………… (147)
任务 5.6　汽车信号系统电路故障诊断与排除 ………………………………… (147)
　　5.6.1　信号系统电路常见故障的诊断与排除 ………………………………… (147)
　　5.6.2　电扬声器的调整 ………………………………………………………… (149)

项目6 汽车仪表、报警系统与检修 (150)

任务6.1 汽车仪表系统 (150)
6.1.1 燃油表 (151)
6.1.2 机油压力表 (153)
6.1.3 冷却液温度表 (155)
6.1.4 车速里程表 (155)
6.1.5 发动机转速表 (157)

任务6.2 汽车电控仪表 (158)

任务6.3 汽车仪表系统电路故障诊断与排除 (159)
6.3.1 传统仪表故障诊断 (159)
6.3.2 数字仪表的检测方法 (160)

任务6.4 汽车报警系统 (161)
6.4.1 机油压力报警装置 (162)
6.4.2 冷却液温度报警装置 (163)
6.4.3 燃油油量报警装置 (163)
6.4.4 制动液液面报警装置 (163)
6.4.5 制动信号灯断线报警装置 (164)

任务6.5 汽车报警系统电路 (164)

任务6.6 汽车报警系统电路故障诊断与排除 (166)

项目7 汽车空调系统与检修 (168)

任务7.1 汽车空调系统 (168)
7.1.1 空调系统的类型 (168)
7.1.2 空调系统的组成 (170)
7.1.3 空调制冷系统的组成及工作原理 (172)

任务7.2 汽车空调系统故障诊断与排除 (177)
7.2.1 元件检查 (177)
7.2.2 控制部分检修 (179)

项目8 汽车安全气囊系统与检修 (184)

任务8.1 汽车安全气囊系统 (184)
8.1.1 汽车的安全气囊系统 (184)
8.1.2 安全气囊的组成与工作原理 (187)
8.1.3 安全带 (195)

任务8.2 汽车安全气囊系统故障诊断与排除 (197)

项目9 辅助电气系统与检修 (199)

任务9.1 电动刮水器、洗涤及除霜装置 (199)
9.1.1 电动刮水器 (199)
9.1.2 电动刮水器控制电路 (205)

9.1.3　风窗玻璃除霜装置 ……………………………………………………………… (207)
任务 9.2　刮水系统、风窗洗涤系统故障诊断与排除 ……………………………………… (208)
9.2.1　刮水器不工作故障的诊断 ……………………………………………………… (208)
9.2.2　刮水器不能复位故障的诊断 …………………………………………………… (208)
9.2.3　风窗清洗装置不喷水故障的诊断 ……………………………………………… (209)
任务 9.3　汽车电动车窗、电控门锁、防盗系统及电动座椅 ……………………………… (209)
9.3.1　电动车窗 …………………………………………………………………………… (209)
9.3.2　电动门锁 …………………………………………………………………………… (213)
9.3.3　遥控门锁系统 ……………………………………………………………………… (219)
9.3.4　汽车防盗系统 ……………………………………………………………………… (221)
9.3.5　电动座椅 …………………………………………………………………………… (223)
任务 9.4　电动车窗、电控门锁、防盗系统及电动座椅故障诊断与排除 ………………… (226)
9.4.1　电动车窗的故障诊断与排除 …………………………………………………… (226)
9.4.2　电控门锁的故障诊断与排除 …………………………………………………… (228)
9.4.3　防盗系统的故障诊断与排除 …………………………………………………… (229)
9.4.4　电动座椅常见故障的诊断与排除 ……………………………………………… (232)

项目 10　整车电路分析 …………………………………………………………………………… (233)
任务 10.1　汽车电路识图 …………………………………………………………………… (233)
10.1.1　汽车电路图的种类 ……………………………………………………………… (233)
10.1.2　汽车电路识图的一般方法 ……………………………………………………… (237)
任务 10.2　典型车系的电路分析 …………………………………………………………… (238)
10.2.1　大众车系电路分析 ……………………………………………………………… (238)
10.2.2　丰田车系电路分析 ……………………………………………………………… (242)
10.2.3　通用车系电路分析 ……………………………………………………………… (245)
10.2.4　雪铁龙车系电路分析 …………………………………………………………… (249)

参考文献 …………………………………………………………………………………………… (253)

项目 1　汽车电气系统概述

知识目标

1. 了解汽车电气系统的发展历史及现状；
2. 掌握汽车电气系统的基本组成及特点；
3. 熟悉汽车电气系统常见的符号；
4. 熟悉常用电气检测工具的使用。

能力目标

1. 能识别汽车电气系统各个部件；
2. 能识读常见的汽车电气符号；
3. 能合理运用汽车电气系统检测维修工具进行检测和维修。

案例导入

汽车自 1886 年 1 月 29 日诞生至今，给世界经济发展和人们的生活带来了翻天覆地的变化。汽车技术的发展也日新月异。作为汽车重要组成部分的汽车电气系统，也随着汽车技术的发展而悄然发生着变化，向着更先进、更环保、更节能、更安全的方向发展。

任务 1.1　汽车电气设备的发展

作为代表人类工业技术结晶的汽车，在诞生之初，它的电气系统远远不是现在的样子，甚至可以说还构不成系统，根本谈不到电子控制技术。按照传统意义上的划分，汽车由发动机、底盘、车身和电气四部分组成，但在相当长的时间内，机械技术牢牢占据着汽车领域的主导地位。随着人们对汽车性能的无限追求，尤其是计算机技术、电子控制技术、人工智能技术和网络通信技术的发展和在汽车上的普遍应用，越来越多的车用电子装置和新产品不断涌现。"智能互联"汽车的出现更是占据了现代汽车工业发展的主要地位。

一般来说，汽车电气设备的发展可以划分为四个历史阶段：初始阶段、性能改善阶段、飞速发展阶段和高精尖技术融合阶段。

1.1.1　初始阶段

汽车电气设备发展的初始阶段一般是指 1950 年以前。当时，电子技术也才刚刚起步，限于当时电子技术的实际情况，汽车的发展以机械技术创新为主，电气设备在汽车上应用还比较少，仅有一些必备的电气设备应用在汽车上，例如蓄电池。尽管如此，伴随着发明家的不懈努

力,各项发明创造逐渐不断地被应用在汽车上。从时间上来看,这个阶段的发明创造主要有:

1830年汉弗莱发现将电路断开会产生火花;

1851年伦科夫制造了第一个电磁感应线圈;

1860年勒诺制造了第一个火花塞;

1888年艾尔顿制造的第一台试验电动汽车;

1895年埃米尔·莫尔斯制造出由传动机构驱动直流发动机为蓄电池充电的装置;

1897年博世和西莫斯发明了用磁电机为发动机点火的技术;

1902年博世制造出高压磁电机;

1905年米勒·里斯发明电喇叭;

1921年首次在汽车上安装收音机;

1930年蓄电池点火取代磁电机点火;

1931年史密斯发明了电磁燃油表;

1939年首次在汽车上安装了自动点火提前装置;

1939年汽车电路首次开始采用熔断器盒。

这段时间主导汽车性能的主要是机械装置,如发动机、变速器等。除发电机、点火系统外,其他均属于补充功能。汽车电气设备此时还构不成体系,还属于汽车附属功能,主要作用就是完善汽车各个系统、装置的基本功能。

1.1.2 性能改善阶段

这一阶段一般是指1950—1975年,尤其是20世纪60年代后期。随着电子技术的进步,越来越多电气产品在汽车上应用,虽然这时汽车的电气产品还多属于分立元件和部分小规模集成IC,但是已经逐渐影响到了汽车各项性能指标,例如:

1951年博世开发了电子燃油喷射系统;

1955年钥匙起动成为汽车起动标准模式;

1958年首个集成电路问世;

1960年开始用交流发电机取代直流发电机;

1963年电子闪光器问世;

1965年开始重新采用负搭铁系统;

1967年博世公司开始正式生产燃油喷射系统发动机;

1967年电子车速表诞生;

1970年交流发电机开始大量取代直流发电机;

1974年第一套无触点电点火装置诞生并投入使用。

这个阶段的主要标志是交流发电机开始采用二极管硅整流技术,减小了发电机的体积和提高了低速发电的能力;用电子调节器替代机械触点式调节器,减少了汽车电源系统的故障率,提升了汽车电力系统的可靠性。而高能电子点火技术的采用,解决了汽车冷起动困难,同时提高了汽车的动力性,极大降低了汽车的污染排放量。

这是电子工业发展初期的结果,大量的还不成熟的电子过渡产品被应用在汽车上,使汽车的各个部分的性能开始逐渐完善。

1.1.3 飞速发展阶段

这一阶段一般是指1975—1985年，伴随着电子技术的发展和计算机在汽车上的广泛应用，这一阶段出现了多个专业独立系统。如电子控制燃油喷射系统、电子控制点火系统、防抱死制动系统、安全报警装置以及通信娱乐设备等，功能愈加先进，性能更为可靠，技术也更加成熟。这一时期的主要发明有：

1976年在环保技术专家斯蒂芬·沃尔曼的领导下，由沃尔沃汽车公司开发出带有氧传感器的三元催化转换器，这是汽车排放控制方面最重要的发明之一；

1980年首批四轮驱动汽车进入市场；

1981年宝马汽车公司开始采用车载计算机技术；

1981年被认为是汽车上采用安全带以来在安全性方面所取得的最为重要的技术成就的ABS防抱死制动系统在普通车辆中得到了普及；

1983年奥斯丁·罗孚采用Maestro系统，开发了第一个装有语音功能的汽车仪表板。

这个阶段汽车技术日新月异，世界经济高速发展。汽车已经不是发达国家、富人独享的产品，开始逐渐走进普通国家的千家万户。

1.1.4 智能阶段

1985年至今的这个阶段主要完成了各种功能的综合系统的开发。车辆整体的智能控制系统实现了对发动机点火时刻、空燃比、怠速转速、废气再循环、自动变速器的控制，并具有制动防抱死、自动巡航、自动防碰撞、变道警示、自动泊车、无人驾驶、故障自动报警、多功能显示仪表以及各种安全提示等功能，极大提高了汽车的动力性、安全性，并且对汽车的舒适性、操纵稳定性、通过性、平顺性也有质的提升，同时废气排放污染也大为降低。

目前，汽车电气设备电气化程度的高低已经成为衡量一个国家制造业水平的重要指标。为了进一步发展远程信息处理使汽车能够采用更多的线控系统，已经沿用了100多年的汽车12 V电压工作体系将部分被42 V工作电压所取代。在没有完全实现自动驾驶之前，通过数码摄像机监视驾驶员的眼睛来防止开车瞌睡的系统会很快被利用。全集成、高速率的卫星宽带通信系统将解决我们长途旅行兼顾办公和消遣娱乐问题。电磁空气悬架也将不再是高级大型客车的专利，会逐渐应用于普通的家庭汽车。电动汽车的蓄电池一次充电可以行使几百千米以上甚至更远。汽车从静止加速到100 km/h的时间会低于6 s，或更短。坐上汽车后，不用调整座椅，智能座椅调节系统会认出其主人，自动调节好座椅。温度调节、按摩等设施也不需吩咐，会在适当的时间自动进行。未来开车迷路将是不可能的事情，只要你吩咐，汽车会在10 min之内原路返回。最终无人驾驶汽车会带你徜徉在这缤纷绚丽的世界。

21世纪汽车的电子技术大量地采用智能技术和信息网络技术，一方面极大提高了汽车各个系统、装置的智能化程度，另一方面加强了汽车与社会的融合。通过多路总线网络来连接汽车所有的控制模块，达到自动数据采集、故障诊断和自我修复，汽车已成为一个标准的"互联网＋"产品。汽车上安装各种监控驾驶员、汽车、周围环境情况的传感器，通过车载计算机和执行机构大幅度地提高汽车自动化和智能化水平，同时结合智能化的交通系统、卫星定位系统、网络互联等，为解决交通拥堵和交通安全问题创造了良好的条件。

任务1.2 汽车电气系统的组成及特点

汽车电气系统是汽车的主要组成部分之一,并且随着高端科学技术的不断增加,其地位也越来越重要。电气系统卓越的性能、良好的技术状态、超高的可靠性,对汽车的动力性、经济性、安全性、舒适性和排放水平都有着至关重要的影响。

1.2.1 汽车电气系统的组成

汽车电气系统主要由电源系统、起动系统、点火系统、照明与信号系统、仪表与报警系统、空调系统、电子安全气囊系统、辅助电气系统等组成,如图1-1所示。

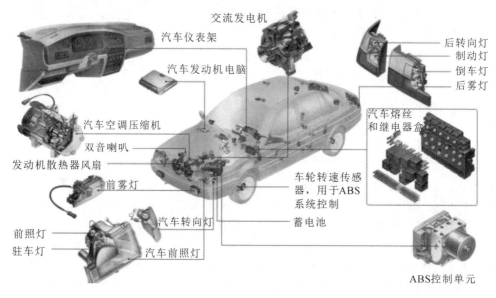

图1-1 汽车电气系统的组成

1. 电源系统

汽车电源系统主要由蓄电池、发电机、发电机调节器、电源系统管理模块以及充电指示电路组成。蓄电池是辅助电源,它在发动机不工作时给系统提供电能并同时对电源系统起到一定的保护作用。发电机是主电源,和蓄电池并联安装,在发电机正常工作时,为汽车所有的用电设备提供电能。发电机调节器是保证汽车发电机能够发出标准、恒定电压的装置。电源系统管理模块可以在不起动发动机的情况下优化电源和用电器之间的使用,满足在各种不同工况下用电器的需求。

2. 起动系统

汽车起动系统主要由蓄电池、起动机、起动继电器等组成。蓄电池是动力源,它给起动机提供起动能量。起动机将蓄电池的电能转化为机械能,并且根据需要将其传递给发动机飞轮,带动飞轮转动而起动发动机。

3. 点火系统

汽车点火系统由电源、点火开关、各种传感器、点火模块、执行模块、点火线圈、高压线、火花塞组成。电源以发电机为主，起动时用蓄电池作为辅助电源，电源主要是给点火提供能量。点火开关用于控制点火系统的工作状态。传感器用于收集发动机点火所需要的各种信息。点火模块用于处理传感器信息以发出指令来控制执行模块的工作状态。执行模块接收点火模块的指令，控制点火系统一次电路的通断。点火线圈能将低压电转变为高压电用于点火需要，实质上就是一个变压器。高压线用于传输高压电能给火花塞以满足其工作需要。火花塞是点火系统的最末端元件，能产生电火花，点燃发动机气缸内的可燃混合气。

4. 照明与信号系统

汽车照明系统是由电源、开关继电器或控制单元、执行装置、发光装置组成的。电源给汽车灯系提供能量，汽车运行时由发电机提供，发动机不工作时由蓄电池提供。汽车灯系管理模块是近几年在一些高档车上开始安装的装置，是电子技术高度发展的产物，它可以在不同的情况下，自动控制汽车前照灯的工作状态。汽车信号系统由灯光信号系统和音响信号系统组成。灯光信号系统有转向灯、危险警报灯、示廓灯、制动灯以及驻车灯等，通常将多个灯具组合在一起构成组合灯具。音响信号系统包括喇叭、各种蜂鸣器及语音报警器等。

5. 仪表与报警系统

汽车仪表用来指示汽车行驶过程中的各种动态指标，以便驾驶员随时了解各系统的工作情况。常见的汽车仪表主要有发动机转速表、车速表及里程表、冷却液温度表、燃油表等，能显示汽车运行时各个参数的发展情况，并在非正常情况下报警，保证汽车行驶安全可靠。现代汽车仪表常与多种警告灯及蜂鸣器一起工作，如发动机冷却液温度过高指示灯、机油压力过低指示灯、充电指示灯、燃油液面过低指示灯、驻车制动器未松开指示灯、制动蹄片磨损指示灯、空气滤清器警告灯等。

6. 空调系统

汽车空调系统是实现对车厢内空气进行制冷、加热、换气和净化的装置。它可以为乘车人员提供舒适的乘车环境，缓解驾驶员的疲劳，提高行车安全性。

7. 电子安全气囊系统

汽车电子安全气囊系统是指撞车时在乘员产生二次碰撞前，使气囊膨胀保护乘员的装置。安全气囊系统由气囊与充气机构(气体发生器)组成的整体式安全气囊模块、感知碰撞并向安全气囊模块发出展开指令的碰撞传感器系统以及传送传感器发出的信号的线束构成，是一种被动安全性的保护系统，与座椅安全带配合使用，可以为乘员提供有效的防撞保护。在汽车发生踫撞时，汽车安全气囊可使头部受伤率减少25%，面部受伤率减少80%左右。

8. 辅助电气系统

汽车辅助电气系统主要是指风窗清扫系统、进气预热系统、低温起动预热装置，还包括电动座椅装置、音响与视频装置、信息和通信系统、卫星定位系统等。

该系统的主要作用是保持车内适宜的温度、湿度，并且可通过通信和娱乐功能打造温馨的用车环境。风窗清扫系统的作用是刮除汽车挡风玻璃上的雨水、雪或灰尘,确保车内乘员有良好的视线。在特殊需要的情况下可向风窗表面喷洒专用清洗液或水,在刮水器的配合下,清除挡风玻璃表面脏物,保持挡风玻璃清洁。当气温较低时,风窗清扫系统的除霜装置可加热融化冰雪,再配合刮水器运动,能起到清洁挡风玻璃的作用。

汽车的各个系统由相互独立变为相互联系,构成了汽车局域网络,并且随着科技的进步还在不断完善,使汽车整体性能不断提高。

1.2.2　汽车电气设备的特点

汽车电气设备与其他电气设备相比,具有以下特点。

1. 低压直流

到目前为止,绝大多数使用汽油发动机的车辆上采用的是 12 V 电压,而使用柴油发动机的车辆上多采用 24 V 或 12 V 电压系统。即使是在新能源汽车中,电气设备也仍然是沿用的 12 V 电压。为了满足汽车电子化程度提高和设备增多的需要,有的厂商在汽车部分电源系统中开始采用 42 V 电压,这都可以归结为低压电。

汽车上所使用的电源中蓄电池为直流电源,因此用电设备也几乎都设计为采用直流电源,交流发电机也是经过整流后输出直流电。为此,低压直流是汽车电气设备的首要特点。

2. 单线并联

在汽车上,从电源到用电设备只用一根导线连接即可,我们把这个导线称为"火线",汽车底盘、车身、发动机等都是用能够导电的金属制成的,这些连接在一起的金属体则可以视为构成了另外一根导线,我们称为"零线"。因而汽车整体线路简单、设备安装方便、故障维修简捷、制造成本较低。当然,安装在挂车非金属构件上的用电设备还是需要就近搭铁。

在汽车上所有的用电设备都是按照并联方式安装的,这一点更能体现单线制的优越性。因此单线并联是汽车电气的又一个特点。

3. 负极搭铁

采用单线制的汽车,在安装用电设备时,需要有一条回路与汽车上有"金属"的部位相连,传统上,汽车的金属部分都是铁制品,因此历史延续下来,将电源的一极或用电设备的一极与汽车上的金属体相连称为"搭铁"。

历史上汽车用电设备对电源搭铁的极性没有要求,采用正负极搭铁的都有,为了延长火花塞寿命、减少蓄电池的腐蚀,1936 年以前汽车都是采用正极搭铁。但随着汽车上电子设备的增多,根据电子产品对电源极性的要求,1965 年开始改为采用负极搭铁系统直至今日。

按照国际通行做法,我国的机械行业标准 JB 2261—77《汽车、拖拉机用电气设备基本技术条件》的规定,汽车电气系统必须为负极搭铁。

4. 线路特殊

随着汽车上电气设备的增多,线路也变得越来越复杂。为了便于区分各线路的连接,不同于其他电路,在汽车电路中低压导线通常选用不同颜色表示,并对每根导线进行配置编号。不同系统的导线也采用不同的颜色以示区别。

在我国,低压电路导线有以单色为基础和以双色为基础两种选用原则,以双色线为基础时各用电系统电源为单色线其余为双色。标称截面积大于 1.5 mm² 的导线只用单色,但电源可增加主色为红色、辅色为白色或黑色的双色线。

汽车线路的颜色,在同一电气系统中,双色线的主色与单色线的颜色相同。一个电路的分支线,必须按规定选配相应的辅色。辅色在导线的主色上成两条轴向对称直线分布。

5. 系统独立

汽车电气设备由各个相互独立的子系统组成,各个子系统之间既相互独立又有相互联系。

任务1.3　汽车电路中的常用符号

根据汽车电路的特点可以看出,汽车电路除了有常见的电气电路的特点外,还有其特殊性。为了表示汽车电路构成、连接关系和工作原理,我们通常使用汽车电路图来表示。汽车电路图不考虑实际安装位置,仅使用图形符号和文字符号来表示汽车电路的构成、连接关系和工作原理,是一种简图。但汽车品牌众多,车型各异,为了使电路图便于进行技术交流且具有通用性,构成电路图的图形符号和文字符号有统一的国家标准和国际标准。要看懂电路图,必须了解图形符号和文字符号的含义、标注原则和使用方法。

1.3.1　图形符号

图形符号是用于电气图或其他文件中的表示项目或概念的一种图形、标记或字符,分为基本符号、一般符号和明细符号三种,是电气技术领域中最基本的工程语言。为了看懂汽车电路图,我们要掌握和熟练地运用图形符号。

1. 基本符号

基本符号不能单独使用,不表示独立的电气元件,只说明电路的某些特征。如:"—"表示直流,"～"表示交流,"＋"表示电源的正极,"－"表示电源的负极,"N"表示中性线。

2. 一般符号

一般符号是用以表示一类产品和此类产品特征的一种简单符号。一般符号广义上代表各类元器件,另外,也可以表示没有附加信息或功能的具体元件,如:一般电阻、电容等。

3. 明细符号

明细符号表示某一种具体的电气元件,它是由基本符号、一般符号、物理量符号、文字符号等组合派生出来的。如:※是指示仪表的一般符号,当要表示电流、电压的种类和特点时,将"※"处换成"A""V",就成为明细符号。Ⓐ表示电流表,Ⓥ表示电压表。

另外,对标准中没有规定的符号,可以选取标准中给定的基本符号、一般符号和明细符号,按规定的组合原则进行派生,以构成完整的元件或设备的图形符号,但在图样的空白处必须加以说明。常用的图形符号如表1-1所示。

表 1-1　常用的图形符号

序号	名称	图形符号	序号	名称	图形符号
(一)常用基本符号					
1	直流	——	6	中性点	N
2	交流	∼	7	磁场	F
3	交直流	∼ (上加横)	8	搭铁	⊥
4	正极	+	9	交流发电机输出接柱	B
5	负极	—	10	磁场二极管输出端	D_+
(二)导线端子和导线连接					
11	接点	●	18	插头和插座	
12	端子	○			
13	导线的连接	○—○	19	多极插头和插座(示出的为三极)	
14	导线的分支连接				
15	导线的交叉连接		20	接通的连接片	
16	插座的一个极		21	断开的连接片	
17	插头的一个极		22	屏蔽导线	
(三)触点开关					
23	动合(常开)触点		27	双动合触点	
24	动断(常闭)触点		28	双动断触点	
25	先断后合的触点		29	单动断双动合触点	
26	中间断开的双向触点		30	双动断单动合触点	

续表

序号	名称	图形符号	序号	名称	图形符号
31	一般情况下手动控制		45	定位开关（非自动复位）	
32	拉拔操作		46	按钮开关	
33	旋转操作		47	能定位的按钮开关	
34	推动操作		48	拉拔开关	
35	一般机械操作		49	旋转、旋钮开关	
36	钥匙操作		50	液位控制开关	
37	热执行器操作		51	机油滤清器报警开关	OP
38	温度控制	t	52	热敏开关动合触点	t°
39	压力控制	p	53	热敏开关动断触点	t°
40	制动压力控制	BP	54	热敏自动开关的动断触点	
41	液位控制		55	热继电器触点	
42	凸轮控制		56	旋转多挡开关位置	1 2 3
43	联动开关		57	推拉多挡开关位置	1 2 3
44	手动开关的一般符号		58	钥匙开关（全部定位）	1 2 3

续表

序号	名称	图形符号	序号	名称	图形符号
59	多挡开关、点火、起动开关,瞬时位置为2能自动返回到1（即2挡不能定位）	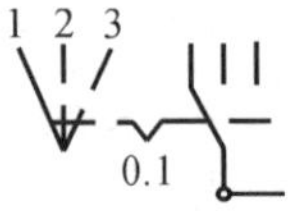	60	节流阀开关	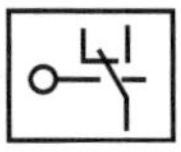

(四) 电器元件

序号	名称	图形符号	序号	名称	图形符号
61	电阻器	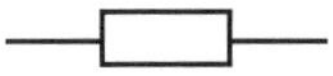	74	穿心电容器	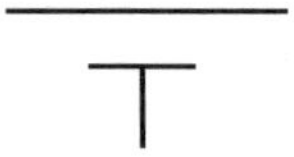
62	可变电阻器	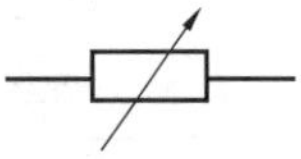	75	半导体二极管一般符号	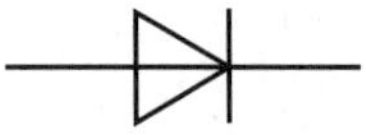
63	压敏电阻器	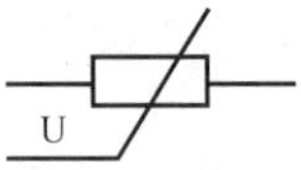	76	稳压二极管	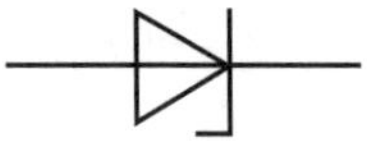
64	热敏电阻器	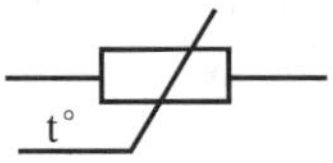	77	发光二极管	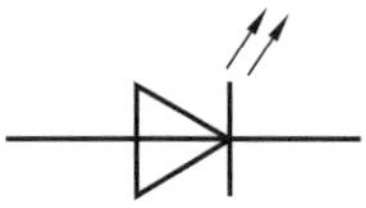
65	滑线式变阻器	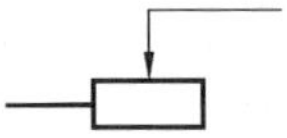	78	双向二极管（变阻二极管）	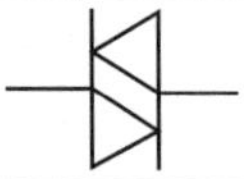
66	分路器	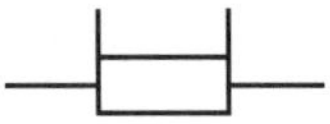	79	三极晶体闸流管	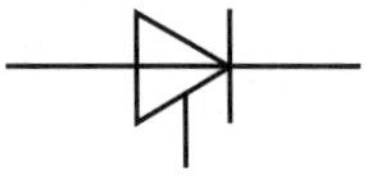
67	滑动触点电位器	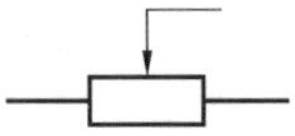	80	光电二极管	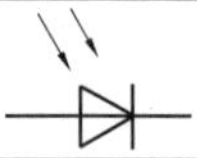
68	仪表照明调光电阻器	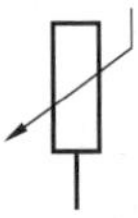	81	PNP型三极管	
69	光敏电阻	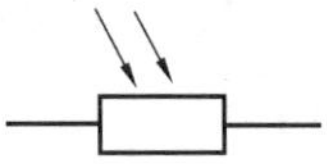	82	集电极接管壳三极管（NPN）	
70	加热元件、电热塞	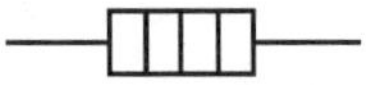	83	具有两个电极的压电晶体	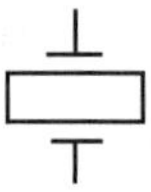
71	电容器	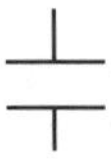	84	电感器、线圈、绕组、扼流圈	
72	可变电容器		85	带铁心的电感器	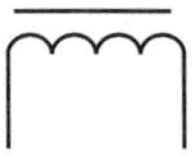
73	极性电容器		86	熔断器	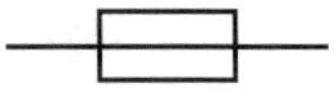

续表

序号	名称	图形符号	序号	名称	图形符号
87	易熔线		92	两个绕组电磁铁	
88	电路断电器				
89	永久磁铁		93	不同方向绕组电磁铁	
90	操作器件一般符号				
91	一个绕组电磁铁		94	触点常开的继电器	
			95	触点常闭的继电器	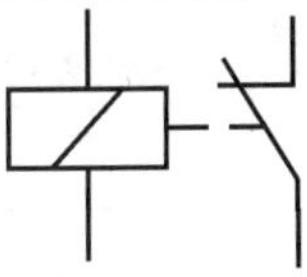

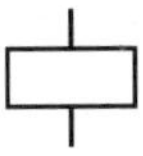

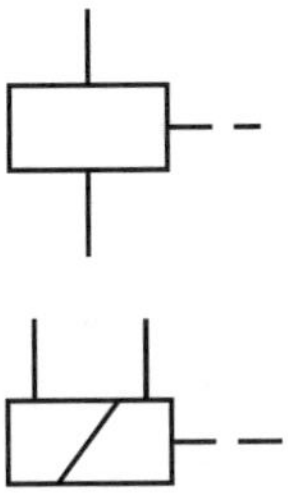

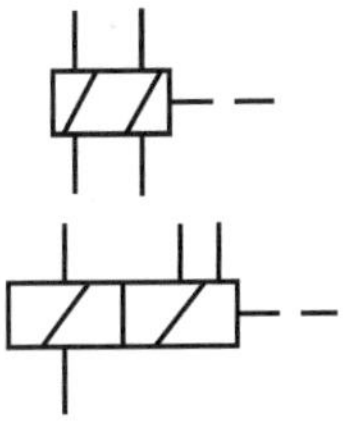

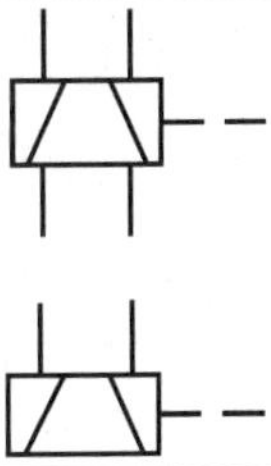

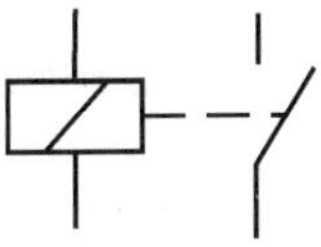

(五) 仪表

序号	名称	图形符号	序号	名称	图形符号
96	指示仪表	✱	103	转速表	n
97	电压表	 V	104	温度表	t°
98	电流表	 A	105	燃油表	Q
99	电压、电流表	A/V	106	车速里程表	v
100	欧姆表	Ω	107	电钟	
101	瓦特表	W	108	数字式电钟	
102	油压表	OP			

续表

序号	名称	图形符号	序号	名称	图形符号
(六)传感器					
109	传感器的一般符号	✻	116	空气流量传感器	AF
110	温度表传感器	t°	117	氧传感器	λ
111	空气温度传感器	$t_n°$	118	爆燃传感器	K
112	水温传感器	$t_w°$	119	转速传感器	n
113	燃油表传感器	Q	120	速度传感器	v
114	油压表传感器	OP	121	空气压力传感器	AP
115	空气质量传感器	m	122	制动压力传感器	BP
(七)电气设备					
123	照明灯、信号灯、仪表灯、指示灯	⊗	126	组合灯	
124	双丝灯		127	预热指示器	
125	荧光灯		128	电喇叭	

续表

序号	名称	图形符号	序号	名称	图形符号
129	扬声器		138	电磁阀一般符号	
130	蜂鸣器		139	常开电磁阀	
131	报警器、电警笛		140	常闭电磁阀	
132	信号发生器	G	141	电磁离合器	
133	脉冲发生器	G	142	用电动机操纵的怠速调整装置	M
134	闪光器	G	143	过电压保护装置	U>
135	霍尔信号发生器		144	过电流保护装置	I>
136	磁感应信号发生器		145	加热器(除霜器)	
137	温度补偿器	t° comp	146	振荡器	

续表

序号	名称	图形符号	序号	名称	图形符号
147	变换器、转换器		156	天线一般符号	
148	光电发生器		157	发射机	
149	空气调节器		158	收音机	
150	滤波器		159	内部通信联络及音乐系统	
151	稳压器		160	磁带式收放机	
152	点烟器		161	天线电话	
153	热继电器		162	CD 收放机	
154	间歇刮水继电器		163	点火线圈	
155	防盗报警系统		164	分电器	

续表

序号	名称	图形符号	序号	名称	图形符号
165	火花塞		174	并激直流电动机	
166	电压调节器	U	175	永磁直流电动机	
167	转速调节器	n	176	起动机（带电磁开头）	
168	温度调节器	t°	177	燃油泵电动机、洗涤电动机	
169	串激绕组		178	晶体管电动汽油泵	
170	并激或他激绕组		179	加热定时器	H T
171	集电环或换向器上的电刷		180	点火电子组件	I C
172	直流电动机	M	181	风扇电动机	
173	串激直流电动机		182	刮水电动机	

续表

序号	名称	图形符号	序号	名称	图形符号
183	电动天线	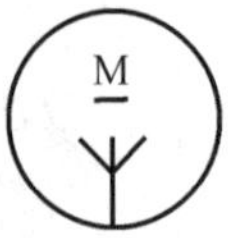	189	定子绕组为三角形连接的交流发电机	
184	直流伺服电动机		190	外接电压调节器与交流发电机	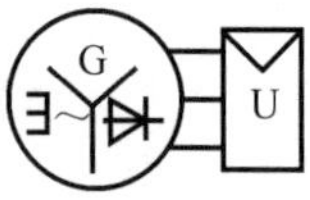
185	直流发电机	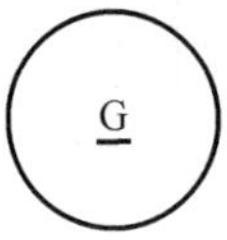	191	整体式交流发电机	
186	星形连接的三相绕组	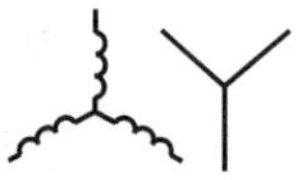	192	蓄电池	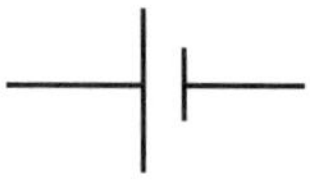
187	三角形连接的三相绕组		193	蓄电池组	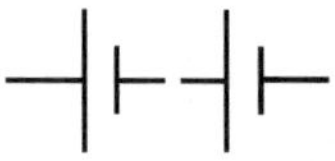
188	定子绕组为星形连接的交流发电机				

1.3.2 文字符号

文字符号由电气设备、装置和元器件的种类（名称）字母代码和功能（与状态、特征）字母代码组成，用于电气技术领域中技术文件的编制，也可标注在电气设备、装置和元器件上或其近旁，以表明电气设备、装置和元器件的名称、功能、状态和特征。此外，文字符号还可与基本图形符号和一般图形符号组合使用，以派生新的图形符号。文字符号分为基本文字符号和辅助文字符号两大类，基本文字符号又分为单字母符号和双字母符号。

1. 基本文字符号

1) 单字母符号

单字母符号是按拉丁字母将各种电气设备、装置和元器件划分为二十三大类，每大类用一个专用单字母符号表示，如："C"表示电容器类，"R"表示电阻类等。

2) 双字母符号

双字母符号由一个表示种类的单字母符号与另一字母组成,其组合形式应以单字母符号在前而另一字母在后的次序列出,如:"R"表示电阻,"RP"表示电位器,"RT"表示热敏电阻;"G"表示电源、发电机、发生器,"GB"表示蓄电池,"GS"表示同步发电机、发生器,"GA"表示异步发电机。

常用的基本文字符号如表1-2所示。

表1-2 常用的基本文字符号

设备、装置和元器件种类	举例	基本文字符号	
		单字母	双字母
组件 部件	分离元件放大器 调节器	A	—
	电桥		AB
	晶体管放大器		AD
	集成电路放大器		AJ
	印刷电路板		AP
	抽屉柜		AT
	支架盘		AR
非电量到电量变换器或电量到非电量变换器	送话器 扬声器 晶体换能器	B	—
	压力变换器		BP
	温度变换器		BT
电容器	电容器	C	—
二进制元件、延迟器件、存储器件	数字集成电路和器件	D	—
其他元器件	其他元器件	E	—
	发热器件		EH
	照明灯		EL
保护器件	过电压放电器件避雷器	F	—
	熔断器		FU
	限压保护器件		FV
发生器 发电机 电源	振荡器 发生器	G	—
	同步发电机		GS
	异步发电机		GA
	蓄电池		GB

续表

设备、装置和元器件种类	举例	基本文字符号	
		单字母	双字母
信号器件	声响指示器	H	HA
	光指示器		HL
	指示灯		HL
继电器 接触器	交流继电器	K	KA
	双稳态继电器		KL
	接触器		KM
	簧片继电器		KR
电感器 电抗器	感应线圈 电抗器	L	—
电动机	电动机	M	—
	同步电动机		MS
	力矩电动机		MT
模拟元件	运算放大器 混合模拟/数字器件	N	—
测量设备 实验设备	指示器件信号发生器	P	—
	电流表		PA
	（脉冲）计数器		PC
	电度表		PJ
	电压表		PV
电力电路的开关器件	断路器	Q	QF
	电动机保护开关		QM
	隔离开关		QS
电阻器	电阻器 变阻器	R	—
	电位器		RP
	热敏电阻器		RT
	压敏电阻器		RV
控制、记忆、信号 电路的开关器件 选择器	控制开关 选择开关	S	SA
	按钮开关		SB
	压力传感器		SP
	位置传感器		SQ
	温度传感器		ST

续表

设备、装置和元器件种类	举例	基本文字符号	
		单字母	双字母
变压器	电流互感器	T	TA
	控制电路电源用变压器		TC
	电力变压器		TM
	电压互感器		TV
电子管 晶体管	二极管 晶体管 晶闸管	V	—
	电子管		VE
传输通道波导天线	导线 母线 波导天线	W	—
端子 插头 插座	连接插头和插座 接线柱 焊接端子板	X	—
	连接片		XB
	测试插孔		XJ
	插头		XP
	插座		XS
	端子板		XT
电气操作的机械器件	气阀	Y	—
	电磁铁		YA
	电动阀		YM
	电磁阀		YV
终端设备 混合变压器 滤波器 均衡器 限幅器	晶体滤波器	Z	—

2. 辅助文字符号

辅助文字符号表示电气设备、装置和元器件以及线路的功能、状态和特征。如"SYN"表示同步,"L"表示限制左或低,"RD"表示红色,"ON"表示闭合,"OFF"表示断开等。常用的辅助文字符号如表1-3所示。

表1-3 常用的辅助文字符号

序号	文字符号	名称	序号	文字符号	名称
1	A	电流	31	INC	增
2	A	模拟	32	IND	感应
3	AC	交流	33	L	左
4	A AUT	自动	34	L	限制
5	ACC	加速	35	L	低
6	ADD	附加	36	LA	闭锁
7	ADJ	可调	37	M	主
8	AUX	辅助	38	M	中
9	ASY	异步	39	M	中间线
10	B BRK	制动	40	M MAN	手动
11	BK	黑	41	N	中性线
12	BL	蓝	42	OFF	断开
13	BW	向后	43	ON	闭合
14	C	控制	44	OUT	输出
15	CW	顺时针	45	P	压力
16	CCW	逆时针	46	P	保护
17	D	延时(延迟)	47	PE	保护搭铁
18	D	差动	48	PEN	保护搭铁与中性线共用
19	D	数字	49	PU	不搭铁保护
20	D	降低	50	R	记录
21	DC	直流	51	R	右
22	DEC	减	52	R	反
23	E	接地	53	RD	红
24	EM	紧急	54	R RST	复位
25	F	快速	55	RES	备用
26	FB	反馈	56	RUN	运转
27	FW	正,向前	57	S	信号
28	GN	绿	58	ST	起动
29	H	高	59	S SET	置位,定位
30	IN	输入	60	SAT	饱和

续表

序号	文字符号	名称	序号	文字符号	名称
61	STE	步进	67	V	真空
62	STP	停止	68	V	速度
63	SYN	同步	69	V	电压
64	T	温度	70	WH	白
65	T	时间	71	YE	黄
66	TE	无噪声(防干扰)搭铁			

文字符号在使用过程中应该遵循以下原则。

(1) 单字母符号应优先选用。

(2) 只有当用单字母符号不能满足要求,需要将大类进一步划分时,才采用双字母符号,以便较详细和更具体地表述电气设备、装置和元器件等。如"F"表示保护器类,"FU"表示熔断器,"FV"表示限压保护器件。

(3) 辅助文字符号也可放在表示种类的单字母符号后边组成双字母符号,如"ST"表示起动,"DC"表示直流,"AC"表示交流。为简化文字符号,若辅助文字符号由两个字母组成时,允许只采用其第一位字母进行组合,如"MS"表示同步电动机,"MS"中的"S"为辅助文字符号"SYN"(同步)的第一位字母。辅助文字符号还可以单独使用,如"ON"表示接通,"N"表示中性线,"E"表示搭铁,"PE"表示保护搭铁等。

由于目前国际上还没有汽车电气设备图形符号、文字符号的统一标准,各个汽车生产厂家对某些汽车电气设备所采用的图形符号、文字符号有所不同,与标准规定有一些差异。但图形符号基本结构的组成是相似的,只要了解它们的区别,就能避免识读错误。

任务 1.4 汽车电气电路中常用的诊断工具

随着技术的发展,汽车电气设备也在悄然发生着变化,向着更精密、更智能的方向发展。相应地,汽车电气故障也不能像过去那样仅凭简单的方法就能够解决。面对新的挑战,汽车电气电路的诊断工具也发生了天翻地覆的变化。

1. 跨接线

简单的跨接线就是一段多股导线,如图 1-2 所示,其两端分别接有鳄鱼夹或不同形式的插头,用来对被怀疑断路的导线起替代鉴别作用,也可以在不需要某部件的功用时,用跨接线短路而将其隔离出去,以检查部件的工作情况。工程上,跨接线有导线、圆钢、扁钢、扁铜等各种材料和各种型号。使用跨接线引入电源电压时要注意其与被测部位的工作电压是否一致。

图 1-2 跨接线

2. 试灯

试灯主要用于汽车线路故障的检查,根据灯的亮熄及明暗程度可判断线路有无断路、短路和搭铁故障以及被测线路的电压大小。试灯有无源试灯和有源试灯两种。

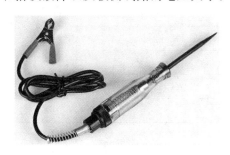

图1-3 无源试灯

12 V无源试灯如图1-3所示。它由2~20 W/12 V灯泡、导线和各种型号的探针等组成,可用来检查电源电路各线端是否有电。检测时,将12 V试灯鳄鱼夹搭铁,另一端接电气部件电源接头,如灯亮,说明电气部件的电源电路无故障;如灯不亮,应顺电流方向依次找出第二检测点、第三检测点……直到灯亮为止,则电路故障点可判断在最后两个检测点之间的线路或电气部件上。

12 V有源试灯与12 V无源试灯的结构基本相同,它只是在手柄内加装了两节1.5 V干电池。12 V有源试灯可用来检查电气线路断路和短路故障,使用方法较为简单。若是断路故障检查,首先断开与电气部件相连接的电源电路,将试灯一端搭铁,另一端接在电路各接点上(从电路首端开始)。如果灯不亮,则断路出现在被测点与搭铁之间;如果灯亮,则断路出现在此时的被测点与上一个被测点之间。若是短路故障检查,首先断开电气部件的电源线和搭铁线,将试灯一端搭铁,另一端与余下电气部件的电路相连接,如灯亮,表示有短路(搭铁)故障存在。然后逐步将电路中的插接器拨开,断开开关,拆除各部件,直到灯熄灭为止,则短路出现在最后开路部件与上一个开路部件之间。

但是试灯一般不能用于检测汽车电子控制系统的故障。

3. 汽车专用试电笔

汽车专用试电笔如图1-4所示,它是为汽车维修电工设计的一种专用检测仪,也是一种特殊形式的试灯。利用它不仅可以测试汽车电路,而且可以直接从试电笔的灯光指示上判断发电机及调压器的工作是否正常。汽车专用试电笔分A型和B型两种:A型适用于12 V汽车,B型适用于24 V汽车。拔去后面的12 V插泡后,单独用内部LED灯,可以测各种微弱的脉冲信号。例如可以测计算机发出的点火信号、喷油信号、数据信号,也可以测曲轴位置传感器、凸轮轴位置传感器、车速里程表传感器、分电器霍尔传感器、光电传感器发出的脉冲信号,LED灯会随着脉冲信号闪烁发光。

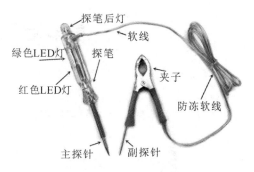

图1-4 汽车专用试电笔

4. 万用表

万用表是一种多功能、多量程的测量仪表,又称为多用表。万用表主要由表头、表盘、测量电路和转换开关等组成。一般万用表可以测量直流电流、直流电压、交流电压、直流电阻等,有的万用表还可以测量交流电流、电容、电感以及晶体管的β值等。有的还可检查某电路的瞬间故障,测量转速、输出脉冲信号,检测无分电器点火系统的故障,测量传感器输出的电信号频率,测量二极管的性能,测量温度。配置温度传感器后可以检测冷却液温度、尾气温度和进气温度等。

目前的万用表按显示方式分为指针式万用表和数字式万用表。指针式(见图1-5)和数字式(见图1-6)各有方便之处,很难说谁好谁坏,最好能够备有指针式和数字式万用表各一个。数字式万用表具有质量轻、体积小、反应快、测量精确、使用方便、显示清晰、不会产生读数误差等优点,所以有较好的使用前景。

图1-5 指针式万用表

图1-6 数字式万用表

在实际维修工作中,使用的是数字式万用表,另外由于普通数字式万用表在汽车维修中的应用有限制,所以又开发了汽车专用万用表,如图1-7所示。数字式微电脑汽车专用高级万用表是种新型的汽车检测诊断仪表,具有对汽车多项电路进行检测以及微电脑处理功能,能有效地解决汽车修理厂技术人员现场检测工作中所遇到的诸多疑难问题,同时也是高档车自检的必备工具。

5. 示波器

示波器为两维测量仪器,可以用波形显示电压和时间。示波器是一种多用途测量仪器,可以解决许多问题。

大多数电子检测设备只能显示电压峰值或平均值,而且这些仪器显示信息的速度较慢。由于电子在线路中的传播速度极快,即使1 ms的时间延误也相对显得很长。示波器是唯一能即时显示波形的测试仪器,波形轨迹是电压随时间变化的图像。

图1-7 汽车专用数字式万用表

1) 示波器的类型

示波器有两种基本类型,即数字式示波器和模拟式示波器。这两种示波器均可用来诊断汽车故障,区别仅在于电压轨迹显示的方式不同,模拟式示波器如图1-8所示,数字式示波器如图1-9所示。这两种示波器各有优缺点,用户可根据自己的需要选用,有些示波器为汽车专用仪器,有些示波器主要用于电子测量,同时也可作为汽车故障诊断。尽管示波器的种类多种多样,但其基本功能均相同。

 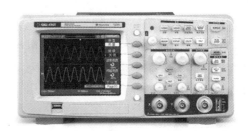

图 1-8 模拟式示波器　　　　　图 1-9 数字式示波器

(1) 模拟式示波器。

模拟式示波器的最大优点在于它能即时反映线路中的状态,这种示波器的扫描速度非常快,波形轨迹不断闪烁,因为轨迹时刻在变化。这样在确定造成间歇性故障的原因时会比较困难。波形轨迹的亮度取决于电压信号的速度和波形的重现率。

模拟式示波器的波形轨迹不是由计算机产生的,所以示波器无法记忆,分析人员必须调节示波器以捕捉每一个波形。此外,示波器也无法记录和打印线路状态或将波形存储在数据库中。掌握模拟式示波器也需要相当长的时间。尽管如此,模拟图像在分析诊断汽车故障时非常重要,汽车维修技术人员仍然将模拟式示波器作为最有效的检测设备。

(2) 数字式示波器。

数字式示波器装备有微处理器,可将模拟电压信号转换为数字信号。尽管微处理器的运行速度非常快,但也需要花费时间将信号数字化并进行显示。因此,示波器屏幕上显示的波形轨迹并不是即时状态。由于数字式示波器显示比模拟式示波器慢,因此它的图像比较稳定,也不会闪烁。

数字式示波器不断地对信号进行采样和数字化,并将结果记忆在存储器中,直到屏幕图像需要更新时为止。然后,存储器中的采样信号被重新调出,并在显示屏幕上显示新的波形。

数字式示波器具有记忆功能,可以保存记录图形,可以即时捕捉实际状态,可供维修技术人员分析。数字式示波器实际上是一台计算机,可以进行编程和自动设定,并与数据库进行连接,这使得数字式示波器成为快捷、有效、方便的汽车诊断设备。

2) 汽车专用示波器的应用

汽车专用示波器的型号众多,为汽车维修人员能快速判断汽车电子设备的故障提供了有力的工具,测试设定变得非常简单,无须任何设定和调整就可以直接观察电子元件的信号波形。常见的汽车专用示波器有金涵 ADO 手持汽车示波器、金德 KT600(见图 1-10)等。金德 KT600 汽车专用示波器可以实时采集点火、喷油、电控系统传感器的波形,通过对传感器波形的分析可以准确地诊断传感器是否故障,通过对点火波形的分析不仅可以诊断点火系统的火花塞、高压线、点火线圈等各元器件故障,还可以分析出进气系统和燃油系统的可能故障点,为汽车的运行技术状况和故障诊断提供科学的依据。

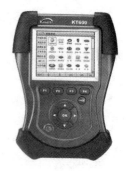

图 1-10 金德 KT600

6. 故障诊断仪

故障诊断仪通过数据通信线以串行的方式获得控制计算机的实时数据参数,包括故障信息、实时运行参数、控制计算机与诊断仪之间的相互控制指令。故障诊断仪分为通用型和专用型两种。

1）通用型诊断仪

通用型诊断仪的主要功能有控制计算机版本的识别、故障码的读取和清除、动态数据参数显示、传感器和部分执行器的功能测试与调整、某些特殊参数的设定、维修资料及故障诊断提示、路试记录等。通用型诊断仪可测试的车型较多，使用范围较广。例如 X-431 汽车故障诊断仪是元征科技股份有限公司最新一代汽车诊断计算机，它是汽车电子应用技术和信息网络技术完美集成的产品。X-431 基于 LINUX 平台使用 SMARTBOX 的汽车诊断技术，可对世界上多个厂家制造的、多种型号的汽车进行检测。应用该装置可以完成许多人工难以进行的汽车检修工作，并使汽车检修工作自动化。图 1-11 和图 1-12 所示为元征 X-431 的主机及各种接头。

图 1-11　元征 X-431 主机

图 1-12　元征 X-431 各种接头

2）专用型诊断仪

分车种的便携式专用检测诊断仪的专业水平很高，还能克服检测成本较高的缺点，非常适合专业化的故障诊断和特约维修单位。例如别克 TECH-2 检测仪是 VETRONIX 为通用公司开发生产的通用原厂解码器，可检测美国通用、SAAB、OPEL、ISUZU 等品牌车型，对其全车系统进行读码、清码、数据流原件测试和程序设定。图 1-13 至图 1-16 所示为各类专用型诊断仪的实物图。

图 1-13　别克 TECH-2 检测仪

图 1-14　现代/起亚汽车(HI-DS)检测仪

图 1-15　大众 V.A.S5051 检测仪　　　　图 1-16　BMW(GT-one)诊断仪器

项目 2　汽车电源系统与检修

知识目标

1. 掌握蓄电池基本结构和型号；
2. 掌握蓄电池的基本工作原理；
3. 理解蓄电池的容量及影响因素；
4. 了解蓄电池的基本工作特性；
5. 了解交流发电机的功用、分类；
6. 掌握发电机的结构、工作原理及检测维修方法；
7. 了解调节器的工作原理；
8. 学会调节器的检测方法；
9. 掌握汽车电源电系的组成、电路及检测维修方法。

能力目标

1. 会对蓄电池技术状况进行检查和维护；
2. 会对蓄电池充电；
3. 能通过现象判断蓄电池的基本故障；
4. 会进行电源系统电路的连接；
5. 会拆装发电机及用万用表检测发电机和调节器；
6. 能用正确的诊断方法解决电源系统常见故障；
7. 会用万用表检验交流发电机的部件。

案例导入

一辆迈腾轿车，在行驶过程中仪表板出现充电指示灯闪烁报警，检查发现蓄电池状态正常，灯光、喇叭工作正常。初步判定该车充电系统电路故障，需对充电系统进行故障诊断和检修工作。

任务 2.1　汽车电源系统概述

汽车电源系统的功用是向整个汽车用电设备提供所需的电能。汽车的电源系统一共包括两大部分：一是蓄电池，另外一个就是发电机。汽车的电源系统主要由蓄电池、发电机、点火开关和保险丝盒等组成，如图 2-1 所示。

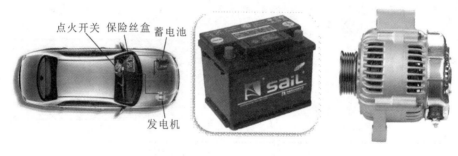

图 2-1　汽车的双电源系统

2.1.1　电源系统类型

汽车电源系统分为常规电源系统和新型电源系统两个类型,如图 2-2 所示。常规电源系统中的 14 V 电源系统一般用于汽油发动机中,28 V 电源系统一般用于柴油发动机中。

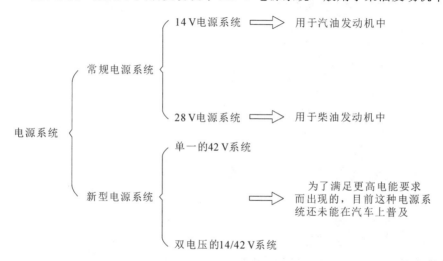

图 2-2　汽车电源系统的类型

2.1.2　电源系统的组成和工作原理

汽车电源系统主要由蓄电池、交流发电机和调节器组成。发电机是主电源,蓄电池是辅助电源,调节器是一种电压调节装置。汽车电源系统的组成和工作原理如图 2-3 所示。

1. 蓄电池

蓄电池的主要功用是：

(1) 停车状态下保证用电设备正常运转；

(2) 为起动机提供足够电能,保证车辆顺利起动；

蓄电池一般安装在轿车的发动机舱内,也有部分轿车的蓄电池安装在轿车后备厢或后排座椅下方。

2. 发电机

交流发电机是汽车的主要电源,其功能是在发动机起动后,把机械能转化为电能,给全车用电设备供电,同时向蓄电池充电。

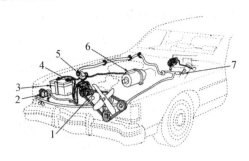

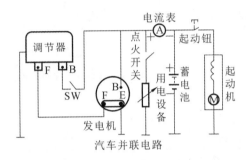

图 2-3 汽车电源系统的组成和工作原理
1—传动带;2—电压调节器;3—蓄电池;4—交流发电机;
5—起动继电器;6—起动机;7—点火开关

3. 调节器

在汽车上,蓄电池、发电机并联连接,并向所有用电设备供电。调节器是一种电压调节装置,其功用是在发电机转速变化时自动调节发电机的输出电压,并使输出电压保持稳定。

任务2.2　蓄电池的构造与型号

蓄电池是一种将化学能转变为电能的装置,属于可逆的直流电源,在放电过程中,蓄电池中的化学能转化为电能,在充电过程中,电能转化为化学能。应用最广泛的汽车蓄电池是铅酸蓄电池。蓄电池最主要的作用是起动发动机时向起动机和点火装置供电。汽油机起动电流为200~600 A,有的柴油机起动电流达1000 A。

2.2.1　蓄电池的作用与类型

1. 作用

蓄电池是一种储存、释放电能的装置。起动发动机时,蓄电池在5~15 s内要向起动机连续供给强大电流(汽油机200~600 A,柴油机800~1000 A),对蓄电池的要求是:容量大、内阻小、有足够的起动能力。蓄电池的作用如下:

(1) 在起动发动机时,向起动系、点火系、燃油喷射系统和其他电气设备供电(如给发电机

提供励磁电流);

(2) 当发电机电压低于蓄电池电压时,向用电设备和发电机磁场绕组供电;

(3) 当取下汽车钥匙时,由蓄电池向时钟、发动机及车身 ECU 存储器、电子音响系统及防盗报警系统等供电;

(4) 发电机过载时,协助发电机向用电设备供电;

(5) 在发电机正常工作时,将发电机剩余电能储存起来——充电;

(6) 蓄电池相当于一个大电容器,能吸收电路中出现的瞬时过电压,保护电子元件,保持汽车电气系统电压稳定——稳压。

2. 类型

(1) 按电解液种类可分为铅酸蓄电池和镍碱蓄电池。

① 铅酸蓄电池。

- 特点:价格便宜、内阻小。
- 分类:湿荷电蓄电池、干荷电蓄电池、少维护蓄电池、免维护蓄电池、胶体电解质蓄电池。

② 镍碱蓄电池。

- 特点:容量大、使用寿命长、维护简单,但价格昂贵。
- 分类:铁镍蓄电池、镍镉蓄电池。

(2) 按电极材料可分为铅蓄电池、铁镍蓄电池、镉镍蓄电池。

(3) 按使用用途可分为汽车用、电瓶车用、电讯用、航标用蓄电池。

蓄电池的种类很多,目前铅酸蓄电池因技术成熟、价格便宜、结构简单、起动性能好,在汽车上得到广泛应用。铅酸蓄电池常见的类型有普通蓄电池、免维护蓄电池、玻璃纤维蓄电池、胶体蓄电池等。我们平常所说的汽车蓄电池都是指铅酸蓄电池。

2.2.2 铅酸蓄电池的构造

一个单格铅酸蓄电池由一对正极板、负极板插入硫酸构成。铅酸蓄电池由正极板、负极板、隔板、电解液、电池盖、加液孔盖和电池外壳组成,一般由3个或6个单格电池串联而成,一组极板产生2.1 V电动势,蓄电池的结构如图2-4所示。

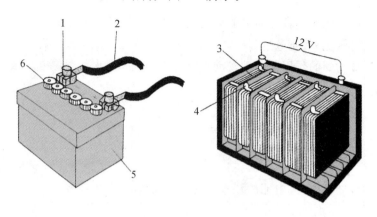

图 2-4 蓄电池的结构

1—极柱;2—起动电缆;3—单格电池;4—联条;5—外壳;6—加液孔盖

1. 极板

极板是蓄电池的基本部件,对蓄电池的性能有直接影响,由它接收充入的电能和向外释放电能。如图 2-5 所示,极板一般由栅架和活性物质组成,分正极板和负极板两种。

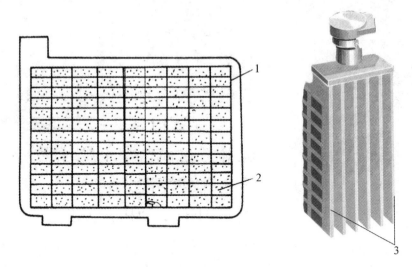

图 2-5 极板的构造
1—栅架;2—铅膏涂料(活性物质);3—极板组

正极板上的活性物质是细小结晶二氧化铅(PbO_2),呈棕红色;负极板上的活性物质是多孔性海绵状铅(Pb),呈青灰色。电能和化学能的相互转化依靠极板上的活性物质和电解液中的 H_2SO_4 的化学反应来完成。

栅架是极板的骨架,由铅锑合金制成,上附活性物质。栅架通常含有质量分数为 5%～7% 的锑元素,加锑可提高栅架的强度,增强浇铸性能,但会使抗蚀性下降。为了减缓栅架腐蚀,提高极板力学强度,减少蓄电池失水量和自放电,延长蓄电池寿命,蓄电池栅架现多采用铅锑合金,其中锑的质量分数为 2%～3%、砷的质量分数为 0.1%～0.2%,这种栅架耐蚀且抗变形。

极板厚度影响着蓄电池的性能和使用寿命,在保证力学强度的情况下采用薄型极板可以提高蓄电池的性能。国产负极板厚度为 1.8 mm,正极板厚度为 2.2 mm。国外产品正负极板厚度均为 1.1～1.5 mm(薄型极板)。

为了提高放电电流,一般将多片同极性的极板用联条连成极板组,正极板组和负极板组的极板相互交叉嵌合。正极板组由数片正极板(一般为 4～13 片)焊接在同一横板上构成。横板上铸有接线柱,接线柱上铸有"+"号,且有红色标志。

负极板组由数片负极板(一般为 5～14 片)焊接在另一横板上构成。横板上铸有接线柱,接线柱上铸有"—"号。为了减轻正极板反应时的变形,通常负极板比正极板多一片,即每片正极板两侧均有一片负极板。正极板夹在负极板间可减少正极板活性物质脱落。极板组的结构如图 2-6 所示。

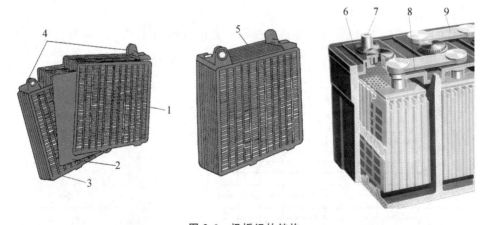

图 2-6 极板组的结构

1—负极板；2—隔板；3—正极板；4—联条；5—组装完的极板组；
6—封板；7—负极柱；8—蓄电池盖；9—连接板

2. 隔板

为了避免相互接触而短路，正负极板之间要用绝缘的隔板隔开。隔板处于正负极之间，除了要具有良好的绝缘性外，还要有良好的通透性，因此，隔板材料应具有多孔性结构，以便电解液自由渗透，而且化学性质应稳定，并具有良好的耐酸性和抗氧化性。隔板常用木质材料、微孔橡胶、微孔塑料、玻璃纤维纸张、玻璃丝棉等制成。隔板一面平滑，一面带槽，安装时槽面应朝正极板。免维护电池用袋式隔板装正极板。

3. 电解液

铅酸蓄电池的电解液由密度为 1.84 g/cm³ 的纯硫酸和蒸馏水配制而成，其作用是参与化学反应，进行能量转化。电解液的密度对蓄电池性能的影响较大，密度一般在 1.24～1.31 g/cm³ 的范围之内。气温低用高密度(防冻)，否则用低密度。

电解液的密度、温度、纯度影响蓄电池的性能、寿命和还原系数。一般工业用硫酸和普通水因含铁、铜等有害杂质，绝对不能加入蓄电池中去，否则易自行放电，且易损坏极板。蓄电池电解液要用规定的蓄电池专用硫酸和蒸馏水配制。电解液密度还与充放电状态直接相关。

4. 外壳

蓄电池外壳为一整体式结构的容器，极板、隔板和电解液均装入外壳内。外壳应耐酸、耐热、耐寒、抗振动，并具有足够的力学强度。蓄电池电压一般有 6 V 和 12 V 两种规格，因此，外壳内由间壁分成 3 个或 6 个互不相通的单格。每个单格电池都有一个加液孔，旋下加液孔盖，可以加注电解液或检测电解液密度，旋入孔盖可防止电解液溅出。孔盖上有通气孔，使用中应保持畅通，存放中应保持密闭。蓄电池外壳多采用硬质橡胶、聚丙烯塑料等制成。蓄电池盖有硬质橡胶和聚丙烯耐酸塑料两种。硬质橡胶盖和硬质橡胶壳间的缝隙用沥青封口剂填封；塑料盖与塑料壳间用热接合工艺黏合。

5. 联条

联条的作用是将单格电池串联起来，以提高蓄电池总成的端电压。其一般由铅锑合金制成。联条一般有外露式、跨接式和对焊式三种，外露式联条外露在盖上，跨接式联条在盖下跨过隔墙,对焊式的极板柄穿墙连接,如图 2-7 所示。

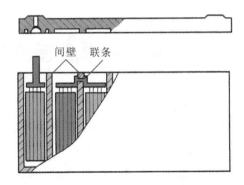

图 2-7 单格间穿墙式连接方式

2.2.3 蓄电池的型号

按照机械行业的标准规定,铅蓄电池产品型号分为三段,由五部分组成:

串联单格电池数 —— 电池类型 电池特征 —— 额定容量 特殊性能
　　　1　　　　　　　　2　　　　　　　　　　3

串联单格电池数:指该铅蓄电池总成所包含的单格电池数目,用阿拉伯数字表示,如 3、6 分别表示 3 个单格(6 V)和 6 个单格(12 V)。

蓄电池的类型和特征由两个汉字拼音字母组成。

(1) 电池类型:根据主要的用途划分,起动型铅蓄电池用字母"Q"表示。

第一个字母表示电池类型:Q——起动用蓄电池;
　　　　　　　　　　　　M——摩托车用蓄电池。

(2) 电池特征:附加部分,表示区别于同类产品的某种特征,普通型不标。

第二个字母表示特征代号:
　　A——干荷电;H——湿荷电;W——免维护;
　　S——少维护;F——防酸式;M——密闭式;
　　B——半密闭;Y——液密式;Q——气密式;
　　I——激活式;D——带液式;J——胶质式;

无字母为干封式。

当产品具有两种特征时应该按照表 2-1 所示的从左到右的顺序将两个代号并列标记。

表 2-1 常见电池产品特征代号

产品	干荷电	湿荷电	免维护	少维护	激活式	密闭式	胶质式
代号	A	H	W	S	I	M	J

额定容量:指 20 h 放电率时的额定容量,常用阿拉伯数字表示,单位为 A·h,在型号中可以省略不写。

特殊性能:额定容量后面用一个字母表示特殊性能,G 表示高起动率,S 表示塑料外壳,D 表示低温起动性好。

例如 6-Q-105：表示 6 个单格电池，额定电压为 12 V，额定容量为 105 A·h 的普通起动型铅蓄电池。

任务 2.3　蓄电池的工作原理及工作特性

2.3.1　蓄电池的工作原理

1. 双极硫酸盐化理论

蓄电池放电时参与化学反应的物质为正极板上的 PbO_2、负极板上的 Pb 和作为电解液的硫酸水溶液。

蓄电池放电时，正极板上的 PbO_2 和负极板上的 Pb 都变成 $PbSO_4$ 水溶液，电解液中的 H_2SO_4 减少，密度下降。蓄电池充电时，则按相反的方向变化。

蓄电池的化学反应方程式为

$$PbO_2 + 2H_2SO_4 + Pb \underset{充电}{\overset{放电}{\rightleftharpoons}} 2PbSO_4 + 2H_2O$$

2. 电动势的建立

正、负极板浸入电解液后产生电动势。

负极板：铅溶于电解液中，失电子生成 Pb^{2+}，即 $Pb - 2e \rightarrow Pb^{2+}$，电子留在负极板上，使负极板具有负电位，为 -0.1 V，如图 2-8 所示。

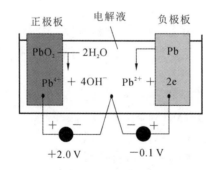

图 2-8　蓄电池电动势的建立

正极板：PbO_2 溶于电解液 $PbO_2 + 2H_2O \rightarrow Pb(OH)_4$，$Pb(OH)_4 \rightarrow Pb^{4+} + 4OH^-$，$OH^-$ 留在电解液中，Pb^{4+} 沉附在正极板表面，使正极板有 $+2.0$ V 电压。

在外电路未接通时，反应达到动态平衡情形下静止电动势为 $E = 2.0 - (-0.1) = 2.1$ V。

3. 蓄电池的放电

将蓄电池的化学能转换成电能的过程称为放电过程。如果将蓄电池与外电路的负荷接通，电子从负极板经过外电路的负荷流往正极板，使正极板的电位下降，从而破坏了原有的平衡状态，发生电化学反应，如图 2-9 所示，即

$$PbO_2 + 2H_2SO_4 + Pb \overset{放电}{\longrightarrow} 2PbSO_4 + 2H_2O$$

蓄电池放电终了的特征是：

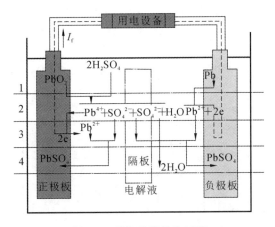

图 2-9 蓄电池的放电过程
1—充电状态；2—溶解电离；3—接入负载；4—放电状态

(1) 单格电池电压降到放电终止电压(见表 2-2)；
(2) 电解液密度降到最小许可值。

表 2-2 单格电池放电终止电压

放电电流/A	$0.05C_{20}$	$0.1C_{20}$	$0.25C_{20}$	C_{20}	$3C_{20}$
放电时间	20 h	10 h	3 h	25 min	5 min
单格电池终止电压/V	1.75	1.70	1.65	1.55	1.50

蓄电池放电过程有如下结论。
(1) 电极间接用电器时，负极板电子转移到正极板，补充了正极板电子，使反应持续进行。
(2) 生成的 $PbSO_4$ 分别附着在正负极板上。
(3) 正负极板上的活性物质逐步转变为 $PbSO_4$ 而不断被消耗。
(4) 电解液中的 H_2SO_4 不断地被消耗而变成水，电解液密度变小。因此，测量电解液密度可以检验蓄电池放电程度。
(5) 从理论上说，蓄电池这种放电过程将会使极板上所有物质全部转变为硫酸铅，但实际转化的只有 20%～30%。因此，采用薄型、多孔性极板可提高容量。

4. 蓄电池的充电

将电能转换成蓄电池化学能的过程称为充电过程。它是放电反应的逆过程。充电时蓄电池的正负两极接通直流电源。当电源电压高于蓄电池的电动势 E 时，电流由蓄电池的正极流入，从蓄电池的负极流出，也就是电子由正极板经外电路流往负极板，如图 2-10 所示。

这时正负极板发生的化学反应正好与放电过程相反，即

$$PbO_2 + 2H_2SO_4 + Pb \xleftarrow{充电} 2PbSO_4 + 2H_2O$$

蓄电池充足电的标志是：
(1) 电解液中有大量气泡冒出，呈沸腾状态；
(2) 电解液的密度和蓄电池的端电压上升到规定值，且在 2～3 h 内保持不变。

在外界电场作用下，电解液中的 H_2O 与负极 $PbSO_4$ 均被电离，Pb^{2+} 被负极吸引并从负极上得到充电电源送来的电子，还原成 Pb 附着在负极板上，形成海绵状 Pb，O^{2-} 被吸引在正极

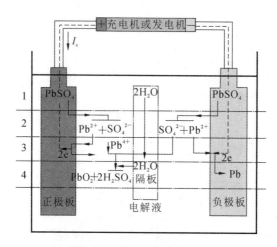

图 2-10 蓄电池的充电过程
1—放电状态；2—溶解电离；3—通入电流；4—充电状态

板周围，正极板上 $PbSO_4$ 电离出来的 Pb^{2+} 在极板周围电场作用下失去两个电子变成 Pb^{4+}，与 O^{2-} 结合成 PbO_2 附着在正极板表面。SO_4^{2-} 与 H_2O 电离出的 H^+ 结合成 H_2SO_4，留在电解液中。这样，正极板上 $PbSO_4$ 被逐步转变成 PbO_2，负极板上的 $PbSO_4$ 被逐步转变成海绵状 Pb，生成的 H_2SO_4 使电解液密度增大，蓄电池恢复到放电前的状态。

蓄电池充电过程有如下结论。

(1) 蓄电池在充电时，电解液中的硫酸将逐渐增多，而水将逐渐减少，电解液密度增加。

(2) 在充放电时，电解液浓度发生变化，主要是正极板的活性物质发生化学反应的结果，因此要求正极板处的电解液流动性要好。在装配蓄电池时，应将隔板有沟槽的一面对着正极板，以便电解液流通。

(3) 充电后期，会因电解水产生气体，应注意排气畅通，以防爆炸。

2.3.2 蓄电池的工作特性

1. 静止电动势及基本电特性

1) 静止电动势

蓄电池处于静止状态时，正负极板之间的电位差称为静止电动势。

2) 开路电压

理论上，开路状态下的端电压并不等于蓄电池的电动势，但是，开路电压在数值上很接近蓄电池的静止电动势，可以用开路电压代替静止电动势。

一般规定铅蓄电池的额定开路电压为 2.0 V。开路电压（静止电动势）公式如下。

(1) 当温度为 25 ℃时，

$$E_s = 0.84 + \rho_{25℃}$$

式中：E_s——静止电动势(V)；

0.84——温度换算系数；

$\rho_{25℃}$——25 ℃时的电解液密度(g/cm^3)。

汽车用蓄电池的电解液密度一般在 $1.12 \sim 1.30 \ g/cm^3$，因此 $E_s = 1.96 \sim 2.14$ V。

(2) 当温度不为 25 ℃时,密度修正为

$$\rho_{25℃} = \rho + \beta(t-25)$$

式中:ρ——实测密度(g/cm^3);

β——密度的温度换算系数,数值为 0.00075 g/cm^3,含义为电解液温升 1 ℃,密度下降 0.00075 g/cm^3。

t——实测温度(℃)。

3) 蓄电池端电压的测量

端电压包括开路电压、放电电压和充电电压,取决于蓄电池的工作状况。

(1) 开路电压:在发电机未正常工作时测量的蓄电池端电压为开路电压,一般为 12 V。

(2) 充电电压:在发电机正常工作时测量的蓄电池端电压为充电电压,一般为 14 V。

(3) 放电电压:起动发动机时测量的蓄电池端电压为放电电压,为 8~11 V。实际测量时采用高率放电计模拟起动状态。

2. 蓄电池的内阻

蓄电池的内阻包括电解液电阻、极板电阻、隔板电阻、联条与极柱接触电阻等。蓄电池的内阻受放电程度、隔板电阻与材料、电解液密度、电解液温度的影响,如图 2-11 所示。

(1) 放电程度。放电程度越高,$PbSO_4$ 越多,极板电阻越大。

(2) 隔板电阻与材料。木质隔板多孔性差,其电阻比橡胶和塑料隔板电阻大。

(3) 联条电阻与联条形式。传统的外露式联条比内部穿墙式、跨接式联条电阻大。

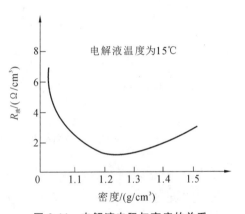

图 2-11 电解液电阻与密度的关系

(4) 电解液密度。一般电解液密度为 1.2 g/cm^3 时,电阻最小,过低(H^+ 和 SO_4^{2-} 少)或过高(黏度大)内阻均增加。

(5) 电解液温度。温度低,黏度大,电解液电阻大。

铅酸蓄电池内阻一般很小,可提供大电流,适于作起动电源。

3. 放电特性

在恒流放电过程中,蓄电池的端电压和电解液密度随时间而变化的规律称为放电特性,如图 2-12 所示。在充电后期的化学反应中,电池两极间的电位差会高于两极活性物质的平衡电位(每单格为 2.1 V),这种现象称为"极化"。

单格电池电压变化规律如下。

1) 开始放电阶段

端电压由 2.14 V 迅速下降至 2.1 V。极板孔隙内硫酸迅速消耗,电解液密度迅速下降,浓差极化增大,端电压迅速下降。

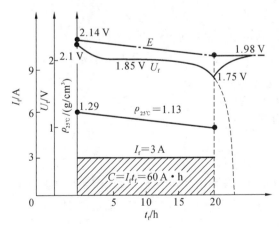

图 2-12 蓄电池的放电特性曲线

2) 相对稳定阶段

端电压缓慢下降至 1.85 V。极板孔隙外向孔隙内扩散的硫酸与孔隙内消耗的硫酸达到动态平衡,孔内外电解液密度一起缓慢下降,所以端电压缓慢下降。

3) 迅速下降阶段

端电压由 1.85 V 迅速下降至 1.75 V,电解液密度达最小值 $\rho_{15℃}=1.11\ \text{g/cm}^3$。放电接近终了时,电化学极化、浓差极化、欧姆极化显著增大,端电压迅速下降。

允许的放电终止电压与放电电流大小有关,放电电流越大,则放电时间越短,允许的放电终止电压越低。

4. 充电特性

在恒流充电过程中,蓄电池的端电压与电解液密度随时间而变化的规律称为蓄电池的充电特性。注意:充电电源必须采用直流电源,以一定的电流强度向一个完全放电的蓄电池进行充电。

保持充电电流不变,每隔一定时间测量单格电池的端电压和电解液密度,可以绘制出蓄电池的充电特性曲线,如图 2-13 所示。

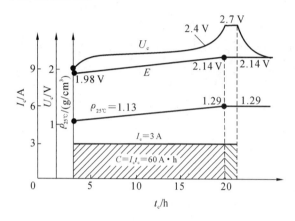

图 2-13 蓄电池的充电特性曲线

单格电池电压变化规律如下。

1) 充电开始阶段

端电压迅速上升到 2.1 V,这说明,开始充电时,孔隙内迅速生成硫酸,浓差极化增大,端电压迅速上升。

2) 稳定上升阶段

端电压缓慢上升至 2.4 V 左右,并开始产生气泡。孔隙内生成的硫酸向孔隙外扩散,当硫酸生成的速度与扩散速度达到平衡时,端电压随整个容器内电解液密度变化而缓慢上升。

3) 充电末期

电压迅速上升到 2.7 V 左右,且稳定不变,电解液呈沸腾状态。

活性物质还原反应结束后的充电称为过充电。过充电电流主要用于电解水,应避免长时间过充电。切断电源后,单格电压迅速降至 2.11 V。

2.3.3 蓄电池的容量及影响因素

1. 蓄电池的容量

充足电的蓄电池按一定大小的电流连续放电时,其端电压降至放电终止电压为止所输出的电量称为蓄电池的容量,用 C 表示,单位为 A·h。当电池以恒定电流值放电时,其容量等于放电电流和连续放电时间的乘积,即

$$C = I_f t_f$$

蓄电池的容量用以表示其对外供电的能力,衡量蓄电池性能的优劣,是选用蓄电池的重要指标。蓄电池的容量包括额定容量、起动容量、储备容量等。国标 GB/T 5008.1—2013《起动用铅酸蓄电池 第1部分:技术条件和试验方法》规定:将完全充足电的新蓄电池在电解液温度为 (25 ± 5)℃条件下,以 20 h 放电率(放电电流为 $0.05C_{20}$)连续放至单池平均电压降到 1.75 V 时为止,蓄电池输出的电量称为额定容量。额定容量用 C_{20} 表示,其大小受放电温度、放电电流、放电终止电压影响。

例如 6-Q-105 型蓄电池,在电解液平均温度为 25 ℃时,以 5.25 A 电流连续放电 20 h 后,端电压为 10.50 V(即单格电压降到 1.75 V),则其额定容量为

$$C_{20} = 5.25 \text{ A} \times 20 \text{ h} = 105 \text{ A} \cdot \text{h}$$

2. 影响蓄电池容量的因素

1) 放电电流对容量的影响

放电电流越大,蓄电池容量越小。因放电电流越大,极板孔隙内消耗 H_2SO_4 越快,且单位时间内产生的 $PbSO_4$ 越多。$PbSO_4$ 堵塞极板孔隙明显,阻碍电解液向极板内层渗透,使极板孔隙内电解液密度急剧下降,致端电压也迅速下降,从而极大地缩短了放电时间,使蓄电池容量下降,如图 2-14 所示。6-Q-135 型蓄电池在不同放电电流下的放电特性如图 2-15 所示。由图可知:放电电流越大,端电压下降越快,放电时间越短,蓄电池容量越小。

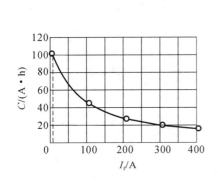

图 2-14 放电电流与蓄电池容量的关系　　图 2-15 蓄电池在不同放电电流下的放电特性

2) 电解液温度对容量的影响

电解液温度降低,蓄电池容量减小。温度越低黏度越高,电解液渗入极板困难,活性物质利用率越低,导致额定容量 C_{20} 下降;同时,黏度上升,内阻增大,内压降上升,端电压下降,导致额定容量 C_{20} 下降。实验证明,电解液温度每下降 1 ℃,缓慢放电时蓄电池容量约减少 1%,迅速放电时蓄电池容量约减少 2%,如图 2-16 所示。由于电解液温度对蓄电池容量影响较大,因此,冬季在寒冷地区使用蓄电池时,应特别注意蓄电池的保温。

3) 电解液密度对容量的影响

电解液密度越高,电动势 E 越大,电解液渗透能力越强,参加反应的活性物质越多,导致额定容量 C_{20} 增大;电解液密度过高,黏度上升,内阻增大,极板硫化加快,导致额定容量 C_{20} 下降,如图 2-17 所示。

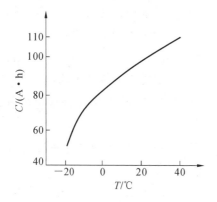 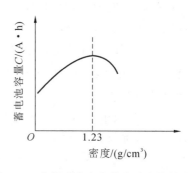

图 2-16 电解液温度与蓄电池容量的关系　　图 2-17 电解液密度和蓄电池容量的关系

实践证明,电解液密度偏低有利于提高放电电流和容量。即使是冬季使用的电解液,在不使其结冰的前提下,也应尽可能采用稍低密度的电解液。

4) 构造因素对容量的影响

极板厚度越薄,活性物质的利用率就越高,相同蓄电池尺寸下极板片数越多,容量就越大。极板面积越大,同时参与反应的物质就越多,容量就越大。同性极板中心距越小,蓄电池内阻越小,容量越大。

5) 电解液纯度对容量的影响

电解液中的一些有害杂质会腐蚀栅架,沉附于极板上的杂质会形成局部电池产生自放电,导致输出电量减小。如:电解液中若含有 1‰ 的铁,则蓄电池在一昼夜内就会放完电。

任务 2.4　蓄电池的故障诊断及排除

蓄电池常见故障包括内部故障和外部故障。外部故障包括外壳裂纹、极柱腐蚀、极柱松动、封胶干裂等,外部故障明显,一般可以直接看到。内部故障包括极板硫化、活性物质脱落、极板栅架腐蚀、极板短路、自行放电、极板拱曲等,内部故障无法直接看到,但在使用中可发现异常。

2.4.1　极板硫化

蓄电池极板上生成白色的粗晶粒硫酸铅的现象称硫化。硫化会造成粗晶粒硫酸铅导电性差,正常充电很难还原;晶粒粗,体积大,易堵塞活性物质孔隙,使内阻增大。

1. 故障特征

极板硫化会产生以下故障特征:

(1) 极板上生成一层白色粗晶粒硫酸铅;

(2) 放电时,内阻大,电压急剧下降,不能持续供给起动电流;

(3) 充电时,内阻大,单格电池的充电电压很快升达 2.8 V 以上,密度上升慢,温度上升快,过早出现沸腾现象;

(4) 用高率放电计检测时,单格电压明显下降。

2. 故障原因

蓄电池极板硫化的故障原因如下：

（1）充电不足，长期处于存放或放电状态，放电后未及时充电（温度高时，$PbSO_4$ 溶解，温度低时，析出大晶粒的 $PbSO_4$ 于极板表面）；

（2）极板露出电解液液面而氧化（负极板的上部在汽车行驶过程中因颠簸而时常露出液面，被氧化生成粗晶粒 $PbSO_4$）；

（3）电解液密度过大，电池内部易形成电位差，产生自放电，导致 $PbSO_4$ 再结晶；

（4）电解液不纯，产生自放电，导致 $PbSO_4$ 再结晶。

3. 排除方法

轻度硫化的蓄电池，可用小电流充电和换加蒸馏水的方法消除，硫化比较严重的采用去硫化充电方法消除硫化，硫化严重直接报废。

2.4.2 自行放电

存电很足的蓄电池停放一天后出现起动机转动缓慢无力、灯光暗淡、喇叭声小的现象，充足电的蓄电池每昼夜容量降低超过 2% 时，应视为自行放电。

1. 故障特征

蓄电池在开路搁置状态时，其容量自然损耗的现象称为自放电。一般情况下，维护良好、充足电的蓄电池在 20～30 ℃ 的环境中搁置 28 天，其容量损失超过 20%，称为自放电过大。

2. 故障原因

（1）外部线路短路或未关断；

（2）电池表面脏污；

（3）内部短路（隔板损坏、活性物质脱落）；

（4）电解液不纯（含铁量达 1% 时，一昼夜电会全放完）。

3. 排除方法

（1）清洁电池外部；

（2）检查电线有无接地短路处；

（3）检查有无用电设备未关断。

检查方法：关闭全部用电设备，拆下蓄电池一个接线柱上的电线试火，若有火，为线路问题；若无火，为电池表面脏污或内部短路。

2.4.3 活性物质脱落

1. 故障特征

蓄电池输出容量下降，充电时电解液浑浊，有棕色物质自底部上升。

2. 故障原因

（1）充电电流过大，过充时间过长；

（2）低温大电流放电，造成极板拱曲；

(3) 汽车行驶时颠簸、振动而震落；
(4) 电解液密度经常过大，腐蚀栅架。

3．排除方法

解体、清洗。若活性物质脱落较少，可封装再用；若脱落多，则更换极板。

2.4.4 极板短路

1．故障特征

开路端电压过低，起动机运转无力，充电时，温度高、电压低、密度上升很慢或不上升，气泡很少、无气泡或产生气泡太晚。

2．故障原因

(1) 活性物质脱落过多，沉积后将正负极板连通(必须拆开检查)；
(2) 隔板损坏而漏电或短路。

3．排除方法

(1) 若是活性物质脱落过多，则进行放电清洗；
(2) 若是隔板损坏，则进行更换。

任务 2.5　蓄电池的使用与维护

2.5.1 蓄电池的维护

为了使蓄电池经常处于完好状态，延长其使用寿命，对使用中的蓄电池需进行下列维护工作。

(1) 检查蓄电池在车上安装是否牢靠，检查起动电缆线与极柱的连接是否紧固，检查电缆线的线夹与极柱是否有氧化物，若有则应及时清除。

(2) 经常检查蓄电池盖表面是否清洁，应及时清除盖上的灰尘、电解液等脏物，保持加液孔盖上的气孔畅通。

(3) 定期检查电解液的液面高度，液面一般应高出极板 10～15 mm。一般情况下，当液面低时应补加蒸馏水。

(4) 定期对蓄电池进行补充充电，以保证蓄电池始终保持充足电的状态。

(5) 经常检查蓄电池的放电程度，超过规定时立即进行补充充电。

2.5.2 蓄电池的技术状况检验

汽车每行驶 1000 km，或冬季每行驶 10～15 天，夏季每行驶 5～6 天，应检查液面高度和放电程度。

1．电解液液面高度检查

1) 目测

(1) 电解液液面应在蓄电池外壳上、下液面线之间。

(2)从加液孔观察判断液面高度。加液孔下缘形成中央小圈时合格,形成大圈时为液面过低,如图2-18所示。

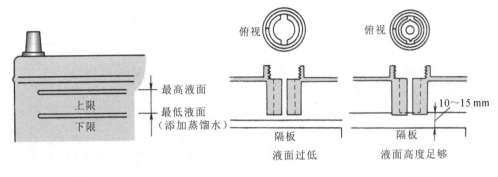

(a)液面上限、下限标记　　　(b)从加液孔看电解液液面高度

图2-18　电解液液面高度检查

2)用玻璃管测量

当液面过低时,应加注蒸馏水,以恢复正确的液面高度。除非确知电解液溅出,否则不允许添加硫酸溶液,如图2-19所示。

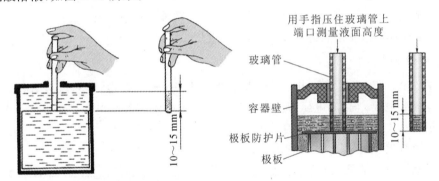

图2-19　用玻璃管测量电解液液面高度

2. 放电程度检测

1)检查电解液密度

(1)用吸式密度计检测,方法如图2-20所示。

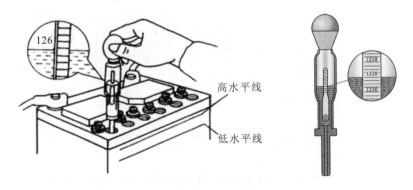

图2-20　检测电解液密度

(2) 电解液密度与放电状态的对应关系如表 2-3 所示。

表 2-3 电解液密度与放电状态的对应关系

放电状态/(%)	100	75	50	25	0
电解液密度/(g/cm³)	1.27	1.23	1.19	1.15	1.11

注意:密度每减少 0.01 g/cm³,相当于放电 6%。

(3) 测量电解液密度时,应同时测量电解液温度,并换算出标准温度(室温 20 ℃ 或 25 ℃)下的密度,再进行判断。换算公式为

$$\rho_{20\,℃} = \rho_t + 0.00075(t-20)$$

$$\rho_{25\,℃} = \rho_t + 0.00075(t-25)$$

式中:$\rho_{20\,℃}$、$\rho_{25\,℃}$ 分别为相应温度下的密度值;ρ_t 为实测密度值;t 为实测温度;0.00075 为换算系数。

2) 蓄电池技术状况的判断与处理

(1) 若电解液密度大于等于 1.30 g/cm³,说明硫酸比例过大,应加注蒸馏水稀释。

(2) 若电解液密度为 1.22~1.29 g/cm³,说明蓄电池充电超过 50%,或已充分充电,可正常使用。

(3) 若电解液密度为 1.21 g/cm³ 以下,说明放电超过 50%,应充电。

(4) 若充电后电解液密度还低于 1.21 g/cm³,说明蓄电池已损坏。

(5) 各单格电解液密度相差不应超过 0.04 g/cm³,否则应调整。

3. 起动性能检测

用高率放电计(模拟起动放电)检测,对于技术状态良好的蓄电池,当以起动电流或规定的放电电流连续放电 5 s 时,端电压应不低于规定值。大电流下各端电压稳定在 1.5 V 以上,单格相差不超过 0.1 V 为完好,否则有故障。

绿色区域端电压高于 9.6 V,状态良好;

黄色区域端电压低于 9.6 V,存电不足;

红色区域端电压低于 8 V,蓄电池故障,应更换蓄电池,如图 2-21 所示。

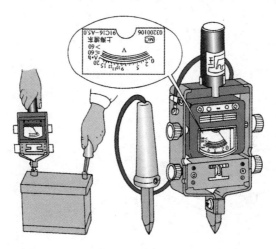

图 2-21 用高率放电计测试蓄电池的起动性能

就车检查蓄电池技术状况:

(1) 连续使用几次起动机,若起动机每次都能正常运转,则说明蓄电池存电充足;若起动机旋转无力,或不能旋转,则说明蓄电池放电过多或有故障。

(2) 当夜间使用前照灯并使用起动机时,或起动机旋转有力,灯光稍许变暗,说明蓄电池存电充足;若起动机旋转无力,灯光暗淡,说明蓄电池放电过多;若起动机不能正常旋转,且灯光暗淡、灯丝变红甚至熄灭,说明蓄电池严重亏电或有硫化故障。

4. 蓄电池极柱连接状态的测试

(1) 目的:通过测量极柱与连接线间的压降来确定连接状态好坏。

(2) 方法:将电压表正表棒接到蓄电池的正极柱上,负表棒接到正极柱电缆线的线夹上,接通起动机,使起动机带动发动机工作,这时电压表的读数不得大于 0.5 V,否则说明极柱与线夹接触不良,将产生起动困难。

(3) 措施:当极柱与线夹接触不良时,若是极柱表面氧化,应清除氧化物;若是接触松动,应重新紧固线夹。

(4) 说明:测量负极柱与其电缆线的线夹的压降时,表棒接法与上述相反。

2.5.3 蓄电池的使用

1. 蓄电池的选择

选择蓄电池的主要依据是外形尺寸和额定容量,额定容量小了易导致起动困难,大了易导致蓄电池长期充电不足。

2. 电解液的选择

现今蓄电池所使用的电解液一般都是已配制好的标准电解液,无须维修站自己配制电解液。在给蓄电池加注电解液时,要选择电解液的密度,一般情况下应该选择密度偏低的电解液。寒冷地区选择电解液的前提应该是保证电解液不结冰,如表 2-4 所示。

表 2-4 电解液密度与冰点的关系

电解液密度/(g/cm^3)	1.10	1.15	1.20	1.25	1.30	1.31
冰点/℃	−7	−14	−25	−50	−66	−70

3. 蓄电池的维护

(1) 正确充电。装车使用电池应每月补充充电;放电程度冬季不超过 25%,夏季不超过 50%,否则及时充电;放完电的蓄电池要在 24 h 内送充电间充电;带电解液存放的蓄电池应定期(每月)补充充电,防止过充和充电电流过大。

(2) 正确操作。每次起动时间不超过 5 s,起动间隔时间 15 s,最多连续起动 3 次;冬季暖车、摇车后再起动;蓄电池安装要牢固,接头要紧固并涂保护剂;防止过度放电。

(3) 清洁保养。及时清除蓄电池表面的酸液,经常疏通通气孔。冬季使用蓄电池应注意:① 保持足电状态,以防电解液密度过低而结冰;② 补充蒸馏水应在充电时进行,以利及时混合;③ 起动冷态发动机前应对发动机预热;④ 气温低充电难,可调高发电机电压,改善充电状况,并经常检查蓄电池电量;⑤ 注意蓄电池的保温(必要时用夹层木盒安装蓄电池),也可适当调高电解液密度;⑥ 有条件的可换用大容量的蓄电池。

任务2.6 电池技术的发展

2.6.1 免维护蓄电池

1. 结构材料特点

免维护蓄电池的结构如图2-22所示,其特点如下。

(1)池壳内装有集气室,以收集水蒸气或硫酸蒸气并将其冷凝回收,避免水分和硫酸蒸发。

(2)薄壁聚丙烯外壳,取消底部凸筋,降低极板组高度,可增加上部储液量。

(3)袋式微孔聚氯乙烯隔板,避免活性物质脱落。

(4)栅架采用铅-钙-锡合金或铅-低锑合金(锑含量为2‰~3‰),消除或减轻锑的副作用。

(5)内装温度补偿型密度计,便于监视储电量和液面高度。

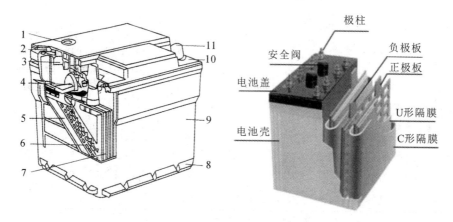

图2-22 免维护蓄电池结构

1—内装温度补偿型密度计;2—小排气孔;3—液气隔板;4—极柱接板;5—极板;
6—铅钙栅架;7—隔板;8—安装固定底座;9—聚丙烯外壳;10—代号;11—极柱

当密度计指示器表面呈绿色时,表明存电充足;绿色面积很小或为黑色时,需补充充电;呈黄色时,表明液面过低,蓄电池已不能继续使用,应检查外壳有无裂纹,如图2-23所示。

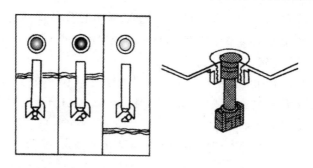

图2-23 内装密度计的蓄电池示意图

2. 免维护蓄电池的优点

(1) 在规定的条件下,使用过程中不需补加蒸馏水(时间可达三四年,行驶里程市区可达8万千米,长途可达40～48万千米)。

(2) 自放电少,仅为普通蓄电池的1/6～1/8,两年内可湿式储藏。

(3) 内阻小,具有较高的放电电压和较好的常温和低温起动性能。

(4) 耐过充电性能好,相同条件下其过充电流小,充满后可接近零,即基本上不电解水。

(5) 极柱无腐蚀或腐蚀极轻。

(6) 耐热、耐振性能好,寿命长(其使用寿命一般为四年,是普通蓄电池的两倍多)。

2.6.2 燃料电池

燃料电池是一种将储存在燃料和氧化剂中的化学能直接转化为电能的化学装置,也是一种能量转换装置,与普通电池的根本区别在于燃料电池的燃料和氧化剂不是储存在电池的内部,而是储存在电池外部的贮存罐中。当燃料电池工作时,需要不间断地向电池内输入燃料和氧化剂,同时排除反应生成物。只要不间断地加入燃料和氧化剂,就能不间断地产生电能,故称为燃料电池。

燃料电池具有高效、无污染、噪声小、可靠性高的特点。它是继水力发电、热能发电和原子能发电之后的第四种发电技术。由于燃料电池是通过电化学反应把燃料的化学能中的吉布斯自由能部分转换成电能,不受卡诺循环效应的限制,因此效率高。另外,燃料电池用燃料和氧气作为原料,同时没有机械传动部件,故没有噪声污染,排放出的有害气体极少。由此可见,从节约能源和保护生态环境的角度来看,燃料电池是最有发展前途的发电技术。

1. 组成结构

燃料电池的主要构成组件为电极、电解质隔膜与集电器等。

1) 电极

燃料电池的电极是燃料发生氧化反应、氧化剂发生还原反应的电化学反应场所,其性能的好坏取决于触媒的性能、电极的材料与电极的制程等。

电极主要可分为两部分,其一为阳极,另一个为阴极,厚度一般为200～500 mm。其结构与一般电池的平板电极的不同之处在于燃料电池的电极为多孔结构,设计成多孔结构的主要原因是燃料电池所使用的燃料及氧化剂大多为气体(例如氧气、氢气等),而气体在电解质中的溶解度并不高,为了提高燃料电池的实际工作电流密度与降低极化作用,发展出了多孔结构的电极,以增加参与反应的电极表面积。这也是燃料电池当初能从理论研究阶段步入实用化阶段的关键原因之一。

目前高温燃料电池的电极主要由触媒材料制成,例如固态氧化物燃料电池(SOFC)的 Y_2O_3-stabilized-ZrO_2(YSZ)及熔融碳酸盐燃料电池(MCFC)的氧化镍电极等。低温燃料电池的电极则主要是由气体扩散层支撑一薄层触媒材料而构成的,例如磷酸燃料电池(PAFC)与质子交换膜燃料电池(PEMFC)的白金电极等。

2) 电解质隔膜

电解质隔膜的主要功能是分隔氧化剂与还原剂,并传导离子,故电解质隔膜越薄越好,但亦需顾及强度,就现阶段的技术而言,其一般厚度为数十毫米至数百毫米;至于材质,目前主要朝两个发展方向,其一是先以石棉膜、碳化硅膜、铝酸锂($LiAlO_3$)膜等绝缘材料制成多孔隔膜,再浸入熔融锂-钾碳酸盐、氢氧化钾与磷酸中,使其附着在隔膜孔内;另一则是采用全氟磺酸树脂(例如 PEMFC)及 YSZ(例如 SOFC)。

3) 集电器

集电器又称作双极板,具有收集电流、分隔氧化剂与还原剂、疏导反应气体等功用,集电器的性能主要取决于其材料特性、流场设计及加工技术。

2. 几种燃料电池

1) SOFC

固态氧化物燃料电池(SOFC)是一种直接将燃料气和氧化气中的化学能转换成电能的全固态能量转换装置,具有一般燃料电池的结构。固态氧化物燃料电池以致密的固态氧化物作电解质,在高温 800~1000 ℃下操作,反应气体不直接接触,因此可以使用较高的压力以缩小反应器的体积而没有燃烧或爆炸的危险。

2) RFC

氢燃料电池(RFC)以氢气为燃料,与氧气经电化学反应后透过质子交换膜产生电能。氢和氧反应生成水,不排放碳化氢、一氧化碳、氮化物和二氧化碳等,无污染,发电效益高。20 世纪 60 年代,氢燃料电池就已经成功应用于航天领域。"阿波罗"飞船就安装了这种体积小、容量大的装置。20 世纪 70 年代至今,随着制氢技术的发展,氢燃料电池在发电、电动车和微型电池方面的应用开发取得了许多成果。

3) DMFC

直接以甲醇为燃料的质子交换膜燃料电池通常称为直接甲醇燃料电池(DMFC)。膜电极主要由甲醇阳极、氧气阴极和质子交换膜(PEM)构成。阳极和阴极分别由不锈钢板、塑料薄膜、铜质电流收集板、石墨、气体扩散层和多孔结构的催化层组成。其中,气体扩散层起支撑催化层、收集电流及传导反应物的作用,由具有导电功能的碳纸或碳布组成;催化层是电化学反应的场所,常用的阳极和阴极电极催化剂分别为 PtRu/C 和 Pt/C。

2.6.3 碱性蓄电池

碱性蓄电池具有质量轻、使用寿命长、自放电少的优点。但是碱性蓄电池活性物质的导电性差,而且价格比较高。碱性蓄电池以氢氧化钾(KOH)的水溶液或氢氧化钠(NaOH)的水溶液为电解液,其中,以 KOH 的水溶液作电解液的应用最为广泛。碱性蓄电池的典型代表有铁镍蓄电池、镉镍蓄电池、锌银蓄电池等。下面仅介绍常用的铁镍蓄电池。

1. 铁镍蓄电池的构成

(1) 极板盒式铁镍蓄电池:由正极板组、负极板组和隔板交错排列,组成极板组,装入壳体中封底而成。

(2) 烧结式铁镍蓄电池:由正极板组和负极板组交错排列,经包膜装入外壳中封盖而成。正极板组和负极板组分别由烧结式极板经浸渍而成。

2. 工作原理

蓄电池电解液是 KOH 的水溶液。其只传导电流,而浓度基本不变,因此不能根据电解液密度大小来判断蓄电池充、放电程度。充电状态时,正极板上的活性物质为氢氧化镍($Ni(OH)_3$),负极板上的为金属铁(Fe)。放电终止时,正极板活性物质转化为氢氧化亚镍($Ni(OH)_2$),负极板活性物质转化为氢氧化亚铁($Fe(OH)_2$)。铁镍蓄电池充、放电时的化学反应为

$$Fe + 2Ni(OH)_3 \rightleftharpoons Fe(OH)_2 + 2Ni(OH)_2$$

3. 使用性能

对于铁镍蓄电池的比容量(电能与质量之比),极板盒式蓄电池一般为 30 W·h/kg,烧结式蓄电池为 65 W·h/kg;对于蓄电池的使用寿命,极板盒式蓄电池大负荷工作时间为 8 年,烧结式蓄电池循环次数已超过 1000 次。

2.6.4 电动汽车电池

电动汽车电池分蓄电池和燃料电池两大类。蓄电池适用于纯电动汽车,包括铅酸蓄电池、镍氢电池、钠硫电池、二次锂电池、空气电池。燃料电池专用于燃料电池电动汽车,包括碱性燃料电池(AFC)、磷酸燃料电池、熔融碳酸盐燃料电池、固态氧化物燃料电池、质子交换膜燃料电池、直接甲醇燃料电池。

燃料电池由燃料在阳极氧化,氧化剂在阴极还原。如果在阳极(即外电路的负极,也可称燃料极)上连续供给气态燃料(氢气),而在阴极(即外电路的正极,也可称空气极)上连续供给氧气(或空气),就可以在电极上连续发生电化学反应,并产生电流。由此可见,燃料电池与常规电池不同,它的燃料和氧化剂不是储存在电池内,而是储存在电池外部的储罐中。当它工作(输出电流并做功)时,需要不间断地向电池内输入燃料和氧化剂并同时排出反应产物。因此,从工作方式上看,它类似于常规的汽油或柴油发电机。因为燃料电池工作时要连续不断地向电池内送入燃料和氧化剂,所以燃料电池使用的燃料和氧化剂均为流体(气体或液体)。最常用的燃料为纯氢、各种富含氢的气体(如重整气)和某些液体(如甲醇水溶液),常用的氧化剂为纯氧、净化空气等气体和某些液体(如过氧化氢和硝酸的水溶液等)。

电动汽车电池组由多个电池串联叠置组成。一个典型的电池组大约有 96 个电池,对充电到 4.2 V 的锂离子电池而言,电池组可产生超过 400 V 的总电压。尽管汽车电源系统将电池组看作单个高压电池,每次都对整个电池组进行充电和放电,但电池控制系统必须独立考虑每个电池的情况。如果电池组中的一个电池容量稍微低于其他电池,那么经过多个充电/放电周期后,其充电状态将逐渐偏离其他电池。如果这个电池的充电状态没有周期性地与其他电池平衡,那么它最终将进入深度放电状态,从而导致损坏,并最终形成电池组故障。为防止这种情况发生,每个电池的电压都必须监视,以确定充电状态。此外,必须有一个装置让电池单独充电或放电,以平衡这些电池的充电状态。

任务 2.7 交流发电机的构造与型号

发电机是汽车的主要电源,其功用是在发动机正常运转时(怠速以上),向所有用电设备(起动机除外)供电,同时向蓄电池充电,如图 2-24 所示。

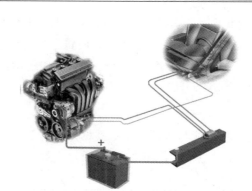

图 2-24 充电系统的组成

2.7.1 交流发电机的构造

1. 交流发电机的分类

1) 按总体结构分类

（1）普通交流发电机：使用时需要在发电机外配装电压调节器的发电机，例如 JF132（EQ140 用）。

（2）整体式交流发电机：发电机和调节器制成一个整体的发电机，例如别克轿车的发动机上装配的是 CS 型发电机。

（3）带泵交流发电机：和汽车制动系统用真空助力泵安装在一起的发电机，例如 JFZB292 发电机。

（4）无刷交流发电机：不需要电刷的发电机，例如 JFW1913。

（5）永磁交流发电机：磁极为永磁铁制成的发电机。

（6）水冷交流发电机：无散热风扇，采用水冷系统（赛车一般采用此类）。

2) 按整流器结构分类

（1）六管交流发电机：例如 JF1522A（CA141 汽车用）。

（2）八管交流发电机：例如 JFZ1542（天津夏利 TJ7100 汽车用）。

（3）九管交流发电机：例如（日本日产蓝鸟、德国奔驰 Benz2026A 汽车用）。

（4）十一管交流发电机：例如 JFZ1913Z（奥迪、桑塔纳、日本丰田皇冠汽车用）。

（5）十二管交流发电机：丰田汉兰达个别发动机安装。

3) 按磁场绕组搭铁形式分类

（1）内搭铁型交流发电机：磁场绕组的一端（负极）直接搭铁（和壳体相连）。

（2）外搭铁型交流发电机：磁场绕组的一端（负极）接入调节器，通过调节器后再搭铁。

4) 按调节器是否单独安装分类

（1）普通硅整流发电机：调节器单独安装，多用于中低档车型，如解放 CA1092 等。

（2）整体式硅整流发电机：调节器安装于发电机内部，广泛用于中高档车型，如奥迪轿车。

2. 交流发电机的结构

国内外生产的汽车用硅整流发电机虽然在制造工艺、局部结构、工作性能上有所不同，且形式各异，但其结构基本相同，主要由转子、定子、整流器、前端盖、后端盖、带轮及风扇组成。

图2-25所示为JFB2型交流发电机的组件图,图2-26所示为JFB2型交流发电机的结构图。

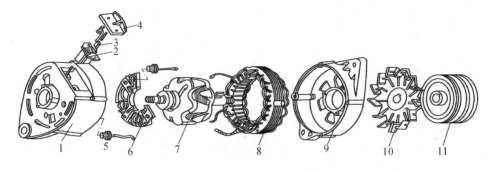

图2-25 JFB2型交流发电机的组件图
1—后端盖;2—电刷架;3—电刷;4—电刷弹簧压盖;5—硅二极管;
6—散热板;7—转子;8—定子总成;9—前端盖;10—风扇;11—带轮

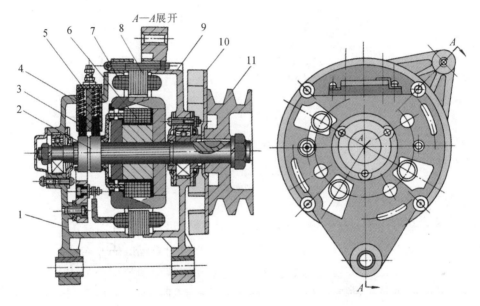

图2-26 JFB2型交流发电机的结构图
1—后端盖;2—滑环;3—电刷;4—电刷弹簧;5—电刷架;6—磁场绕组;
7—电枢绕组;8—电枢铁心;9—前端盖;10—风扇;11—带轮

1) 转子

交流发电机的转子是发电机的磁极部分,转子的功用是产生旋转磁场。转子由爪极、磁轭、磁场绕组、集电环、转子轴等部件组成,如图2-27所示。

转子轴上压装着两块低碳钢制成的爪极,两块爪极各有4~8个鸟嘴形磁极(国产多为6个),爪极空腔内装有磁场绕组(转子线圈)和导磁用的铁心(磁轭)。集电环由两个彼此绝缘的铜环组成,集电环压装在转子轴上并与轴绝缘,两个集电环分别与磁场绕组的两端相连,并与装在后端盖内的两个电刷相接触。

当两集电环通入直流电时(通过电刷),磁场绕组中就有电流通过,并产生轴向磁通,使爪极一块被磁化为N极,另一块被磁化为S极,从而形成6对相互交错的磁极。当转子转动时,就形成了旋转的磁场。它的磁路由磁轭→N极→转子与定子之间的气隙→定子→定子与转子之间的气隙→S极→磁轭形成,如图2-28所示。

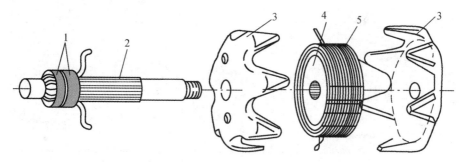

图2-27 交流发电机的转子

1—集电环;2—转子轴;3—爪极;4—磁轭;5—磁场绕组

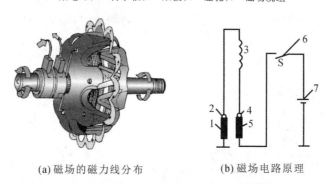

(a) 磁场的磁力线分布　　(b) 磁场电路原理

图2-28 交流发电机的磁路与磁场电路原理

1、5—电刷;2、4—集电环;3—励磁绕组;6—点火开关;7—蓄电池

2) 定子

交流发电机的定子是发电机的电枢部分,其功用是产生交流电。定子由定子铁心和定子绕组组成。定子铁心由内圈带槽的硅钢片叠成,定子绕组的导线就嵌放在铁心的槽中。当转子转动时,定子线圈切割旋转磁场的磁力线而产生三相交流电动势。定子绕组的三相绕组采用星形接法或三角形接法,都能产生三相交流电。三相绕组必须按一定要求绕制,才能使之获得频率相同、幅值相等、相位互差120°的三相电动势。星形接法发电机低速充电性能好,桑塔纳、奥迪等大多数轿车发电机采用;三角形接法适于大功率发电机采用,神龙富康、北京切诺基等车的发电机采用,如图2-29所示。

为保证电枢三相绕组产生大小相等、相位相差120°(电角度)的对称电动势,三相绕组的绕制应遵循以下原则。

(1) 每个线圈的两个有效边之间的距离应和一个磁极占据的空间距离相等。

(2) 每相绕组相邻线圈始边之间的距离应和一对磁极占据的距离相等或成倍数关系。

(3) 三相绕组的始边应相互间隔$2\pi \div 120°$的电角度(一对磁极占有的空间为360°电角度)。

图2-30所示为JF132型交流发电机定子绕组的展开图,发电机有6对磁极,定子总槽数为36个,即1对磁极对应6个槽。当转子旋转时,转子磁场不断和定子三相绕组做相对运动,在定子绕组中产生交流电动势。每转过1对磁极,定子绕组中的感应电动势就变化1个周期,每转过6个槽,定子的感应电动势变化360°,每个槽对应60°。

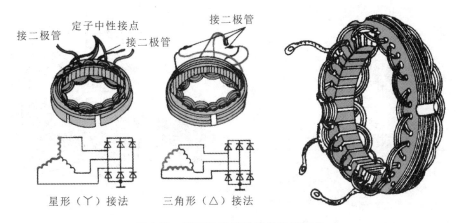

图 2-29 定子及定子绕组的连接方式

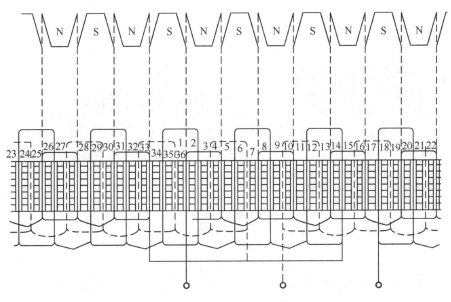

图 2-30 JF132 型交流发电机定子绕组的展开图

3）整流器

由于汽车的电气系统使用直流电,因此发电机的交流电必须转为直流电,这一过程称为整流。整流器的作用是将定子绕组的三相交流电转为直流电。

六管交流发电机的整流器是由 6 个硅整流二极管组成的三相全波桥式整流电路。6 个整流管分别压装（或焊装）在两块板上,如图 2-31 所示。

将正极管安装在一块铝制散热板上,称为正整流板;将负极管安装在另一块铝制散热板上,称为负整流板,也可用发电机后盖代替负整流板。正整流板与外壳绝缘,在正整流板上有一个输出接线柱 B 作为发电机的输出端。负整流板直接搭铁。负整流板一定要和壳体相连接。整流板的形状各异,有马蹄形、长方形、半圆形等。图 2-32 所示为二极管安装示意图。

4）端盖及电刷组件

交流发电机的前端盖和后端盖由铝合金铸成,铝合金为非导磁材料,可有效地防止漏磁,并具有质量轻、散热性能好的特点。端盖起着固定转子、定子、整流器和电刷组件的作用。前

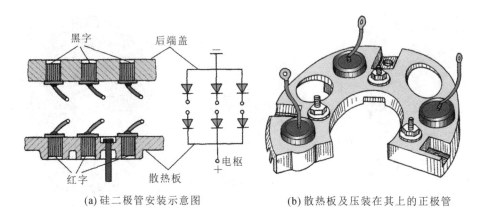

图 2-31 硅整流二极管的组成

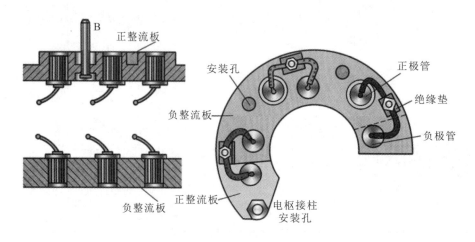

图 2-32 二极管安装示意图

端盖铸有安装臂、调整臂与出风口,后端盖铸有安装臂与进风口。风扇转动时驱动空气从进风口流入,经发电机定子铁心再从出风口流出,将定子线圈对外输出电流时产生的热量带走,达到散热的目的。整流器则装于后端盖内侧或外侧上。

电刷组件装在后端盖上,由电刷、电刷架和电刷弹簧组成。电刷的作用是将电源通过集电环引入磁场绕组。电刷由铜粉和石墨粉(模压)制成,电刷架由酚醛玻璃纤维塑料模压而成。两支电刷装在电刷架方孔内,由弹簧保持其与集电环接触良好。电刷架有外装式和内装式两种,如图 2-33 所示。

根据电刷搭铁方式的不同,可分为内搭铁型发电机、外搭铁型发电机两种。内搭铁型发电机是磁场绕组负电刷直接搭铁的发电机(和壳体直接相连),外搭铁型发电机是磁场绕组的两支电刷都和壳体绝缘的发电机,外搭铁型发电机的磁场绕组负极(负电刷)接调节器后再搭铁,如图 2-34 所示。

5)带轮与风扇

交流发电机的前端装有带轮,由发动机通过传动带驱动发电机旋转,将发动机的动力传给发电机。带轮由铸铁或铝合金制成,分单槽和双槽两种,与风扇共用一个半圆键和转子轴连

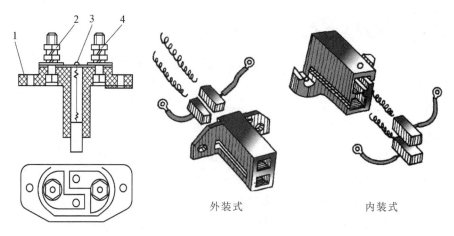

图 2-33　电刷组件
1—电刷架；2、4—"磁场"接线柱；3—电刷与弹簧

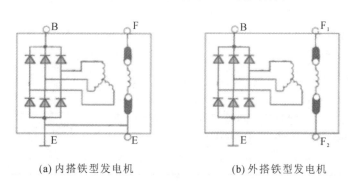

(a) 内搭铁型发电机　　(b) 外搭铁型发电机

图 2-34　交流发电机的搭铁形式

接，用弹簧垫片和螺母紧固。风扇的作用是在发电机工作时强制进行抽风冷却，一般用 1.5 mm 钢板冲制或用铝合金压铸。交流发电机的通风方式有叶片外装式和叶片内装式两种，如图 2-35 所示。

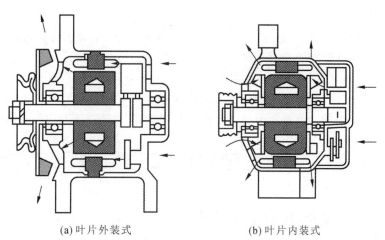

(a) 叶片外装式　　(b) 叶片内装式

图 2-35　交流发电机的通风方式

2.7.2 交流发电机的型号

根据中华人民共和国汽车行业标准 QC/T 73-1993《汽车电气设备产品型号编制方法》的规定,汽车交流发电机型号组成如下:

| 产品代号 | 电压等级代号 | 电流等级代号 | 设计序号 | 变形代号 |

(1) 产品代号。

产品代号用字母表示:

JF——普通交流发电机;

JFZ——整体式(调节器内置)交流发电机;

JFB——带泵的交流发电机;

JFW——无刷交流发电机。

(2) 电压等级代号。

电压等级代号用一位阿拉伯数字表示:

1 表示 12 V 系统;

2 表示 24 V 系统;

6 表示 6 V 系统。

(3) 电流等级代号。

电流等级代号用一位阿拉伯数字表示:

1 表示≤19 A;   6 表示≥60~69 A;

2 表示≥20~29 A; 7 表示≥70~79 A;

3 表示≥30~39 A; 8 表示≥80~89 A;

4 表示≥40~49 A; 9 表示≥90 A。

5 表示≥50~59 A;

(4) 设计序号。

按产品的先后顺序,用阿拉伯数字表示。

(5) 变形代号。

交流发电机以调整臂的位置作为变形代号。从驱动端看,Y 表示调整臂位于右边;Z 表示调整臂位于左边;调整臂在中间时不加标记。

(6) 举例。

桑塔纳、奥迪 100 型轿车所用的交流发电机代号为 JFZ1913Z 型,其含义为:

电压等级为 12 V,输出电流大于 90 A,第 13 代设计,调整臂位于左边的整体式交流发电机。

任务 2.8　交流发电机的工作原理及工作特性

2.8.1　交流发电机的工作原理

1. 发电原理

交流发电机产生交流电的基本原理是电磁感应原理,即利用产生磁场的转子旋转,使穿过定子绕组的磁通量发生变化,在定子绕组内产生感应电动势,如图2-36所示。

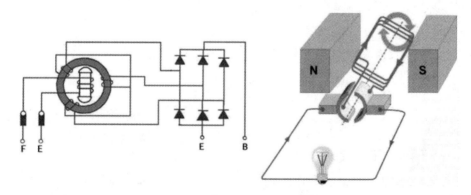

图 2-36 交流发电机工作原理图

(1) 发动机带动发电机内部转子旋转,产生旋转磁场。

(2) 磁场外发电机壳体(铁心)上固定有三组线圈(三相定子绕组),三相绕组彼此相隔 120°。

(3) 当转子旋转时,旋转的磁场使固定的电枢绕组中通过的磁通量发生变化,而在定子电枢绕组中产生三相感应电动势。

三相绕组产生的感应电动势大小:

$$e_U = E_m \sin\omega t = \sqrt{2} E_e \sin\omega t$$

$$e_V = E_m \sin(\omega t - \frac{2}{3}\pi) = \sqrt{2} E_e \sin(\omega t - \frac{2}{3}\pi)$$

$$e_W = E_m \sin(\omega t + \frac{2}{3}\pi) = \sqrt{2} E_e \sin(\omega t + \frac{2}{3}\pi)$$

式中:E_m 为相电动势的最大值;E_e 为相电动势的有效值;ω 为电角速度($\omega = 2\pi f$)。

定子每相电动势的有效值:

由

$$\omega = 2\pi f = \frac{\pi p n}{30}$$

得

$$f = \frac{pn}{60}$$

则

$$E_e = \frac{E_m}{\sqrt{2}} = 4.44 K f N \phi = 4.44 K \frac{pn}{60} N \phi = C_e \phi n$$

式中:K 为绕组系数(和发电机定子绕组的绕线方法有关);N 为每相匝数(匝);ϕ 为每极磁通(Wb);C_e 为电机结构常数;f 为交流电动势的频率(Hz,是转速的函数);p 为磁极对数;n 为发电机转速。

交流电动势的幅值是发电机转速的函数。因此,当转速 n 变化时,三相电动势的波形为变频率、变幅值的交流波形。

2. 整流原理

交流发电机定子的三相绕组中,感应产生的是交流电,靠六个二极管组成的三相桥式整流电路变为直流电。二极管具有单向导电性,当给二极管加上正向电压时,二极管导通,当给二极管加上反向电压时,二极管截止。二极管的导通原则如下。

(1) 正极二极管。

因三个二极管负极端相连,故正极端电位最高者导通。

(2) 负极二极管。

因三个二极管正极端相连,故负极端电位最低者导通。

一般地,同时导通的管子总是两个,正、负管子各一个。桥式整流电路及电压波形如图2-37所示。

由于三个正极管(VD_1、VD_3、VD_5)的正极分别接在发电机三相绕组的首端,而它们的负极同接在元件板上,因此这三个正极管导通的条件是:在某一瞬间,哪一相的电压最高(相对其他两相来说正值最大),则该相的正极管导通。

由于三个负极管(VD_2、VD_4、VD_6)的负极分别接在汽车发电机三相绕组的首端,而它们的正极同接在后端盖上。因此,这三个负极管导通的条件是:在某一瞬间,哪一相的电压最低(相对其他两相来说负值最大),则该相的负极管导通。

在同一瞬间,同时导通的二极管就只有两个,即正极管、负极管各一个。三相桥式整流电路中的二极管依次循环导通,使得负载R_L两端得到一个比较平稳的脉动直流电压。

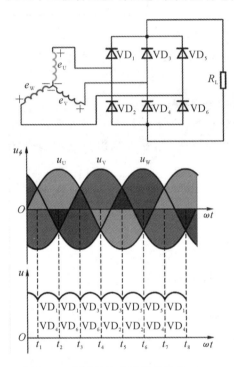

图 2-37 桥式整流电路及电压波形

根据上述原则,其整流过程如下。

在$t_1 \sim t_2$时间内,U相的电压最高,V相的电压最低,故VD_1、VD_4处于正向电压下而导通,负载R_L两端得到的电压为U_{UV}。

在$t_2 \sim t_3$时间内,U相的电压最高,W相的电压最低,故VD_1、VD_6处于正向电压下而导通,负载R_L两端得到的电压为U_{UW}。

在$t_3 \sim t_4$时间内,VD_3、VD_6处于正向电压下而导通,负载R_L两端得到的电压为U_{VW}。

以此类推,循环反复,就在R_L两端得到一个比较平稳的脉冲直流电压U_L,一个周期内有六个波形。

有的发电机具有中性点接线柱。三相绕组的末端接到一起形成中性点,用N表示。中性点电压U_N是通过三个搭铁的负极管整流后得到的直流电压(即三相半波整流),故

$$U_N = U/2$$

交流发电机的转速高到一定程度,中性点电压高过发电机输出电压。中性点电压波形如图2-38所示。在三相绕组中性点处接上两个中性点二极管(功率管),通过两个中性点二极管与桥式整流器正负极相连,可提高发电机功率10%~15%。中性点电压一般用来控制各种用途的继电器,如磁场继电器、充电指示灯继电器等。

中性点二极管提高发电机功率的原理如下。

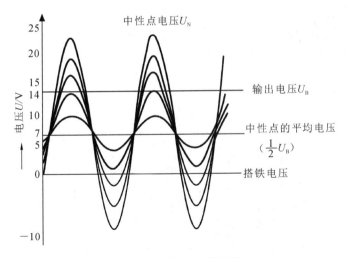

图 2-38 中性点电压波形

当中性点电压瞬时值高于三相绕组的最高值时,中性点正极管导通对外输出电流,电流回路为:中性点→正极二极管→负载→某一负极二极管→定子绕组→中性点。

当中性点电压瞬时值低于三相绕组的最低值时,中性点负极管导通对外输出电流,电流回路为:中性点→定子绕组→某一正极二极管→负载→中性点负极管→中性点。

3. 交流发电机的励磁方式

将电源引入磁场绕组使之产生磁场的过程称为励磁。在发动机起动期间,需要蓄电池供给发电机磁场电流来生磁,从而使发电机发电,这种供给磁场电流的方式称为他励。随着转速的提高,发电机的电动势逐渐升高并能对外供电时,就可以把自身发的电供给磁场绕组生磁发电,这种供给磁场电流的方式称为自励。交流发电机的励磁电路如图 2-39 所示。

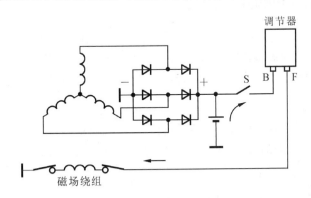

图 2-39 交流发电机的励磁电路

1) 他励过程

交流发电机开始发电时,因三极管死区电压的存在,需先由蓄电池供给励磁电流(他励阶段)。在发动机起动期间,需要蓄电池供给发电机磁场电流来生磁使发电机发电。

2) 自励过程

当发电机电压达到蓄电池电压时,即由发电机自己供给励磁电流,则由他励转为自励。随着转速提高,发电机电动势逐渐升高并对外输出电能(一般怠速时发电机就能对外供电)。当发电机能对外供电时,就可以把自身发的电供给磁场绕组生磁发电。

九管交流发电机整流器是由六个大功率整流二极管和三个小功率励磁二极管组成的。六个大功率整流二极管组成三相全波桥式整流电路,对外负载供电。三个小功率二极管与三个大功率负极管也组成三相全波桥式整流电路,专门为发电机磁场供电。所以称三个小功率管为励磁二极管,如图 2-40 所示。

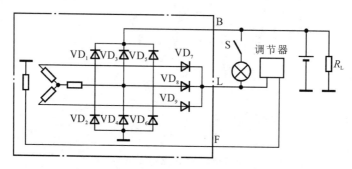

图 2-40 九管交流发电机的整流电路

4. 工作过程

发动机起动时,发电机电压(为 0)＜蓄电池电压,整流二极管截止,发电机不输出电流,由蓄电池供给磁场电流(他励)。路径:蓄电池(＋)→点火开关→充电指示灯→调节器→磁场绕组→搭铁→蓄电池(－),充电指示灯亮。

当发动机转速升高到怠速及以上时,发电机应正常发电,发电机电压 U_{D+} ＞蓄电池电压,发电机自励。$U_B = U_{D+}$,充电指示灯两端压降为零,灯熄灭,若没有熄灭,说明发电机有故障或充电指示灯电路有搭铁。

2.8.2 交流发电机的工作特性

交流发电机的工作特点是转速变化范围大,对于一般汽油发动机来说,其转速变化比约为 1∶8,柴油机约为 1∶5,因此分析汽车用交流发电机的特性必须以转速的变化为基础。交流发电机的特性有输出特性、空载特性、外特性等,其中以输出特性最为重要。

1. 输出特性

在发电机端电压 U 不变(对 12 V 系列的交流发电机规定为 14 V,对 24 V 系列的定为 28 V)时,输出电流与转速之间的关系,即 $U=$ 常数时,$I=f(n)$ 的函数关系如图 2-41 所示。

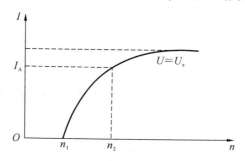

图 2-41 交流发电机的输出特性曲线

1) 空载转速

发电机达到额定电压并能对外输出电流时的最小转速 n_1 称为空载转速。当发电机转速小于 n_1 时,对外输出电流为零。空载转速常用来作为测试发电机性能的参数之一。

2) 最大电流

发电机输出电流的能力随转速的升高而增大,但曲线越来越平坦,当转速达到一定值时,无论转速增加多少电流都不再增加,即一定结构的发电机输出的最大电流 I_{max} 有一定限制。由此可见,交流发电机自身具有限制输出电流防止过载的能力,又称为自我保护能力。

交流发电机定子绕组具有一定的阻抗 Z,它由绕组的电阻 R 及感抗 X_L 两部分组成,且 $X_L = 2\pi f L$, $f = pn/60$。

由于 X_L 与 n 成正比,因此发电机定子绕组的阻抗 Z 随发电机的转速升高而增加。高速时,R 与 X_L 相比可忽略不计,故阻抗 Z 约等于 X_L,定子阻抗 Z 与转速 n 成正比,其值较大,可产生较大的内压降。

定子电流增加时,由于电枢反应的增强,也会使感应电动势下降。两者共同作用的结果是,当发电机的转速升高且负载电流达到最大值时,输出电流几乎不随负载电阻的减小或转速的增加而增大。交流发电机电压(输出)一定时,发电机电流存在最大值,即发电机功率存在最大值。只要限制发电机输出电压即可限制发电机输出功率,限制输出电压后,发电机转速增加,不会出现由于电流过高而烧坏发电机的情况。

3) 额定转速与额定电流

额定转速 n_2 是发电机达到额定电流 I_A 时的转速,也称为满载转速。发电机的额定电流一般为最大电流的 70%～75%。

发电机出厂时,通过试验,规定了空载转速与额定转速。在使用过程中,可通过检测这两个数据来判断发电机性能的好坏,如图 2-42 所示。

2. 空载特性

空载特性是发电机在空载运行时其端电压随转速变化的关系,即 $I = 0$ 时,$U = f(n)$ 的曲线,如图 2-43 所示。

空载特性可判断发电机低速充电性能的好坏,也可看出发电机输出电压是随发电机转速升高而增加的。

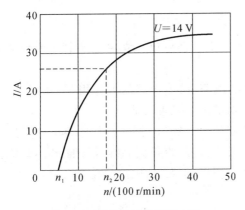

图 2-42 额定转速与额定电流

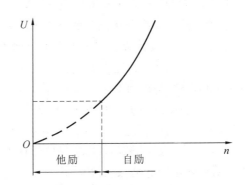

图 2-43 交流发电机的空载特性曲线

3. 外特性

外特性是发电机转速一定时其端电压与输出电流的关系，即 $n=$ 常数时，$U=f(I)$ 的曲线，如图 2-44 所示。

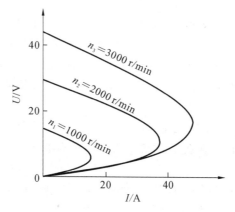

图 2-44　交流发电机的外特性曲线

任务 2.9　交流发电机的故障诊断及排除

2.9.1　充电系的故障诊断

目前，汽车充电系基本上有两大类：一类是交流发电机与调节器各自独立安装，采用的是普通交流发电机；另一类是将集成电路调节器安装在发电机内部，采用的是整体式交流发电机。这样，在进行充电系故障诊断时，首先要明确发电机是哪种类型的，明确发电机、调节器、充电指示灯及充电系统线路连接的特点，然后查明故障发生的部位。如果确属交流发电机故障，就将发电机从车上拆下，做进一步检查与修理。

对于大多数汽车来说，充电系的电路故障现象都是根据充电指示灯来判断的，正常情况是：当打开点火开关时，充电指示灯亮，起动发动机后，充电指示灯熄灭。

一般充电系的故障现象有以下几种。

1. 发动机起动后，充电指示灯仍亮

在检查故障时先分清调节器是否单独安装。如果调节器单独安装，一般有以下两种情况。

1）内搭铁式交流发电机不发电的诊断方法

（1）在诊断之前先检查发电机传动带有无松滑现象，在 100 N 的力作用下，新带挠度为 5～10 mm，旧带挠度为 7～14 mm。然后检查调节器的火线是否正常。

（2）以上检查正常时再做进一步诊断，将调节器的"＋"和"F"接线柱导线拆下，并将两线短接后起动发动机。若充电指示灯熄灭，说明调节器有故障，更换调节器；若充电指示灯仍亮，用导线将一常火线引至发电机磁场接线柱 F，起动发动机，若发电，则故障在充电线路，若仍不发电，则故障在发电机，如图 2-45 所示。

2）外搭铁式交流发电机不发电的诊断方法

（1）在诊断之前先检查发电机传动带有无松滑现象，检查调节器的火线是否正常，检查发

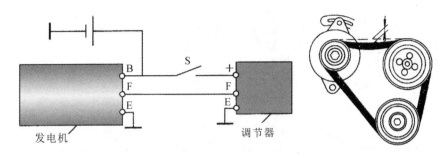

图 2-45　内搭铁式交流发电机不发电的诊断方法

电机的磁场接线柱 F 是否有"火"。

(2) 以上检查正常时,做进一步诊断,将调节器上的"F"和"E"两接线柱上的导线拆下,并将两线短接后起动发动机。起动后,如果充电指示灯熄灭,说明调节器有故障,需要更换调节器。如果充电指示灯仍亮,用一根导线将发电机的磁场接线柱 F 直接搭铁,起动发动机,若发电,故障在充电线路,若仍不发电,故障在发电机。

如果是整体式交流发电机,先检查发电机传动带有无松滑现象,发电机的外观接线是否脱落。以上检查正常时,再做进一步诊断,先闭合点火开关,用万用表测量发电机上的"D+"接线柱(蓝色)有无电压。若有电压,说明发电机有故障,这时可先更换调节器,若发电,故障在调节器,若仍不发电,故障在发电机,应从车上拆下发电机进一步检查;若测量"D+"接线柱没有电压,则说明充电线路有故障,应检查线路。

2. 发动机起动后,充电指示灯亮,发动机高速运行时,充电指示灯熄灭

这种情况说明发电机发电量低。检查时应先检查发电机传动带有无松滑现象、发电机的固定是否牢固。这些情况排除后,故障原因可能是电刷接触不良、整流器中的个别二极管损坏、定子中的三相绕组或转子中的励磁绕组局部短路等,一般需要将发电机拆下,解体检查。

3. 汽车运行时,经常烧灯泡、熔丝及各种开关等电气设备

这种情况说明发电机发电量高。在诊断时,用电压表测量蓄电池的两个极柱,测量时将发动机的转速控制在 2000 r/min 左右,观察电压表的读数。如果读数大于 14.5 V,说明电压调节器有故障,可直接更换调节器。

4. 打开点火开关,充电指示灯不亮

这种情况说明充电指示灯电路有故障。故障可能是充电指示灯线路有断路的地方,对于奥迪、红旗轿车来说,也可能是发电机的电刷损坏;对于东风、解放汽车来说,也可能是组合继电器有故障,如图 2-46 所示。

5. 汽车运行时,发电机或传动带有异响

交流发电机异响有可能是发电机轴承或传动带引起的。诊断时先检查传动带状况和张紧力,必要时可更换。检查轴承异响时,利用一段软管,或一把长一字形螺钉旋具,也可以用听诊器,将一端放在靠近轴承的地方,然后将耳朵贴在另一端倾听。在倾听过程中,可提高发动机的转速,随着转速的提高,噪声越来越大,说明异响是轴承引起的。在倾听过程中,应留心发电机周围的风扇、传动带和其他运动件。更换轴承时,发电机需要拆下解体。

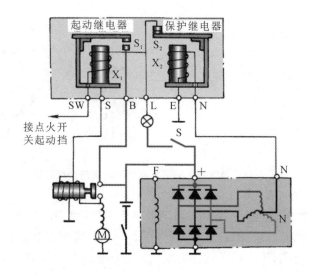

图 2-46　东风 EQ1092/解放 CA1092 充电指示灯控制电路

2.9.2　交流发电机的故障检测与维修

1. 转子的检修

（1）用万用表检测励磁绕组是否短路、断路（见图 2-47(a)）。如果阻值低于标准值,则说明励磁绕组短路；如果阻值为无穷大,则说明励磁绕组断路。

（2）用万用表检测励磁绕组是否搭铁（见图 2-47(b)）。每个集电环与转子轴之间,其阻值都是无穷大,如果阻值很低,说明励磁绕组搭铁。

说明：无论励磁绕组是短路、断路还是搭铁,都必须更换转子。但是,更换转子的费用与更换发电机的费用接近,所以一般情况下,当励磁绕组需要更换时,就可以直接更换发电机总成。

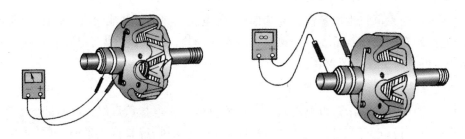

(a) 用万用表检测励磁绕组是否短路和断路　　(b) 用万用表检测励磁绕组是否搭铁

图 2-47　转子的检修

2. 定子的检修

可用万用表检测定子绕组是否断路和搭铁。

（1）检测断路：每次任取两个首端,测量三次,每次阻值都应小于 0.5 Ω；若阻值无穷大,为励磁绕组断路,需更换定子总成。

（2）检测搭铁：测量三次,阻值均应为无穷大,否则说明定子绕组搭铁,需更换定子总成,如图 2-48 所示。

说明:定子绕组短路很难检测。因为一个正常定子绕组的阻值非常低,如果所有其他部件的检测均属正常,但输出电压很低,其原因可能是定子绕组匝间短路。无论定子绕组是断路、短路还是搭铁,均需更换定子总成。

3. 二极管的检修

先将二极管与定子绕组之间的连线断开,用万用表两个表笔分别接到二极管的引线与壳体上,测二极管的正向与反向电阻。正向电阻应在 8~10 Ω,反向电阻应在 1000 Ω 以上。若正、反向电阻均为 0,说明二极管短路;若

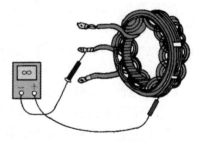

图 2-48 定子的检修

正、反向电阻均为无穷大,说明二极管断路。更换二极管需要在压床上进行,或在台虎钳上使用专用工具,但不得使用锤子敲击,以免损坏元件。压装二极管时,过盈量控制在 0.07~0.09 mm,如图 2-49 所示。

4. 电刷的检测

电刷的标准高度应是 14 mm,磨损至 7 mm 时应进行更换,如图 2-50 所示。

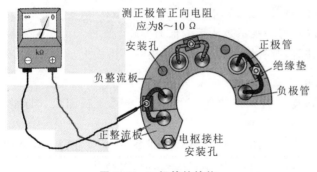

图 2-49 二极管的检修

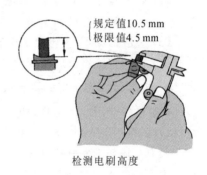

图 2-50 电刷的检测

2.9.3 交流发电机与调节器的使用及维护

1. 交流发电机与调节器的使用注意事项

(1) 蓄电池必须负极搭铁,不得接反。否则,会烧坏发电机与调节器中的电子元件。

(2) 发电机工作时,不允许用试火的方法检查发电机的火线接线柱是否发电,否则将损坏发电机的整流器。

(3) 当发现发电机不发电或发电量小时,应及时到修理厂检修,否则易导致蓄电池充电不足。

(4) 发电机正常工作时,切不可任意拆动用电设备的连接线,以防止引起电路中的瞬时过电压,损坏电子元件。

(5) 发动机自行熄火时,应及时关闭点火开关,以防止蓄电池通过励磁电路放电。

(6) 选用专用调节器,特殊情况临时使用代用调节器时,要注意代用调节器的标称电压与搭铁极性。

1）检测充电系统前，需进行初步检验

检查项目如下：

（1）发电机传动带的状况。过松将影响发电机的发电量，过紧将导致轴承过早损坏。

（2）发电机、调节器的线束连接。

（3）蓄电池的电缆线和极柱，发动机与底盘的搭铁线。

（4）检查蓄电池有无充电不足的迹象。

（5）检查蓄电池有无过充电的迹象。

2）解体清洁各个部件，进行零部件检测

（1）通过使前后轴承在转子轴上旋转的办法检查轴承有无噪声、晃动或发涩，如果有任何一种情况，都必须更换轴承。

（2）目测检查集电环。若有烧蚀、划伤、变色、变脏，可用细砂布抛光。

（3）目测定子绕组和励磁绕组转子，若有绝缘物烧蚀的迹象则更换定子或转子总成。

（4）目测前后端盖、风扇及带轮有无裂纹，若有则更换相应部件。

（5）电刷高度小于 7 mm 时必须更换。

2．发电机的拆卸注意事项

（1）必须首先拆下蓄电池的搭铁线，然后才可以断开发电机与调节器的线束。

（2）当拆卸发电机轴承时，必须使用拉力器。

（3）一般情况下，发电机的带轮、风扇和前端盖不必从转子轴上拆卸。

（4）拆卸整流器及后端盖上的接线柱时，所有绝缘衬套和绝缘垫圈不得丢失。

3．就车维修检测注意事项

（1）最好使用专用工具，如美国 SUN 电子公司产的 VAT－40 充电系统检测仪，国产发电机故障试验器 VWl315A 等设备。

（2）在判断不发电故障部位是在发电机还是调节器时，将调节器短路，必须注意这时发电机的电压将失控，电压可能达到 16～30 V，所以实验要控制在很短时间内进行。

（3）当线路故障没有排除时，不要更换新的调节器，这样做可能会损坏新的调节器。

项目 3　汽车起动系统与检修

知识目标

1. 熟悉汽车起动机的组成、结构和工作原理；
2. 了解汽车起动机的类型及不同类型起动机的区别；
3. 熟悉起动控制系统及控制电路；
4. 掌握起动电路原理分析，能分析故障原因。

能力目标

1. 能识别汽车起动系统设备和控制元件；
2. 能识读典型汽车起动系统电路图；
3. 能根据维修技术要求对起动控制系统进行检测和维修；
4. 能合理运用汽车电气系统检测维修工具进行起动系统维护和维修。

案例导入

一辆迈腾轿车，在使用过程中出现起动机不能起动发动机的故障。检查发现蓄电池状态正常，灯光、喇叭正常工作，打开点火开关时，起动机不能转动。初步判定该车起动机或起动系统电路故障，需对起动机或起动系统进行故障诊断和检修工作。

任务 3.1　起动系统的构造及工作原理

要使发动机由静止状态转入工作状态，必须先用外力转动发动机的曲轴，使活塞做往复运动，气缸内的可燃混合气燃烧膨胀做功，推动活塞向下运动使曲轴旋转，发动机才能自行运转，工作循环才能自动进行。曲轴在外力作用下开始转动到发动机开始自动地怠速运转的全过程，称为发动机的起动。完成起动过程所需的装置称为发动机的起动系统。

3.1.1　起动系统的组成与类型

为了完成起动任务，起动系统需满足以下要求：
（1）起动机的齿轮与发动机的飞轮齿圈啮合要容易，尽量不发生冲击现象；
（2）发动机起动后，起动机的小齿轮应能自动打滑或脱离啮合，以免发动机起动后飞轮带动起动机高速旋转，造成起动机损坏；
（3）起动机应结构简单、工作可靠；
（4）发动机在工作时起动机的小齿轮不能再进入啮合，防止发生冲击。

典型的起动系统主要由蓄电池、点火开关、起动机等部件组成,如图 3-1 所示。

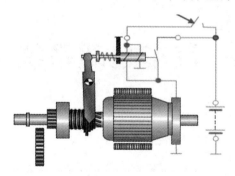

图 3-1　典型的起动系统组成

1. 起动系统的组成

1) 蓄电池

蓄电池是给起动机提供电能的部件。起动系统的故障多数都和蓄电池及其相关部件有关。因此,在查找起动系统故障时,应首先检查蓄电池及其相关部件。

2) 点火开关

点火开关是汽车电气系统的电源分配点。点火开关一般有五个位置:

ACC(附件)——给汽车的电气附件供电,但不包括发动机控制电路、起动机控制电路和点火系统;

LOCK(锁止)——用机械方式锁住转向盘和变速杆;

OFF(关闭)——切断所有受点火开关控制的电路,但是转向盘和变速杆不锁止;

START(起动)——给发动机控制电路、起动机控制电路和点火系统供电;

ON(打开)或 RUN(运行)——给点火系统、发动机控制电路和所有受点火开关控制的电路供电。

3) 起动机

起动机是起动系统中的核心部件。它的作用是将来自蓄电池的电能转变成机械能,然后传给发动机飞轮,使发动机开始运转。

2. 起动机的分类

从起动机在汽车上使用至今,其结构与性能逐步得到了发展,出现了多种结构形式。现以不同的分类方式予以介绍。

1) 按电动机磁场产生的方式分类

(1) 励磁式起动机。

通过向磁场绕组通入电流的方式产生磁场。一直以来,汽车上的起动机普遍都采用直流串激式电动机。

(2) 永磁式起动机。

以永久磁铁作磁极,这是近年来出现的新型起动机,但目前在汽车上使用还比较少。

2) 按起动时起动机的操纵方式分类

(1) 直接操纵式起动机。

驾驶员通过脚踏起动踏板或手拉起动拉杆直接操纵拨叉,使起动机驱动齿轮轴向移动而啮入飞轮齿圈,并通过固定在操纵杆上的顶压螺钉推动推杆,使起动机上的接触盘式开关接通电动机电路。直接操纵式起动机结构简单,但发动机的布置受到限制,并且起动操作比较麻烦,现已被淘汰。

(2) 电磁操纵式起动机。

由电磁开关通电后产生的电磁力控制驱动齿轮啮入飞轮齿圈和接通电动机电路。电磁操纵式起动机克服了直接操纵式起动机的不足,现已被普遍采用。

3) 按驱动齿轮啮入方式分类

(1) 惯性啮合式。

起动时依靠驱动齿轮自身旋转的惯性力啮入飞轮齿圈。惯性啮合方式结构简单,但工作可靠性较差,现很少采用。

(2) 电枢移动式。

靠磁极产生的电磁力使电枢做轴向移动,带动固定在电枢轴上的驱动齿轮啮入飞轮齿圈。电枢移动式起动机的结构较为复杂,在欧洲国家生产的柴油车上,此种结构形式的起动机使用较多。

(3) 磁极移动式。

靠磁极产生的磁力使其中的活动铁心移动,带动驱动齿轮啮入飞轮齿圈。磁极移动式起动机中磁极的结构较为复杂,目前采用此种结构形式的起动机已不多见。

(4) 齿轮移动式。

靠电磁开关推动电枢轴孔内的啮合杆而使驱动齿轮啮入飞轮齿圈。齿轮移动式起动机的结构也比较复杂,采用此种结构的一般为大功率的起动机。

(5) 强制啮合式。

靠电磁力通过拨叉或直接推动驱动齿轮做轴向移动啮入飞轮齿圈。强制啮合式起动机工作可靠、结构也不复杂,因而使用最为广泛。

4) 按传动机构的结构分类

(1) 非减速起动机。

起动机与驱动齿轮之间直接通过单向离合器传动。一直以来,汽车上使用的起动机的传动机构均为这种结构。

(2) 减速起动机。

在起动机与驱动齿轮之间增设了一组减速齿轮。减速起动机具有结构尺寸小、质量轻、起动可靠等优点,在一些轿车上应用日渐增多。

3. 起动机的型号

根据 QC/T 73—1993《汽车电气设备产品型号编制方法》规定,国产起动机的型号表示如下:

| 1 | 2 | 3 | 4 | 5 |

(1) "1"处的为产品代号:QD 表示起动机;QDJ 表示减速起动机;QDY 表示永磁起动机。

(2) "2"处的为电压等级代号:1 表示 12 V;2 表示 24 V。

(3) "3"处的为功率等级代号:其含义如表 3-1 所示。

(4)"4"处的为设计序号。

(5)"5"处的为变形代号。

表 3-1 起动机功率等级

功率等级代号	1	2	3	4	5	6	7	8	9
功率/kW	1	1~2	2~3	3~4	4~5	5~6	6~7	7~8	8~9

3.1.2 起动系统的结构

起动系统的核心部件是起动机,起动机的功用是将蓄电池的电能转换为机械能,再通过传动机构将发动机拖转起动。起动机一般由三部分组成,如图 3-2 所示。

(1)直流电动机。用于将蓄电池输入的电能转换为机械运动。

(2)传动机构。用于将电动机的动力传递给发动机飞轮,而当发动机起动后则断开发动机向起动机的逆向动力传递。

(3)电磁开关。电磁开关是现在汽车上普遍使用的起动机控制装置,其作用是控制起动机驱动齿轮与发动机飞轮的啮合与分离以及电动机电路的通断;对于某些汽油发动机,控制装置还兼有在起动时短路点火线圈附加电阻的作用。

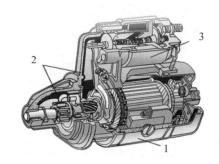

图 3-2 常规起动机的组成

1—直流电动机;2—传动机构;3—电磁开关

1. 直流电动机

1)直流电动机的结构

直流电动机的作用是产生力矩。一般采用直流串励式电动机,"串励"是指电枢绕组与励磁绕组串联。直流串励式电动机主要由电刷、磁极、机壳、电枢、换向器、端盖等组成,如图 3-3 所示。

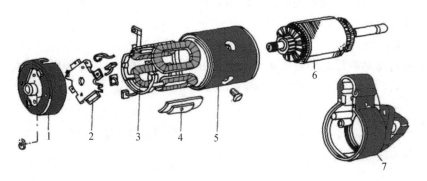

图 3-3 直流串励式电动机的组成

1—前端盖;2—电刷和电刷架;3—磁场绕组;4—磁极铁心;5—机壳;6—电枢;7—后端盖

(1)机壳。

机壳的作用是安装磁极,固定机件。机壳用钢管制成,一端开有窗口,用于观察和维护电刷和换向器,平时用防尘箍盖住。机壳上只有一个电流输入接线柱,并在内部与励磁绕组的一端相接。壳内壁固定有磁极铁心和励磁绕组,如图 3-4 所示。

(2) 磁极。

磁极的作用是产生磁场,由固定在机壳上的磁极铁心和励磁绕组组成,一般是四个,两对磁极相对交错安装在电动机定子内壳上。四个励磁线圈可互相串联后再与电枢绕组串联,也可两两串联后并联再与电枢绕组串联,如图 3-5 所示。

图 3-4 机壳

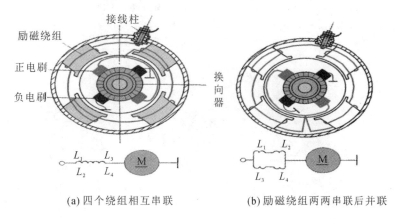

(a) 四个绕组相互串联　　　　(b) 励磁绕组两两串联后并联

图 3-5 磁场绕组的连接

(3) 电枢。

电枢的作用是产生电磁转矩。它主要由电枢轴、电枢铁心、电枢绕组和换向器等组成。电枢总成如图 3-6 所示,电枢铁心用多片互相绝缘的硅钢片叠成,通过内圆花键固定在电枢轴上,外圆槽内绕有电枢绕组;电枢绕组用很粗的扁铜线,采用波绕法绕制,各绕组的端子与换向器焊接;换向器由铜片和云母片叠压而成,压装于电枢轴的一端,云母片使铜片间、铜片与轴之间均绝缘。根据材质的不同,换向器铜片之间的云母片有低于铜片和与铜片平齐两种。云母片低于铜片主要是为了避免铜片磨损后云母片外凸而造成电刷与换向器接触不良;云母片与铜片平齐则主要是防止电刷粉末落入铜片之间的槽中而造成短路。国产起动机的换向器云母片一般不低于铜片,但许多进口汽车起动机的换向器云母片低于铜片。

(4) 换向器。

换向器装在电枢轴上,它由许多换向片组成。换向片嵌装在轴套上,各换向片之间用云母绝缘。

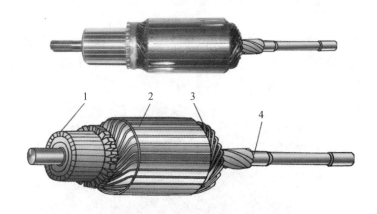

图 3-6 电枢总成

1—换向器;2—铁心;3—绕组;4—电枢轴

(5) 电刷及电刷架。

电刷及电刷架的作用是将电流引入电动机。如图 3-7 所示,电刷架固定在前端盖上,电刷由铜粉与石墨粉压制而成,加入铜粉是为了减少电阻并增加耐磨性。电刷装在电刷架中,借弹簧压力紧压在换向器铜片上。电刷弹簧的压力一般为 12~15 N。

图 3-7 电刷和电刷架

(6) 端盖。

端盖有前、后之分,前端盖一般用钢板压制而成,其上装有四个电刷架,后端盖由灰铸铁浇铸而成。它们分别装在机壳的两端,靠两根长螺栓与起动机机壳紧固在一起。两端盖内均装有青铜石墨轴承套或铁基含油轴承套,以支承电枢轴。

2) 直流电动机的工作原理

直流电动机的基本工作原理是通电的导体在磁场中会受电磁力作用,电磁力的方向遵循左手定则,如图 3-8 所示。

为了增大输出力矩并使运转均匀,实际的电动机中电枢采用多匝线圈。随线圈匝数的增多,换向片的数量也增多。

3) 直流电动机的工作特性

直流串励式电动机的转矩 M、转速 n 和功率 P 随电枢电流变化的规律,称为直流串励式电动机的工作特性。图 3-9 所示为直流串励式电动机的工作特性曲线,其中曲线 M、n 和 P 分

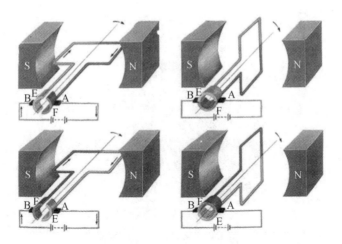

图 3-8 直流电动机的工作原理图

别代表转矩特性、转速特性和功率特性。

(1) 转矩特性。

起动瞬间：$I=I_{\max}$，$n=0$，发动机处于完全制动状态。转矩 M 与 I 成正比，在起动瞬间，转矩很大，使发动机易于起动。

(2) 转速特性。

串励式电动机具有轻载转速高、重载转速低的特性，可以保证起动安全可靠，但轻载或空载时，易造成"飞车"事故。功率很大的直流串励式电动机不允许轻载或空载运行。

(3) 功率特性。

完全制动时：$P=0$，$n=0$，$M=M_{\max}$。

空载时：$I=I_{\min}$，$n=n_{\max}$，$P=0$。

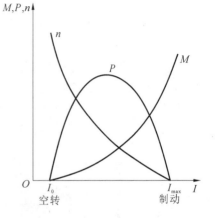

图 3-9 直流串励式电动机特性

当 $I=0.5I_{\max}$ 时，$P=P_{\max}$，在短时间内能达到最大功率，所以能保证迅速起动。

2. 起动机的传动机构

传动机构的作用是把直流电动机产生的转矩传递给飞轮齿圈，再通过飞轮齿圈把转矩传递给发动机的曲轴，使发动机起动；起动后，飞轮齿圈与驱动齿轮自动打滑脱离。传动机构一般由驱动齿轮、单向离合器、拨叉、啮合弹簧等组成。

传动机构中，结构和工作情况比较复杂的是单向离合器，它的作用是传递电动机转矩，起动发动机，而在发动机起动后自动打滑，保护起动机电枢不致飞散。常用的单向离合器主要有滚柱式、摩擦片式和弹簧式等几种。

1) 滚柱式单向离合器

如图 3-10 所示，滚柱式单向离合器的驱动齿轮与外壳制成一体，外壳内装有十字块和四套滚柱以及压帽和弹簧。十字块与花键套筒固连，壳底与外壳相互扣合密封。

在花键套筒外面套有移动衬套及缓冲弹簧。整个单向离合器总成利用花键套筒套在电枢轴的花键上，离合器总成在传动拨叉作用下，可以在轴上轴向移动，也可以随轴转动。

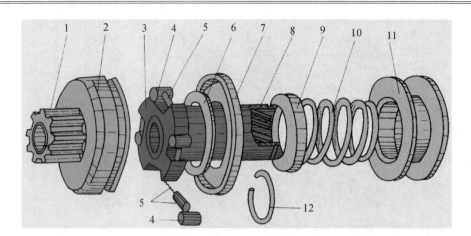

图 3-10 滚柱式单向离合器

1—驱动齿轮；2—外壳；3—十字块；4—滚柱；5—压帽和弹簧；6—垫圈；7—护盖；
8—花键套筒；9—弹簧座；10—啮合弹簧；11—拨环；12—卡簧

滚柱的受力分析如图 3-11 所示。当起动机电枢旋转时，转矩经套筒带动十字块旋转，滚柱滚入楔形槽窄端，将十字块与外壳卡紧，使十字块与外壳之间能传递力矩，如图 3-11(a)所示。发动机起动以后，飞轮齿圈会带动驱动齿轮旋转，当转速超过电枢转速时，滚柱滚入宽端打滑，这样发动机的力矩就不会传递至起动机，起到保护起动机的作用，如图 3-11(b)所示。

滚柱式单向离合器结构简单、坚固耐用、体积小、质量轻、工作可靠，在中、小功率的起动机中得到较为广泛的应用。但其传递转矩受限制，不能用于大功率起动机上。

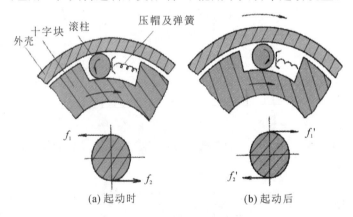

图 3-11 滚柱的受力分析示意图

2) 摩擦片式单向离合器

摩擦片式单向离合器的结构如图 3-12(a)所示，外接合鼓固定在起动机电枢轴上，两个弹性圈和压环依次沿起动机轴装进外接合鼓中，铜制的主动摩擦片以其外凸齿装入外接合鼓的轴向切槽中，钢制的从动摩擦片以其内凸齿插入内接合鼓的轴向切槽中。内接合鼓具有螺旋线孔，并拧在起动机驱动齿轮柄的三线外螺纹上，齿轮柄则自由地套在起动机轴上，内垫有减振弹簧，并用螺母锁紧以免轴向脱出。内接合鼓上有两个小弹簧，轻压摩擦片，以保证它们彼此接触。

该离合器的工作原理是：起动机带动曲轴旋转时，内接合鼓沿螺旋线向右移动，将主、从动摩擦片压紧，如图 3-12(b)所示，利用摩擦力将电枢的转矩传给飞轮；发动机起动后，起动机驱动齿轮被飞轮带着转动，当飞轮转速超过电枢转速时，内接合鼓则沿螺旋线向左退出，主、从动摩擦片松开(见图 3-12(c))而打滑,这时仅驱动齿轮随飞轮高速旋转,但不驱动起动机电枢,从而避免了电枢超速飞散的危险。

摩擦片式单向离合器具有传递转矩大、防止超载损坏起动机的优点,被大功率起动机所采用。但摩擦片磨损后,摩擦力会大大降低,因此需经常检查、调整或更换摩擦片,此外该离合器零部件多、结构复杂、加工费时、不便于维修。

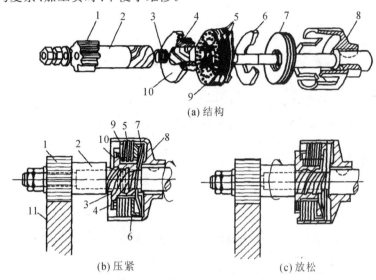

图 3-12 摩擦片式单向离合器

1—驱动齿轮;2—齿轮柄;3—减振弹簧;4—小弹簧;5—主动摩擦片;
6—压环;7—弹性圈;8—外接合鼓;9—从动摩擦片;10—内接合鼓;11—飞轮

3) 弹簧式单向离合器

弹簧式单向离合器的结构如图 3-13 所示,花键套筒套在电枢轴的螺旋花键上,驱动齿轮套在轴的光滑部分,二者间用两个月形键连接,使驱动齿轮与花键套筒之间不能做轴向相互移动,但可以相对转动。在驱动齿轮柄和花键套筒外装有扭力弹簧,弹簧的两端各有 1/4 圈内径较小,分别箍紧在齿轮柄和花键套筒上。

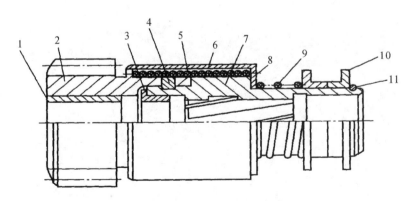

图 3-13 弹簧式单向离合器

1—衬套;2—驱动齿轮;3—挡圈;4—月形键;5—扭力弹簧;6—护圈;
7—花键套筒;8—垫圈;9—缓冲弹簧;10—移动衬;11—卡簧

弹簧式单向离合器的工作原理是:当起动发动机时,电枢轴带动花键套筒稍有转动,扭力弹簧顺着其螺旋方向将齿轮柄与花键套筒包紧,起动机转矩经扭力弹簧传给驱动齿轮起动发动机;发动机起动后,驱动齿轮转速高于花键套筒,扭力弹簧放松,驱动齿轮与花键套筒松脱打滑,发动机的转矩不能传给电枢。

弹簧式单向离合器具有结构简单、寿命长、工艺简单、成本低的优点,但其轴向尺寸较大,因此主要用在一些大功率起动机上。例如国产黄河牌汽车和日本五十铃TX50型汽车的起动机都采用这种形式的离合器。

任务3.2 起动系统控制电路

起动系统控制电路是指起动机本身电路以外的起动电路,大体分为无起动继电器的控制电路、带起动继电器的控制电路和带组合继电器的控制电路。

3.2.1 无起动继电器的控制电路

电磁式控制装置的基本工作过程如下。

如图3-14所示,当点火开关接至START挡时,电流的流向为:蓄电池正极→点火开关→端子50→吸引线圈→端子C→励磁线圈→电枢→搭铁→蓄电池负极;蓄电池正极→点火开关→端子50→保持线圈→搭铁→蓄电池负极。在此过程中,吸引线圈和保持线圈的电流方向一致,因而吸引线圈和保持线圈产生的磁场方向一致,可以相互叠加。根据左手定则可知,这会对活动铁心产生较强的吸力,可以克服复位弹簧的弹力向右移动;拨叉的杠杆运动带动离合器向左运动,使驱动齿轮和飞轮齿圈啮合。齿轮啮合之后,活动铁心右端的接触盘使端子30与端子C导通。此时电流的流向为:蓄电池正极→端子30→接触盘→端子C→励磁线圈→电枢→搭铁→蓄电池负极,即蓄电池给起动机供电,产生转矩,带动驱动齿轮和飞轮转动,进而使发动机开始工作。在此过程中,吸引线圈被短路不产生吸力,驱动齿轮和飞轮齿圈啮合仅由保持线圈产生的吸力维持。

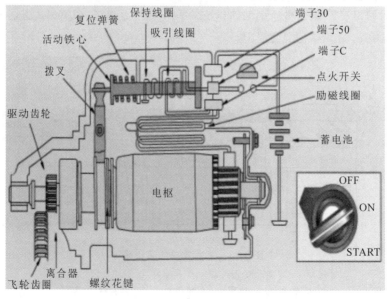

图3-14 起动系统控制电路

发动机起动后,松开点火开关至 ON 挡,即断开点火开关,活动铁心无法立即回位,其右端的接触盘仍使端子 30 与端子 C 导通,此时电流方向为:蓄电池正极→端子 30→接触盘→端子 C→吸引线圈→端子 50→保持线圈→搭铁→蓄电池负极。此时吸引线圈和保持线圈的电流方向相反,产生的磁场相互抵消,复位弹簧的弹力使活动铁心向左移动,在拨叉的作用下,驱动齿轮向右移动,不再与飞轮齿圈啮合;同时,接触盘向左移动,端子 30 与端子 C 不再导通,不给起动机供电,起动机停止转动。至此,发动机工作,起动机系统完成一次起动。

3.2.2 带起动继电器的控制电路

图 3-15 中的起动机为电磁操纵式的,通过起动继电器触点的接通与断开来控制电路的通断,从而保护点火开关。

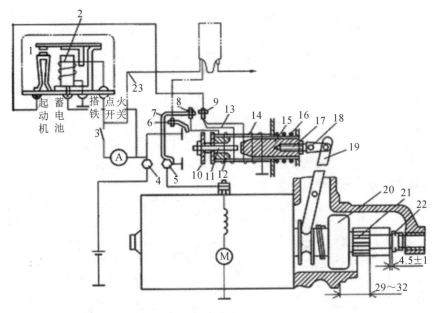

图 3-15 带起动继电器的控制电路

1—触点;2—继电器线圈;3—点火开关;4,5—主接线柱;6—点火线圈附加电阻短路接线柱;7—导电片;
8—接线柱;9—电磁开关接线柱;10—接触盘;11—推杆;12—固定铁心;13—吸引线圈;14—保持线圈;
15—活动铁心;16—复位弹簧;17—调节螺钉;18—连接片;19—拨叉;20—滚柱式单线离合器;
21—驱动齿轮;22—限位螺母;23—附加电阻

点火开关在 START 挡时,电路主要分为三大部分。

1. 起动继电器电路

起动继电器电路的电流流向为:蓄电池正极→点火开关→继电器线圈→搭铁→蓄电池负极。起动继电器触点闭合。

2. 电磁线圈电路

吸引线圈的电流流向为:蓄电池正极→主接线柱 4→触点 1→起动机接线柱线圈→电磁开关接线柱 9→吸引线圈→主接线柱 5→电枢→搭铁→蓄电池负极。吸引线圈产生磁力。

保持线圈的电流流向为:蓄电池正极→主接线柱 4→触点 1→起动机接线柱线圈→电磁开关接线柱 9→保持线圈→搭铁→蓄电池负极。保持线圈产生磁力。

吸引线圈和保持线圈产生方向相同的磁力,使活动铁心向左移动,铁心前端带动接触盘左移,与两个开关接触;铁心后端带动拨叉运动,使驱动齿轮与飞轮啮合。

3. 起动机电路

接触盘左移与两个开关接触后,起动机电路接通。其电流流向为:蓄电池正极→主接线柱4→接触盘→磁场绕组→搭铁→蓄电池负极。该电路的电阻较小,使得电流较大,起动机能够产生较大转矩带动飞轮转动从而起动发动机。起动完成后,点火开关至ON挡时,起动继电器电路断开,电路电流流向为:蓄电池正极→主接线柱4→接触盘→主接线柱5→吸引线圈→保持线圈→搭铁→蓄电池负极。此时吸引线圈和保持线圈电流方向相反,磁场相互抵消,复位弹簧的弹力使活动铁心向左移动,在拨叉的作用下,驱动齿轮向右移动,不再与飞轮齿圈啮合,完成一次起动。

3.2.3 带组合继电器的控制电路

为了防止发动机起动以后起动电路再次接通,一些起动电路中还安装了带有保护功能的组合式继电器。它由两部分构成,一部分是起动继电器,其作用与前述起动继电器的作用相同;另一部分是保护继电器,它的作用是与起动继电器配合,使起动电路具有起动机驱动保护,另外还控制充电指示灯。所谓的起动机驱动保护是:当发动机起动后,起动机就立即停止工作,以避免起动机较长时间空转而消耗电能,减少起动机的磨损;发动机工作时,即使误接通起动开关,起动机也不工作,以避免驱动齿轮与发动机飞轮发生打齿现象。

带组合继电器的控制电路如图3-16所示。

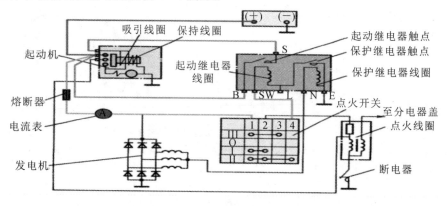

图3-16 带组合继电器的控制电路

从图3-16中可以看出,该起动电路中配备了一个由起动继电器与保护继电器组成的组合继电器。组合继电器共有六个接线柱:B、S、SW、L、E、N,分别接电源、起动机电磁开关、点火开关起动挡、充电指示灯、搭铁和发电机中性点。

继电器由固定铁心、线圈、活动铁心、弹簧触点等组成。起动继电器弹簧触点常开,保护继电器弹簧触点常闭。点火开关控制起动继电器线圈,在START挡(即图中的Ⅱ挡)时通电。保护继电器连接充电指示灯和起动继电器线圈的搭铁;保护继电器线圈连接发电机中性点接线柱,在发电机正常发电时线圈通电产生电磁力,从而实现触点的断开。

由于起动继电器线圈与保护继电器触点串联,因此,当保护继电器触点打开时,不仅断开了充电指示灯的搭铁通路,同时也使起动继电器线圈的搭铁通路断开,实现起动机驱动保护。

工作原理如下:起动发动机时,即当点火开关置于START挡时,起动机电流的流向为:蓄电池正极→熔断器→电流表→点火开关起动触点Ⅱ→起动继电器线圈→保护继电器常闭触点→搭铁。此时,起动继电器线圈的常开触点闭合,接通了起动机电磁开关电路,给起动机供电,使起动机开始工作。

完成起动后,松开点火开关至ON挡(即图中的Ⅰ挡),起动继电器不工作,起动继电器线圈的触点断开,起动机停止工作。

当完成起动后,发电机正常发电,若点火开关没能回到ON挡,此时发电机给保护继电器线圈供电,保护继电器触点由常闭变为断开,使起动继电器线圈断路,这样起动继电器线圈触点由接触变为断开,使起动机电磁开关断电,起动机便自动停止工作,从而起到保护作用。

起动完成后,充电指示灯的电路由于触点的断开而断路,指示灯熄灭,这样就能控制充电指示灯。

任务3.3 起动系统的故障诊断及排除

3.3.1 起动系统故障原因及分析

下面我们详细分析"案例导入"中迈腾轿车起动系统不工作的故障。

1. 故障现象

蓄电池状态正常,灯光、喇叭正常工作,打开点火开关时,起动机不能转动。

2. 起动系统控制电路

该车的起动电路控制简图如图3-17所示。

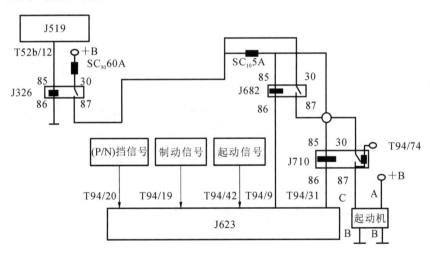

图3-17 大众迈腾轿车起动电路控制简图

元件的说明如下。

J623:发动机控制单元;J519:车载电网控制单元;J682:起动继电器;J710:起动继电器;J326:电源继电器。

其电路如下。

(1) 起动机控制电路。其电流流向为：蓄电池正极→J682 起动继电器→J710 起动继电器→起动机 B→搭铁→蓄电池负极。

(2) 起动机点火开关控制电路。其电流流向为：蓄电池正极→点火开关信号→J623 发动机控制单元→搭铁→蓄电池负极。

(3) J710 继电器线圈电路。其电流流向为：蓄电池正极→SC_{10} 保险→J710 继电器→J623T94/31→搭铁→蓄电池负极。

(4) J682 继电器线圈电路。其电流流向为：蓄电池正极→SC_{10} 保险→J682 继电器→J623T94/9→搭铁→蓄电池负极。

当以上电路无故障，且发动机控制单元(J623)收到自动变速箱控制器(P/N)挡位信号、制动信号、点火开关信号后，能起动起动机。

3. 可能故障原因

通过电路图及所学的理论知识可分析出，起动机不转的原因有以下三大方面。

(1) 起动信号故障。发动机控制单元(J623)若接收不到自动变速箱控制器(P/N)挡位信号、制动信号、点火开关信号中任何一个信号，起动机无法起动。

(2) 起动继电器开关电路故障。这种故障中三个起动信号正常，但继电器及其相关线路本身存在故障，起动机无法起动。

(3) 起动机本身故障。换向器与电刷接触不良；励磁绕组或电枢绕组有断路或短路；绝缘电刷搭铁；电路开关线圈短路、断路、搭铁或因其触点烧蚀而接触不良等。

3.3.2 起动系统故障排除

1. 起动信号故障的诊断

起动信号由点火开关、制动开关、自动变速器控制单元共同提供。三个信号中只要有一个信号不正常起动机就无法正常起动。可以通过测试发动机控制单元(J623)相应针脚的电压参数来验证起动信号是否正常。可用解码仪读取故障码和起动信号。

检测起动信号时，应测量电压。电压参数如表 3-2 所示。

表 3-2 起动信号电压参数

测试条件	起动信号电压参数
ON 挡	0
START 挡	+B

如果电压参数与表 3-2 不一致，则起动信号不正常。

检测制动信号时，若制动信号有误，可根据制动系统的电路，对制动信号的供电、搭铁、信号线路及制动元件本身进行检测，最终锁定故障点。制动信号参数如表 3-3 所示。

表 3-3 制动信号参数

测试条件	制动信号参数
ON 挡	+B
START 挡	+B

自动变速箱控制器(P/N)挡位信号由自动变速箱控制单元提供给发动机控制单元(J623),其信号参数如表 3-4 所示。

表 3-4 自动变速箱控制器(P/N)挡位信号参数

测试条件	(P/N)挡位信号参数
ON 挡	＋B
START 挡	0

若参数与表 3-4 不一致,可以判断为自动变速箱控制器(P/N)挡位信号故障。需要对自动变速箱控制器单元自身、自动变速箱控制器单元供电搭铁线路、自动变速箱控制器单元的信号线路进行检测来排除故障。

2. 起动继电器及电路的故障诊断

以继电器 J682 故障为例进行故障排除。

1) 读取故障代码

将解码仪与诊断座连接,操作解码仪读取故障代码,故障码应为:P12424 起动继电器电路电气故障。

根据电路图可知,发动机控制单元(J623)通过 J682 继电器管脚的电压来识别 J682 继电器的工作状态。J682 继电器管脚维持高电平导致了其故障出现。可能故障点为 J682 起动继电器故障和其线路故障,具体故障则需要进一步检查。

2) J682 起动继电器检测

(1) 使用跨接线连接 J682 起动继电器。

(2) 将万用表打至直流 20 V 电压挡,点火开关打到 START 挡,将万用表红表笔置于 J682 起动继电器 1#脚,万用表黑表笔搭铁,电压应大于 12 V;实际测得电压为 12.27 V,测量结果正常,如图 3-18 所示。若电压为 0 V 说明继电器供电线路存在断路;若电压为小于＋B 说明蓄电池亏电或故障。

(3) 将万用表打至直流 20 V 电压挡,点火开关打到 START 挡,万用表将红表笔置于 J682 起动继电器 2#脚,测得电压为 0.19 V,结果正常,如图 3-19 所示。

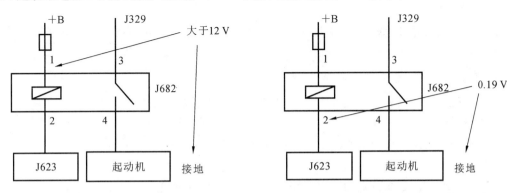

图 3-18 测量 J682 起动继电器 1#脚　　图 3-19 测量 J682 起动继电器 2#脚

(4) 将万用表打至直流 20 V 电压挡,点火开关打到 START 挡,将红表笔置于 J682 起动继电器 3#脚,电压应大于 12 V;实际测得电压为 12.47 V,检测结果正常,如图 3-20 所示。

(5) 将万用表打至直流 20 V 电压挡,点火开关打到 START 挡,将红表笔置于 J682 起动继电器4#脚,电压应大于12 V;实际测量结果为0 V,结果不正常,如图3-21所示。说明J682起动继电器没有导通,故障可能在J682起动继电器本身。

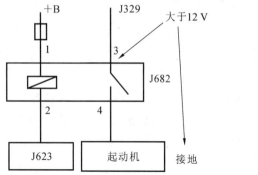

图3-20　测量J682起动继电器3#脚　　　图3-21　测量J682起动继电器4#脚

（6）进行J682起动继电器本身检测。将万用表打至200 Ω电阻挡,万用表两表笔分别接J682起动继电器线圈1#脚和2#脚,测量值为86 Ω,如图3-22所示,说明J682起动继电器线圈正常;但是在第(4)(5)步时,测量得到3#脚电压为12.47 V,4#脚的电压0 V,说明J682起动继电器常开触点损坏。

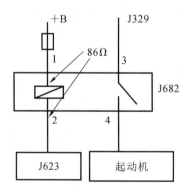

图3-22　J682起动继电器线圈1#和2#脚电阻

3）排除故障

更换J682起动继电器,打开点火开关,起动机工作正常。说明J682起动继电器常开触点损坏故障排除。

3. 起动机本身故障的诊断

对起动机本身进行检测需要将起动机从汽车上拆卸下来。

1）拆卸起动机

（1）断开蓄电池的负极电缆。断开蓄电池的负极电缆之前,对存储在ECU等器件内的信息做笔记。

（2）拆下起动机电缆。先拆下防短路盖,再拆下起动机电缆定位螺母,最后断开起动机端子的起动机电缆,如图3-23所示。

（3）断开起动机连接器。按压连接器的卡销,然后握住连接器机身断开连接器,如图3-24所示。

（4）卸下起动机。拆下起动机安装螺栓,然后滑动起动机将其拆下,如图3-25所示。

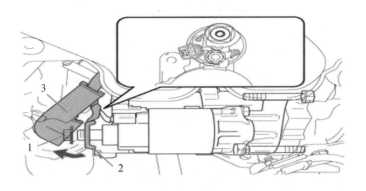

图 3-23 拆卸起动机电缆

1—防短路盖；2—定位螺母；3—起动机电缆

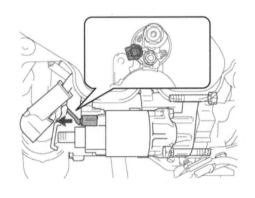

图 3-24 连接器位置

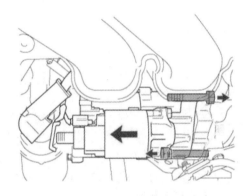

图 3-25 拆下起动机

2）起动机不解体检测

在对起动机解体之前，可以通过不解体检测来找到故障位置。起动机解体组装保养后，也需要进行不解体检测，以确保起动机能够正常工作。

（1）吸引线圈性能测试。将起动机的励磁线圈断开，连接蓄电池与电磁开关，驱动齿轮应能伸出，否则吸引线圈功能损坏。连线如图 3-26 所示。

（2）保持线圈性能测试。按图 3-27 所示连线，在驱动齿轮移出之后从端子上拆下导线，驱动齿轮应保持在伸出位置，否则保持线圈功能损坏。

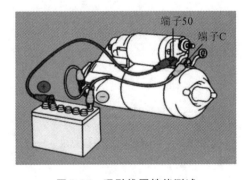

图 3-26 吸引线圈性能测试

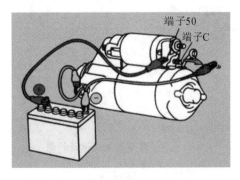

图 3-27 保持线圈性能测试

(3) 驱动齿轮复位测试。拆下起动机外壳负极接线,驱动齿轮应能迅速返回起始位置,否则复位弹簧的功能不正常。

(4) 驱动齿轮间隙测量。按图3-28所示测量驱动齿轮间隙,并和标准比较。

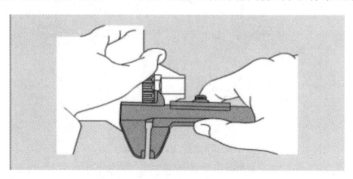

图3-28 测量驱动齿轮间隙

3) 起动机解体检测

起动机分解步骤如下。

(1) 拆卸起动机电磁开关,如图3-29所示。

① 拆下定位螺母并断开引线。

② 拆卸起动机电磁开关总成:

(a) 拆下两颗螺母并将起动机电磁开关拉到后侧;

(b) 向上拉起动机电磁开关的顶端,从驱动杆中取出柱塞钩;

(c) 拆下电磁开关。

(2) 拆卸起动机磁轭总成,如图3-30所示。步骤如下:

① 拆下两个螺栓。

② 拆下换向器端盖。

③ 从起动机磁轭处分开起动机外壳;

④ 拆下驱动杆。

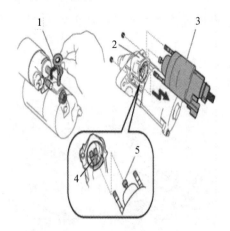

图3-29 拆卸起动机电磁开关

1—引线;2—起动机外壳;3—起动机电磁开关;
4—驱动杆;5—柱塞钩

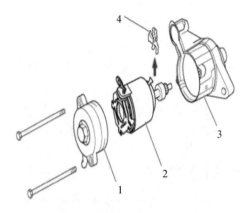

图3-30 拆卸起动机磁轭总成

1—端盖;2—起动机磁轭;3—起动机外壳;4—驱动杆

(3) 拆卸起动机电刷弹簧，步骤如下。

① 用台钳将电枢轴固定在两块铝板之间，如图3-31所示。

② 用手指向上扳卡销，然后拆下电刷板，如图3-32所示。

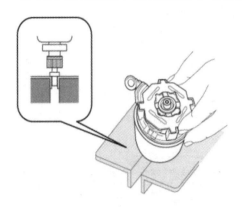

图3-31 用台钳固定电枢轴

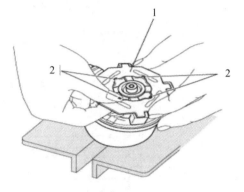

图3-32 拆电刷板
1—电刷架；2—电刷

③ 用平头螺丝刀（或其他工具）压住弹簧，然后拆下电刷。注意：执行此操作时请用胶带缠住螺丝刀。为防止弹簧弹出，执行此操作时请用一块布盖在电刷座上。

④ 从电刷座绝缘体上拆下电刷弹簧。

⑤ 拆下电刷座绝缘体。

(4) 拆卸起动机离合器，步骤如下。

① 从起动机磁轭上拆下起动机电枢总成，然后用台钳将电枢固定在两块铝板之间。

② 用平头螺丝刀轻敲止动环，使其向下滑动。

③ 用平头螺丝刀打开卡环的开口，拆下卡环。

④ 从电枢轴上拆下止动环和起动机离合器，如图3-33所示。

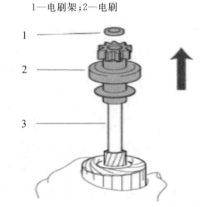

图3-33 拆卸起动机离合器
1—止动环；2—起动机离合器；3—电枢轴

4. 起动机的检修

1) 电枢绕组的检修

电枢绕组常见的故障是短路、断路或换向器铜片脱落。

(1) 电枢绕组线圈短路检测。

将电枢绕组放在感应仪上，接通感应仪的电源，并将钢片放在电枢铁心上方，若电枢中有短路，则在电枢绕组中将产生感应电流，钢片在交流磁场的作用下振动。由此可判断电枢绕组中的线圈短路，则需更换。如果转动电枢一圈，钢片不振动，则说明电枢绕组中的线圈良好。

(2) 换向器的检修。

用万用表测量任两个铜片，它们之间应该是导通状态，如果不导通说明线圈处于断路，应更换。铜片与轴之间应绝缘，如图3-34所示。检查换向器的表面是否烧蚀、云母片是否凸出。烧蚀则应用00号砂纸轻轻打磨。云母片如果高于铜片则应用锉刀修整，确保云母片低于铜片0.5～0.8 mm，如图3-35所示。

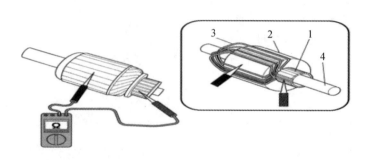

图 3-34　换向器的检查

1—换向器；2—电枢铁心；3—电枢线圈；4—电枢轴

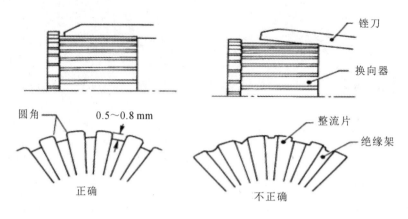

图 3-35　换向器凹槽深度检查

（3）换向器的径向跳动检查。

如图 3-36 所示，将电枢放在 V 形铁块上，用百分表测量径向跳动。最大径向跳动应小于 0.05 mm，若径向跳动超过标准值，则在车床上加工校正。如图 3-37 所示，用游标卡尺检查换向器直径。由于换向器在转动时要与电刷接触，因此会受到磨损。如果测量值超出规定的磨损范围，与电刷的接触将变弱，这可能会导致电循环不良。因此，可能会发生起动机无法转动的情况或其他故障。换向器最小直径为 28 mm。

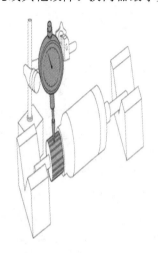

图 3-36　换向器径向跳动检查

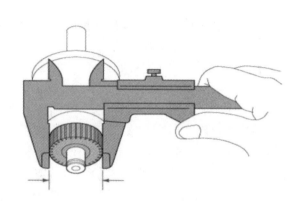

图 3-37　检查换向器直径

2）励磁线圈的检修

可用万用表检查励磁线圈。励磁绕组的常见故障有接头脱焊、断路或搭铁。用万用表测量励磁绕组是否导通，如果导通则说明线圈没断路。将励磁绕组放在电枢感应仪上，感应仪通电后，若绕组发热，则说明励磁绕组短路，需更换，如图3-38所示。

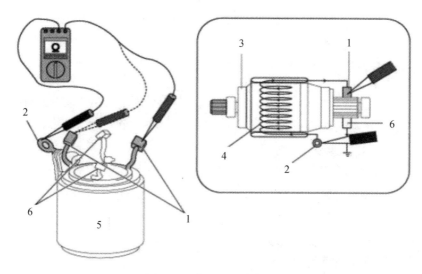

图3-38　励磁线圈的检修

1、6—电刷引线；2—引线；3—电枢；4—励磁线圈；5—起动机磁轭

3）电刷与电刷架的检修

电刷被弹簧压在换向器上，如果电刷磨损程度超过规定限度，弹簧的夹持力将降低，与换向器的接触将变弱。这会使电流流动不畅，起动机可能因此而无法转动。可以使用游标卡尺检查电刷的长度，如图3-39所示。需要测量电刷中部的电刷长度，因为此部分磨损最严重。如果上述测量值低于规定值，则需更换电刷。

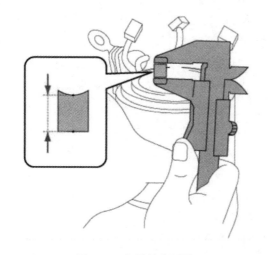 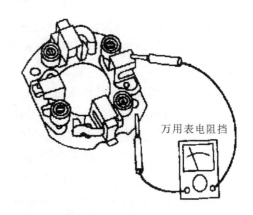

图3-39　电刷长度测量　　　　图3-40　电刷架检测

用万用表测量同名电刷应导通，正电刷与电刷架不导通，负电刷与电刷架应导通，如图3-40所示。电刷弹簧应无拆断、变软现象，否则应更换。

4）起动机离合器的检修

单向离合器仅向一个旋转方向传送扭矩,在另一个方向,离合器只是空转,不会传送扭矩。发动机由起动机起动之后,将会带动起动机。而单向离合器可以防止发动机带动起动机。因此,检测时检查其单向性即可,如图3-41所示。单向离合器的一方向可以转动,另一方向用25 N的力检查其是否可以转动,如果无法转动,则单向离合器良好。如果在两个方向上都可锁止或转动,或者有明显的异常阻力,则应更换。检查齿轮,应无掉齿或磨损,否则应更换。检查小齿轮齿形,如果轮齿磨损或损坏,请更换小齿轮。

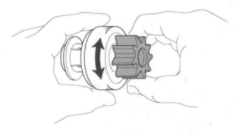

图3-41 单向离合器检查

5. 起动机的组装、调整及测试

1）起动机组装

按照起动机装复的步骤进行装复,原则上应按分解相反的顺序进行装复。

步骤如下:

(1) 将离合器和移动叉装入后端盖内;

(2) 装入中间轴承支承板;

(3) 将电枢轴插入后端盖内;

(4) 装上电动机外壳和前端盖,并用长螺栓结合紧固;

(5) 装电刷和防尘罩;

(6) 装起动机开关。

2）起动机调整

(1) 驱动齿轮与限位环间隙的检查调整。将引铁拨至前端极限位置,用厚薄规测量驱动齿轮端面与限位环之间的间隙,应与标准相符。若不合要求应抽出销子,拧松固定螺母,转动连杆进行调整。拧入连杆,间隙减小;反之则间隙增大。

(2) 起动机驱动齿轮端面与端盖凸缘距离的调整。驱动齿轮端面与端盖凸缘间应有一定的距离,一方面是防止驱动齿轮分离时冲击电枢线圈;另一方面是保证在分离状态时驱动齿轮与飞轮不会相碰。应松开固定螺母,转动限位螺钉进行调整。

3）测试

检修装配调整后的起动机应进行无负荷测试,如图3-42所示。步骤如下:

(1) 用台钳固定住夹在铝板之间的起动机;

(2) 将拆下的励磁线圈引线连接到端子C;

(3) 将蓄电池正极(＋)端子连接到端子30和端子50上;

(4) 将万用表连接在蓄电池正极（＋）端子和端子30之间;

(5) 将蓄电池负极（－）端子连接到起动机体上,然后转动起动机,观察运转情况。若无负荷测试正常,至此完成起动机故障的检修。

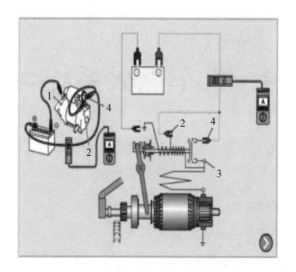

图 3-42 无负荷测试

1—起动机体；2—端子 50；3—端子 C；4—端子 30

项目 4　汽车点火系统与检修

知识目标

1. 了解点火系统的发展概况；
2. 掌握点火系统的基本组成及工作原理；
3. 理解点火系统的工作特性；
4. 掌握点火系统元件性能检测方法；
5. 掌握点火系统常见故障的诊断与排除方法；
6. 掌握最佳点火提前角的控制方法和控制内容。

能力目标

1. 会对点火系统进行检查和维护；
2. 会用万用表检验点火系统的元件；
3. 能用正确的诊断方法检测点火系统常见故障。

案例导入

一辆迈腾 B7L1.8T 轿车，在使用过程中发动机抖动、怠速不稳定，并且出现排气管冒黑烟及油烟味浓的状况，同时发动机故障指示灯点亮。根据使用和维修经验，初步判断发动机一个气缸出现工作不良，点火系统工作出现异常，需对发动机点火系统进行检测和维修。

任务 4.1　点火系统概述

在汽油发动机中，气缸内被压缩的可燃混合气体是靠电火花点燃的。如何产生电火花呢？在汽油机的燃烧室中装有火花塞，当火花塞两电极间加上直流电压后，电极间隙中的可燃混合气体便发生电离现象，随着两电极间电压的升高，气体被电离的程度也不断增高。在电压增高到一定值时，火花塞两电极间的气体间隙便被击穿而爆出电火花。此时发动机活塞已运行到压缩行程接近终了的位置，从而使可燃混合气体燃烧产生强大的压力，推动活塞向下运动而做功。为此，能够在汽车各个气缸火花塞的电极间按时产生电火花的装置，称为发动机点火系统。

4.1.1　点火系统的发展概况

点火系统作为汽油发动机必不可少的组成部分，伴随着汽车技术发展而不断完善，已达到了很高的水平。

1886年，第一辆以四冲程内燃机为动力的汽车使用的是以磁电机为电源的点火系统。这种点火装置依赖于自身的发电来提供电能，能满足单缸或双缸汽油发动机的点火系统要求，但对运行平稳性和动力性要求更高的汽油发动机则不适用。

1907年，美国人首先在汽车上使用了蓄电池点火装置，这种用蓄电池和发电机来提供电能的点火系统采用了点火线圈，通过断电器触点来控制点火线圈一次电流的通断，使二次侧适时地产生高压。这种能满足多缸发动机点火需求的点火装置一直沿用至今。当然，现在的蓄电池点火装置比当初的要先进得多。

最初的蓄电池点火系统无点火提前角自动调节装置，在汽车发动机运行过程中不能对点火提前角进行调节或依赖于驾驶员自己手动调节。一直到了1931年，美国人才首先使用了能根据发动机负荷和转速自动调节点火提前角的真空、离心点火提前调节装置。此后，这种触点式点火装置逐步得到完善，在汽车上得到了广泛的应用，并被称为"传统点火系统"。

随着人们对汽车发动机动力性、经济性及排放控制要求的日益提高，传统的触点式点火系统，其触点本身所固有的缺陷也逐渐显现出来。20世纪60年代初期，出现了晶体管辅助点火系统，这种点火系统增加了一个电子放大器，通过增大点火线圈一次电流使点火性能得到了较大的提高，我国20世纪80至90年代还在个别车型上使用。

晶体管辅助点火系统还保留了触点，不能完全消除由触点本身所造成的缺点。因此，在20世纪60年代末期很快就被无触点的电子点火系统所取代。无触点电子点火系统较为彻底地解决了传统点火系统中触点所带来的一系列问题。因此，从开始使用至今，无触点电子点火系统在汽车上得到了广泛的应用。

20世纪70年代末期，随着微机控制的电子燃油喷射系统的应用与发展，以微机控制点火时刻的点火系统开始在汽车上使用。这种微机控制的点火系统，解决了传统点火系统中点火提前装置不能适应发动机工况和状态改变时实际需要的问题，使发动机的油耗和排放进一步降低。

4.1.2 点火系统的基本要求

汽油发动机点火系统的作用是适时地产生电火花，点燃压缩终了的混合气，并满足可燃混合气充分燃烧及发动机工作稳定的性能要求，使汽油发动机顺利地实现从热能到机械能的转变。根据发动机各工况的要求，确保发动机稳定可靠的工作，对点火系统的基本要求如下。

1. 点火电压高

由于混合气是依靠火花塞电极间气体被电击穿时产生的电火花点燃的，因而要求有足够高的点火电压加到火花塞两极上。点火电压在电极间产生强大的电场，使混合气中的离子和电子加速运动，相互撞击，引起连锁反应，使离子和自由电子数目剧增，两电极间迅速达到等离子导电状态，才能形成电火花。这种能引起火花塞两极间电离放电的临界电压，称为击穿电压，它与很多因素有关，如火花塞电极间隙的大小、电极的形状、气缸内混合气的压力和温度、发动机的工作状况等。一般来说，火花塞电极间隙越大，击穿电压越高；混合气压力增大时，混合气密度增大，击穿电压增高；混合气温度增高时，混合气密度减小，击穿电压降低。发动机起动时，击穿电压一般不低于19 kV；发动机满负荷低速运转时，击穿电压为8～10 kV。为了保证发动机在任何困难的工况下都能可靠地点火，通常要求点火系统能提供20 kV以上的点火电压。过高的点火电压给点火系统高压侧元器件的绝缘带来困难,成本增加,因此一般点火电压限制在 30 kV 以内。

2. 点火能量大

发动机正常工作时,混合气在点火时刻的温度接近自燃温度,此时所需要的点火能量很小(1~5 mJ)。发动机在起动时,由于混合气雾化不充分,废气稀释严重,电极温度低,此时需要较大的点火能量;点火能量越大,发动机起动所需的时间则越短。现代汽车为了减少排气污染和降低燃料消耗,推荐采用稀薄混合气,因此必须增大点火能量。综上所述,为了保证点火可靠,应保证有 50~70 mJ 的点火能量;对于高能点火系统,点火能量可超过 100 mJ。点火能量与火花持续时间密切相关,电火花持续时间越长,点火能量越大,混合气着火性能越好,因而一般要求火花持续时间不少于 500 μs。但火花持续时间过长,会增加火花塞电极的电蚀,缩短火花塞使用寿命。

3. 点火时刻适当

点火时刻应根据发动机的实际工况来确定,即在不同的工况下应有不同的点火提前角。实验证明:如果点火时刻适当,燃气最大压力出现在膨胀行程中上止点后 15°左右,此时发动机输出功率最大。

如果点火过早,混合气燃烧完全在压缩行程中进行,气缸内燃气膨胀,压力迅速上升,给正在上行的活塞阻力越来越大,曲轴的机械损耗增加,油耗增加,发动机输出功率下降。若活塞尚未过上止点时,缸内燃气压力就达到最大值,将可能引起气缸末端混合气爆燃,压力和温度急剧增加。其结果将导致缸体振动,发动机运转不平稳,甚至出现气门烧蚀、活塞环粘连、轴承损坏等严重后果。

如果点火过迟,在活塞到达上止点时才点火,则混合气边燃烧、活塞边下行,即燃烧过程完全在气缸容积增大的情况下进行,炽热气体与缸壁接触的面积增大,热传导损失增加,使燃气转换的有效热能减小。其结果使最大功率点降低,发动机输出功率下降、油耗增加。

不同的发动机的最佳点火提前角不完全一样,同一发动机在不同的工况和使用条件下,最佳点火提前角都不相同。影响发动机最佳点火提前角的因素很多,下面分析几种情况。

(1) 转速。发动机转速越高,最佳点火提前角越大。这是因为发动机转速升高时,活塞移动速度加快,如果混合气燃烧的速度不变,即着火延迟期不变,最佳点火提前角必然线性增大。实际上,由于活塞上行速度加快,混合气压力和温度的上升速度加快,燃烧的速率也相应提高,着火延迟期缩短,因此实际点火提前角随转速升高呈非线性增加状态。若转速上升而不适当增大点火提前角,可能出现点火过迟现象。为了控制点火提前角随发动机转速升高而增大,在分电器中装有离心提前机构。

(2) 负荷。在同一转速下,随发动机负荷的增大,最佳点火提前角相应减小。这是因为发动机负荷增大时,节气门开度增大,吸入气缸的混合气增多,压缩行程的混合气压力和温度升高,致使燃烧速度加快,着火延迟期缩短。因此,为避免出现点火过早现象,最佳点火提前角应随负荷增大而减小。为此,一般在分电器上装有真空提前机构。

(3) 汽油的辛烷值。爆燃是发动机工作中的有害现象,不同规格的汽油抗爆燃能力不同。常用"辛烷值"来表示汽油的抗爆燃性能,辛烷值大的汽油抗爆燃能力强。目前国内汽车采用的汽油有多种型号,为避免出现爆燃现象,采用辛烷值低的汽油时,应将点火提前角相应减小。

为此,在分电器上装有辛烷值选择器,根据所用汽油的辛烷值,改变点火提前角。

另外,压缩比增大、压缩行程终了时缸内的混合气压力和温度升高、燃烧的速率加快,应相应地减小点火提前角。混合气过稀或过浓,燃烧的速率都减慢,应相应增大点火提前角。进气压力减小,如在高原地区,由于大气压力低,空气稀薄,燃烧速率变慢,此时也应适当增大点火提前角。

4.1.3 点火系统的类型

点火系统发展至今,已有多种类型,现以不同的分类方式,将各种点火系统的特点及目前使用情况加以概括。

1. 按点火系统的电源不同分类

如果按照点火系统电能的来源不同分类,有磁电机点火装置和蓄电池点火装置两种类型。

1) 磁电机点火装置

磁电机点火装置由磁电机本身产生点火所需要的电能,即磁电机首先由发动机带动其转动发电,发出的低压电通过升压装置产生点火所需的高压电,然后再输送给火花塞,产生点燃混合气的电火花。由于结构本身的原因,磁电机点火系统仅适用于单缸或两缸的汽油发动机。磁电机点火系统在汽车上早已不使用,目前在一些摩托车上还有少量的应用。

2) 蓄电池点火装置

蓄电池点火装置点火所需要的电能来源于蓄电池(起动时)和发动机(发动机正常工作时),通过点火线圈和断电器或电子点火器的配合,点火线圈一次电流适时地通断,完成储能和产生高压过程,再通过配电器按点火顺序将高压电送给各缸火花塞。蓄电池点火系统适用于多缸发动机,目前汽车上使用的点火装置均属此类。

2. 按点火系统储存点火能量的方式不同分类

1) 电感储能式

电感储能式点火系统产生高压点火前从电源获取的能量以电感线圈建立磁场能量的方式储存(见图4-1(a))。电感线圈一次侧点火能量 W_L 的大小与线圈的电感量 L 和线圈所形成的电流 I 的平方成正比:

$$W_L = \frac{1}{2}LI^2$$

2) 电容储能式

电容储能式点火系统从电源获取的电能以电容建立电场能量的方式储存(见图4-1(b))。能量的大小与电容量 C 和电容电压 U 的平方成正比:

$$W_C = \frac{1}{2}CU^2$$

电容储能式点火系统设置专门的储能电容器储存一次侧点火能量,需要点火时,电容向点火线圈一次绕组放电,在点火线圈一次绕组通电的瞬间,二次侧产生高压电,再由配电器将高压电送到需要点火缸的火花塞。

电容储能式点火系统的突出优点是最高次电压稳定、受火花塞积炭的影响小、能量转换效率高,其缺点是电火花的持续时间很短,低速时的工作可靠性低。因此电容储能式点火系统在

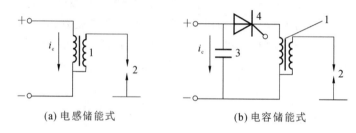

(a) 电感储能式　　　　　　(b) 电容储能式

图 4-1　点火系统能量储存方式示例

1—电感线圈；2—火花塞；3—储能电容；4—晶闸管

汽车上很少使用。

3. 按点火系统的结构形式不同分类

1) 触点式点火系统

触点式点火系统也被称为传统点火系统，其基本结构形式如图 4-2(a) 所示。传统点火系统依赖于断电器触点控制点火线圈一次电流的通断，因而存在缺陷，现在基本已被淘汰，只是在一些较早生产的汽车上使用。

2) 晶体管辅助点火系统

晶体管辅助点火系统的电子电路部分也被称为点火能量放大器，其基本结构形式如图 4-2(b) 所示。这种点火系统利用晶体管的放大作用，在减小断电器触点工作电流的同时，增大点火系统的一次电流，因而提高了点火系统的一次侧点火能量和工作可靠性。由于这种点火系统还有触点，未能完全消除触点式点火系统的缺陷，因此已被无触点的电子点火系统所取代。

3) 无触点电子点火系统

无触点电子点火系统由点火信号发生器和电子点火器替代了传统点火系统中的断电器，如图 4-2(c) 所示，彻底消除了触点式点火系统由触点所带来的种种缺陷。

无触点电子点火系统按点火触发信号产生的方式不同，又有磁感应式、光电式、振荡式、霍尔效应式等不同的形式，其中振荡式目前使用很少。

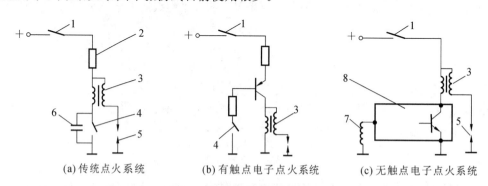

(a) 传统点火系统　　　　(b) 有触点电子点火系统　　　　(c) 无触点电子点火系统

图 4-2　各类点火系统的基本构成

1—点火开关；2—点火线圈附加电阻；3—点火线圈；4—触点；
5—火花塞；6—电容；7—点火信号感应线圈；8—电子点火控制器

4) 微机控制电子点火系统

微处理器控制的电子点火系统改变了传统点火系统的点火提前角调节方式，微处理器根据发动机转速、发动机负荷及其他传感器的信号,经计算、分析和处理后向电子点火器输出点火控制信号,将点火提前角控制在最佳范围之内,从而降低了发动机的油耗和排气污染。以微处理器为控制核心的发动机集中电子控制系统除控制点火时间以外,还同时控制燃油喷射、发动机怠速、废气再循环等。

任务 4.2　传统点火系统的组成及工作原理

4.2.1　传统点火系统的组成

传统点火系统的组成如图 4-3 所示,主要包括电源(蓄电池)、发电机、点火开关、点火线圈、断电器、配电器、电容器、火花塞、高压导线、阻尼电阻等。

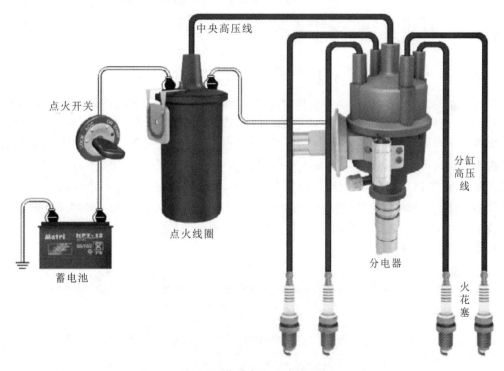

图 4-3　传统点火系统的组成

点火系统将 12 V 或 24 V 的低压电转变为 20 kV 以上的高压电是靠点火线圈和断电器来共同完成的。然后,高压电再由配电器分配到各缸火花塞,如图 4-4 所示。点火线圈实际上是一个变压器,它主要由一次绕组、二次绕组和铁心组成。断电器实际上是一个由凸轮操纵的开关,主要由断电器凸轮、触点臂、触点组成。断电器凸轮由发动机凸轮轴驱动,并以同样的转速旋转,即曲轴每转动两转,凸轮轴转动一转。为了保证曲轴每转动两转各缸轮流点火一次,断电器凸轮的凸棱数与发动机的气缸数相同。断电器的触点与点火线圈的一次绕组串联,用来接通或切断点火线圈一次绕组的电路。配电器由分电器盖与分火头组成,分火头安装在断电器轴上,与轴一起旋转。分电器盖上有中心电极和若干个侧电极,侧电极的数目与发动机气缸数相等,经高压导线与各火花塞相连。

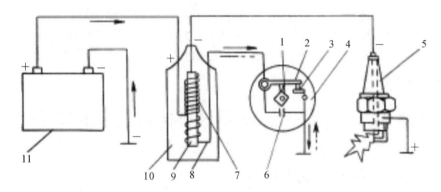

图 4-4 传统点火系统电路简图
1—断电器凸轮;2—触点臂;3—断电器触点;4—断电器;5—火花塞;6—电容器;
7—二次绕组;8—一次绕组;9—铁心;10—点火线圈;11—蓄电池

4.2.2 传统点火系统的工作过程

1. 传统点火系统的工作原理

图 4-5 是传统点火系统的工作原理示意图。触点闭合,一次电流迅速增长,其低压电路:蓄电池正极→点火开关→点火线圈"+"接线柱→附加电阻→点火线圈"开关"接线柱→点火线圈一次绕组→点火线圈"一"接线柱→断电器触点→搭铁。由于回路中流过的是低压电流,所以称这条电路为低压电路或一次电路。一次绕组通电时,其周围产生磁场。当断电器凸轮顶开触点时,一次电路被切断,一次电流迅速下降到零,铁心中的磁通随之迅速衰减至消失,因此在匝数多(11000~23000 匝)导线细的二次绕组中感应出很高的电压,使火花塞两电极之间的间隙被击穿,产生火花。一次绕组中电流下降的速率愈大,铁心中磁通的变化率愈大,从而二次绕组中的感应电压也愈高。

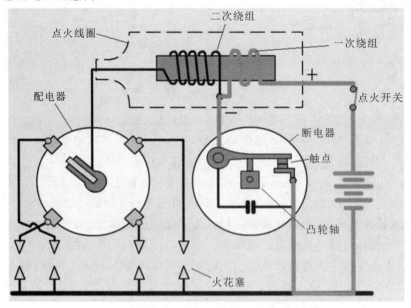

图 4-5 传统点火系统工作原理示意图(1)

点火线圈二次绕组中的感应电压称为二次电压,其中通过的电流称为二次电流。二次电流所流过的电路称为二次电路或高压电路。触点断开,一次电路断开,点火线圈的二次绕组中产生点火高电压,如图4-6所示,其高压电路:二次绕组→附加电阻→"+"开关接线柱→点火开关→蓄电池→搭铁→火花塞侧电极→中心电极→配电器→二次绕组。

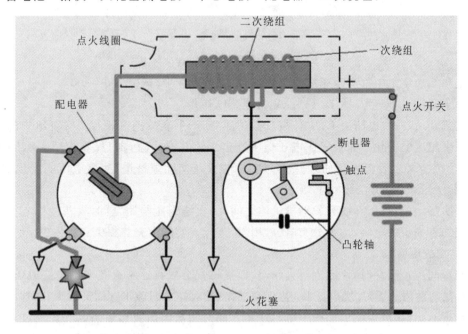

图 4-6 传统点火系统工作原理示意图(2)

2. 传统点火系统的点火过程

从传统点火系统工作原理中可以看到,点火系统的每一点火过程可以分为以下三个阶段:

1) 触点闭合,一次电流形成并增长阶段

点火系统的一次电路包括蓄电池、点火开关、附加电阻、点火线圈一次绕组、分电器的断电触点及电容器。一次电路等效电路如图4-7所示。

触点闭合时,一次电流由蓄电池附加电阻R_f流过点火线圈一次绕组N_1,一次电流按指数规律增长,并逐渐趋于极限值U_B/R,一次电流波形如图4-8(a)所示。对汽车上的点火线圈而言,在触点闭合后约20 ms,一次电流就接近于其极限值。

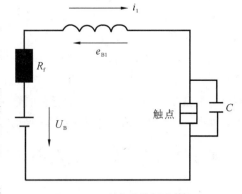

图 4-7 一次电路等效电路图

一次电流增长时,不仅在一次绕组中产生自感电势,同时在二次绕组中也会感出电势,为1.5~2 kV,不能击穿火花塞间隙,二次电压波形如图4-8(b)所示。

2) 触点打开,产生二次侧高压阶段

触点闭合后,一次电流按指数规律增长,当i_1增长到I_p时,触点被凸轮顶开,I_p称为一次断电电流。

触点打开后,一次电流i_1迅速降到零,磁通也随之迅速减少,如图4-8(a)所示。此时,在

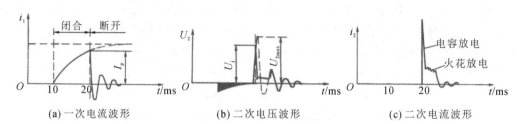

(a) 一次电流波形　　(b) 二次电压波形　　(c) 二次电流波形

图 4-8　传统点火系统工作过程波形图

一次绕组和二次绕组中都产生感应电动势，一次绕组匝数少，产生 200～300 V 的自感电势，二次绕组由于匝数多，产生高达 15～20 kV 的互感电势 U_2。

触点打开后，一次电路由 L、R、C 组成振荡回路，产生衰减振荡。在二次绕组中的感应电动势也发生相应的变化。如果二次电压值不能击穿火花塞间隙，则 U_2 将按图 4-8(b) 中虚线变化，在几次振荡之后消失。如果 U_2 升到 U_j 时火花塞间隙被击穿，则电压的变化如图 4-8(b) 中实线所示，U_j 称为击穿电压。

在二次绕组中，高压导线和发动机机体之间，二次绕组匝与匝之间，火花塞中心电极与侧电极之间均有一定的电容，称为分布电容，用 C_2 表示。实际上有热损失和磁损失。

3）火花放电阶段

火花塞间隙被击穿时，便产生电火花，从而点燃混合气。通常火花塞的击穿电压 U_j 总低于 $U_{2\max}$，在这种情况下，二次电压 U_2 达到 U_j 时就使火花塞间隙击穿而形成火花，这时在二次电路中出现 i_2，二次电流波形如图 4-8(c) 所示。同时二次电压突然下降（见图 4-8(b)）。火花放电一般由电容放电和电感放电两部分组成。所谓电容放电是指火花塞间隙被击穿时，储存在 C_2 中的电场能迅速释放的过程，其特点是放电时间极短（1 μs 左右），但放电电流很大，可达几十安；跳火以后，火花塞间隙的电阻减小，线圈磁场的其余能量将沿着电离的火花塞间隙缓慢放电，形成电感放电，又称火花尾，其特点是放电时间持续较长，达几毫秒，但放电电流较小，只有几十毫安，放电电压较低，约 600 V。实验证明，电感放电持续的时间越长，点火性能越好。

发动机工作期间，断电器凸轮每转一周（曲轴转两周），各缸按点火顺序轮流点火一次。若要停止发动机的工作，只要断开点火开关，切断一次电路即可。发动机工作时，电容放电形式随放电装置的特性、发动机的工况和混合气的状态不同而有所不同。实验证明，电感放电持续的时间长，点火更可靠。在发动机冷起动时，电感放电还具有加热混合气的作用。

4.2.3　传统触点式点火系统的工作特性

1. 工作特性

点火系统工作特性是指点火系统所能产生的最高二次电压 $U_{2\max}$ 随发动机转速变化的规律（$U_{2\max}=f(n)$）。不考虑点火线圈一次、二次能量转换损失，理论上传统触点式点火系统的工作特性可表示为

$$U_{2\max}=\frac{U_B}{R}\left(1-e^{\frac{R}{L}\cdot\frac{120}{Z\cdot n}\cdot\tau_b}\right)\sqrt{\frac{L}{C_1\left(\frac{N_1}{N_2}\right)^2+C_2}}$$

式中:U_B 为点火系统电源电压;R 为点火系统一次回路电阻;L 为点火线圈一次绕组电感量;n 为发动机转速;Z 为发动机气缸数;C_1 为分电器上电容的电容量;C_2 为分布电容,是火花塞电极、点火线圈绕组匝间、高压导线等具有电容作用的电容量总和;τ_b 为触点的相对闭合时间;$\dfrac{N_1}{N_2}$ 为点火线圈一次、二次绕组匝数比。

传统触点式点火系统的理论特性曲线如图 4-9 中的虚线所示,但实际特性有别于理论特性(见图 4-9 中实线)。在发动机低转速范围,触点闭合的时间长,一次电流较大,触点开启的速率低,触点间容易形成较强的触点火花,造成点火能量损失和一次电流的下降速率减小,从而使 $U_{2\max}$ 下降。转速越低,触点的火花就越强,$U_{2\max}$ 下降也越多。在发动机高转速范围,触点开闭的运动速率很高,触点容易形成颤动,造成触点的实际闭合时间比理论上更短,从而使点火线圈一次电流及最高二次电压比理论上的更低。

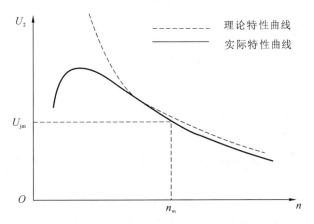

图 4-9 传统触点式点火系统的工作特性曲线

从传统触点式点火系统工作特性曲线可知,发动机转速对点火系统最高二次电压的影响很大。如果发动机的转速超过 n_m,点火系统的最高二次电压 $U_{2\max}$ 就会低于 U_{jm},点火系统就易出现断火现象。因此,把 n_m 称为极限转速。使用传统点火系统的汽油发动机的最高转速都不高,原因就是点火系统在高速时的二次电压太低。

2. 影响点火系统二次电压的其他因素

1) 发动机气缸数

发动机气缸数多,断电器触点开闭一次的凸轮转角就小,在同样转速下的触点闭合时间就短,所能形成的一次电流就小,$U_{2\max}$ 也就低。

2) 火花塞积炭

未燃烧的汽油或机油黏附在火花塞绝缘体上,在混合气燃烧时高温的影响下,起裂化反应而形成炭粒,这些炭粒的存积就形成了积炭。覆盖在火花塞绝缘体表面的积炭具有导电性,它相当于在火花塞电极间并联了一个电阻,在点火线圈二次绕组互感电动势向火花塞电极充电过程中,就会通过积炭漏掉一部分电,从而使所能达到的 $U_{2\max}$ 降低。积炭越多,积炭电阻就越小,漏电就越多,$U_{2\max}$ 也就越低。当所能达到的二次电压低于火花塞的击穿电压时,火花塞就不能跳火。

3) 电容值的大小

从理论上讲,分电器上的电容器 C_1 的容量越小越好,但实际上,C_1 容量太小就不能很好地起吸收点火线圈一次绕组自感电动势的作用,触点断开时的触点火花就会加大而使 $U_{2\max}$ 降低;电容值过大则会使触点断开时电容的充放电时间延长,导致一次电流的下降速率减小而使 $U_{2\max}$ 降低。电容器 C_1 的容量一般为 $0.15\sim0.35~\mu F$。就提高 $U_{2\max}$ 而言,二次分布电容 C_2 越小越好,但它是由点火系统二次回路结构确定的。

4) 断电器触点的间隙

断电器触点的间隙是指断电器凸轮将动触点顶开至最大位置时触点间的气隙,正常间隙应为 $0.35\sim0.45~mm$。触点间隙过大,凸轮顶开触点早,触点关闭迟,触点闭合段所占的角度(称闭合角)小,相同转速下的触点闭合时间短,一次电流小,二次电压低;触点间隙过小,则会使触点断开时的火花加大,也会使 $U_{2\max}$ 下降。

5) 触点接触电阻

理想情况下触点接触后是无电阻的,但当触点的接触表面有烧蚀、氧化、脏污等情况时,接触后的触点就会有一定的电阻。触点接触电阻增大,点火线圈一次回路的电阻增大,从而使一次电流减小,$U_{2\max}$ 降低。

6) 点火线圈的温度

点火线圈的温度升高时,一次绕组的电阻会增大,从而使一次电流减小、$U_{2\max}$ 下降。

任务 4.3　电子点火系统的组成及工作原理

传统点火系统的应用已有百年的历史,经过不断的改进和完善,结构已经定型,为汽车的使用与发展发挥了一定的作用,但传统点火系统存在如下不足。

1. 触点工作可靠性低

传统触点式点火系统尽管通过触点间并联电容来吸收点火线圈的自感电动势,但它也只能减小触点火花,工作时触点火花仍不可避免。因此,触点容易被烧蚀、氧化而接触不良,导致点火性能下降或不点火。

2. 最高二次电压不稳定

从工作特性可知,在发动机转速变化时,传统触点式点火系统的最高二次电压很不稳定,这使得发动机的低速起动性差,高速时容易断火,不能适应高转速发动机。

3. 点火能量低

提高一次电流会加大触点断开时的触点火花,使点火系统不能正常工作,因此传统触点式点火系统不可能通过加大一次电流的方法来提高点火能量(一次电流一般限制在 5 A 以内)。传统触点式点火系统的点火能量低,使得其在工作时失火率较高,尤其不能适应高压缩比、燃烧稀混合气的发动机。

4. 对火花塞积炭敏感

由于触点打开时触点间电弧放电的影响,火花塞电极间的电压上升速率低,当火花塞积炭时,二次电压上升过程中的漏电量就较多,所能达到的最高电压下降较为明显,即传统的触点式点火系统对火花塞积炭很敏感。这也是造成发动机工作可靠性差、油耗高、排气污染严重的原因之一。

5. 对无线电干扰大

断电器触点间产生的电弧放电会产生高频振荡波,对周围的无线电造成干扰。

综上所述,传统的触点式点火系统由于其本身的结构,点火能量低、工作可靠性差,发动机的油耗高、排气污染严重。因此,传统触点式点火系统已不能适应现代汽车发展的要求。随着现代汽车发动机向高转速、高压缩比、低油耗、低排放方向发展,传统点火系统的缺点更加突出。因此,传统点火系统已逐渐被新型的电子点火系统和微机控制点火系统所取代。

电子点火系统与传统点火系统相比有以下几个特点。

(1) 用晶体管控制点火线圈一次电流,使其数值不受触点面积限制,可以增大,因此,可以配以高能点火线圈。

(2) 晶体管的开关速度快,高压电形成迅速,火花能量大,点火可靠。

(3) 减小了火花塞积炭的影响,即使火花塞严重积炭(例如积炭阻值小到 100 kΩ)也能产生足够的二次电压,实现可靠点火。

(4) 点火时间精确,混合气体燃烧迅速完全,汽车的经济性、动力性好。

(5) 能适应现代汽车发动机高转速、高压缩比和向多缸方向发展的要求,有利于汽车的高速化。

(6) 点火电压高,点火能量大,可以在稀混合气工况下可靠点火,可有效地减少废气污染和节约用油。

(7) 对无线电干扰少,结构简单,质量轻,体积小,使用和维护方便。

电子点火系统是利用三极管或晶闸管作为开关来接通与断开点火线圈一次电流的点火装置。目前,国内外研制使用的电子点火装置种类较多,大致可按以下三种方式划分。

(1) 按有无触点分,可分为有触点电子点火系统和无触点电子点火系统。

(2) 按储能方式分,可分为电感储能电子点火系统和电容储能电子点火系统。

(3) 按触发方式分,可分为磁脉冲式(磁感应式)、霍尔效应式、光电式和振荡式四种电子点火系统。

在各种电子点火系统中,有触点电子点火系统结构最简单,成本最低,但在一定程度上仍无法避免传统点火系统的缺点。电容储能电子点火系统与电感储能电子点火系统相比,能够大大减轻火花塞积炭对二次电压的影响,储存的能量大,但其结构复杂,成本较高,且放电时间短,在一般汽车上应用较少,而多采用电感储能电子点火系统。

4.3.1 电子点火系统的组成与基本原理

1. 电子点火系统的基本组成

电子点火系统的基本组成如图 4-10 所示。与传统触点式点火系统不同的是,电子点火系统用晶体管的导通和截止来控制点火线圈一次电流的通断,晶体管的导通与截止则用点火信号发生器产生的电信号来控制。

2. 电子点火系统的基本工作原理

分电器轴转动时,点火信号发生器产生脉冲电压信号,此脉冲电压信号经电子点火器

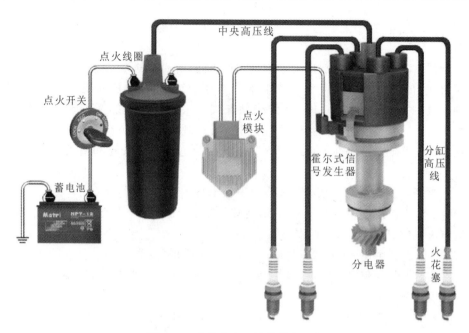

图 4-10 电子点火系统的基本组成

大功率晶体管前置电路的处理后,控制串联于点火线圈一次回路中的大功率晶体管的导通或截止。当输入电子点火器的点火脉冲电压信号使大功率晶体管导通时,点火线圈形成一次侧通路,储存点火能量;当输入电子点火器的点火脉冲电压信号使大功率晶体管截止时,点火线圈一次电路断开,二次回路便产生高压,再通过配电器及高压导线等将点火高压送至点火缸火花塞。

4.3.2 电子点火系统部件的结构与原理

点火信号发生器的作用是产生与气缸数及曲轴位置相对应的电压信号,用以触发电子点火器按照发动机各缸的点火需要,及时通断点火线圈一次回路,使二次回路产生高压。目前常见的点火信号发生器有磁感应式、光电式和霍尔效应式等几种。

1. 磁感应式电子点火系统

磁感应式点火信号发生器主要由永久磁铁、导磁转子、导磁铁心、感应线圈等组成,如图 4-11 所示。永久磁铁、导磁铁心及导磁板、感应线圈等组成定子总成,一般固定在活动底板上。工作时,可由真空点火提前调节器改变定子总成与分电器轴的相对位置。导磁转子有与发动机气缸数相对应的叶片,它与分电器轴相连,工作时,可由离心点火提前调节器改变其与分电器轴的相对位置。

磁感应式点火信号发生器是利用电磁感应原理工作的,当通过感应线圈的磁通发生变化时,在感应线圈内便产生交变电动势,它相当于一个极小

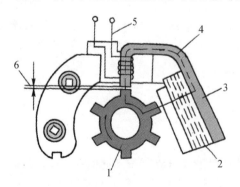

图 4-11 磁感应式点火信号发生器基本结构
1—导磁转子;2—永久磁铁;3—导磁铁心;
4—磁通;5—感应线圈;6—空气隙

的发电机。其永久磁铁的磁路是：永久磁铁 N 极→空气隙→导磁转子→空气隙→导磁铁心（通过感应线圈）→永久磁铁 S 极。当发动机未转动时，导磁转子不动，通过感应线圈的磁通未发生变化，感应线圈不产生电动势，因此无信号输出。当发动机转动时，导磁转子便由分电器轴带动旋转，这时导磁转子的凸齿与导磁铁心间的空气隙将发生变化，使通过感应线圈的磁通发生变化，因此在感应线圈中便产生感应电动势。

磁感应式点火信号发生器的具体工作过程如下。

（1）当导磁转子的两个凸齿中央正对导磁铁心的中心线时，如图 4-12(a)所示，磁路中凸齿与导磁铁心间的空气隙最长，通过感应线圈的磁通最小，且磁通变化率为零。

（2）如果导磁转子顺时针转动，导磁转子的凸齿逐渐接近导磁铁心，凸齿与导磁铁心间的空气隙越来越小，通过感应线圈的磁通逐渐增大。当导磁转子凸齿的齿角与导磁铁心边线相对时，如图 4-12(b)所示，通过感应线圈的磁通急剧增加，磁通变化率最大；当导磁转子转过图 4-12(b)所示位置后，虽然磁通仍在增加，但磁通变化率降低；当导磁转子凸齿的中心正对导磁铁心的中心线时，如图 4-12(c)所示，空气隙最小，通过感应线圈的磁通最大，但此时磁通变化率为零。

（3）当导磁转子继续顺时针转动时，凸齿与导磁铁心间的空气隙逐渐增大，通过感应线圈的磁通逐渐减小；当导磁转子凸齿的齿角正对导磁铁心的边缘时，如图 4-12(d)所示，磁通急剧减小，通过感应线圈的磁通变化率为负向最大值。

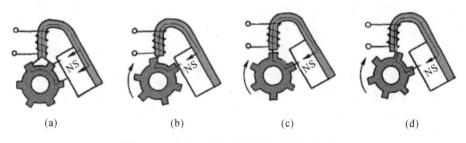

图 4-12　磁感应式点火信号发生器工作原理

由上述分析可知，导磁转子转动过程中，通过感应线圈的磁通的变化情况如图 4-13(a)所示，图中 a、b、c、d 各点与图 4-12(a)(b)(c)(d)所示位置相对应。当导磁转子转一周时，通过感应线圈的磁通出现六次最大值和六次最小值。

由于感应线圈感应电动势的大小与线圈磁通变化率成正比，因此当图 4-13(a)中 a、c 点磁通变化率为零时，其感应电动势也为零。图中 b、d 点磁通变化率为最大时，其感应电动势也为最大，所不同的是 b 点的磁通为增加，d 点的磁通为减小，所以两点产生的感应电动势极性相反。如图 4-13(b)所示，导磁转子转动时，感应线圈两端产生的信号是交变电动势。导磁转子转一周，产生六个交变信号，该交变信号输入点火器以控制点火系统工作。

磁感应式点火信号发生器结构简单、工作可靠，目前使用较为广泛。电磁感应产生的信号电压大小会随发动机转速变化。由于发动机的转速变化范围很大，因此磁感应式点火信号发生器在本身结构参数和电子点火器电路的设计时，需要充分考虑在发动机低速时能有足够强的信号电压，而在发动机高速时不至于因信号电压过高而损坏电子点火器中的电子元件。

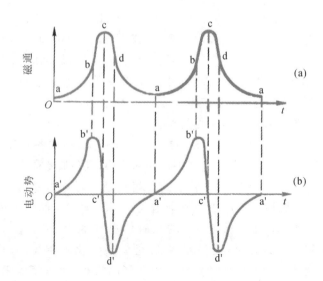

图 4-13　通过传感线圈的磁通及感应电动势情况

2. 光电式电子点火系统

光电式电子点火信号发生器的主要组成部分是发光元件、光敏元件和遮光转子(见图 4-14)。发光元件通入电流后产生光源，光敏元件受光后产生电压，遮光转子有与气缸数相对应的缺口，光源照射到光敏元件的光线受转动的遮光转子控制。

分电器轴转动时，通过离心点火提前装置驱动遮光转子转动，遮光转子缺口周期性地通过光线，使光敏元件周期性受光，光敏元件便产生了与曲轴位置相对应的电压脉冲，即点火触发信号。光电式电子点火信号发生器结构简单，信号电压不受转速影响，工作时需要有直流电源。其最大的缺点是抗污能力较差，发光元件和光敏元件上沾灰或有油污就会影响正常的信号电压的产生。为保证工作可靠性，光电式电子点火信号发生器的分电器的密封性要求很高。

3. 霍尔效应式电子点火系统

霍尔效应式电子点火系统由内装霍尔信号发生器的分电器、点火器、点火线圈和火花塞等组成。国产桑塔纳、红旗、捷达等轿车均采用过该种类型的电子点火系统。

霍尔效应的原理如图 4-15 所示。当电流 I 通过放在磁场中的半导体基片(又称霍尔元件)且电流方向和磁场方向垂直时，在垂直于电流和磁场方向的霍尔元件的横向两侧会产生一个与电流和磁感应强度成正比的电压。这种现象称为霍尔效应，这个电压称为霍尔电压，其大小可表示为

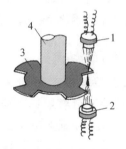

图 4-14　光电式电子点火信号发生器

1—光源；2—光接收器；3—遮光盘；4—分电器轴

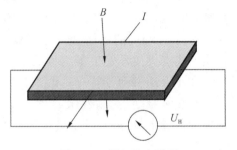

图 4-15　霍尔效应原理

$$U_H = \frac{R_H}{d}IB$$

式中：R_H 为霍尔系数；d 为基片厚度；B 为磁场强度。

由上式可知，当通过的电流 I 为一定值时，霍尔电压 U_H 与磁场强度 B 成正比，即霍尔电压随磁场强度的大小而变化。

霍尔信号发生器是根据霍尔效应原理制成的，它装在分电器内。霍尔信号发生器的基本结构如图 4-16 所示，它由触发叶轮 1 和信号触发开关 4 等组成。触发叶轮装在分电器轴的上部，既可以随分电器轴一起转动，又能相对于分电器轴做少量转动，以保证离心调节装置正常工作。触发叶轮的叶片数与气缸数相等，其上部装有分火头，分火头与触发叶轮一起转动。

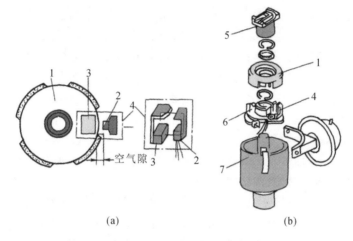

图 4-16 霍尔信号发生器

1—触发叶轮；2—霍尔集成块；3—带导板的永久磁铁；4—信号触发开关；
5—分火头；6—触发开关托盘；7—分电器壳体

信号触发开关 4 由带导板（导磁）的永久磁铁 3 和霍尔集成块 2 组成。触发叶轮 1 的叶片在霍尔集成块 2 和永久磁铁 3 之间转动。当叶片进入永久磁铁与霍尔集成块之间的空气隙时，霍尔集成块中的磁场即被触发叶轮的叶片所旁路（或称隔磁），这时霍尔元件不产生霍尔电压；当叶片离开空气隙时，永久磁铁的磁通便穿过霍尔集成块经导板构成回路，此时霍尔元件产生霍尔电压。霍尔信号发生器的作用原理如图 4-17 所示。

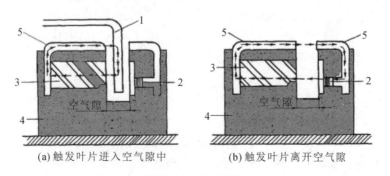

(a) 触发叶片进入空气隙中　　(b) 触发叶片离开空气隙

图 4-17 霍尔信号发生器的作用原理

1—触发叶轮的叶片；2—霍尔集成块；3—永久磁铁；4—霍尔传感器；5—导板

任务 4.4 微机控制点火系统

4.4.1 微机控制点火系统概述

自 20 世纪 70 年代以来，无触点电子点火装置已获得广泛应用。尤其是采用高能点火线圈及专用集成点火模块等先进技术之后，点火系统的工作性能及控制功能得到了大大提高，不仅能使发动机在各种转速下可靠点火，而且即使在突然加速、火花塞积炭、较稀燃油混合气等恶劣工况下，仍能及时点燃混合气。但随着社会的进步，人们对汽车发动机的动力、油耗、排气净化等要求越来越高，普通电子点火装置存在的诸多不尽如人意之处，特别是点火时刻（即点火提前角）的控制，已明显不能适应现代汽车的要求。因为普通电子点火系统对点火时刻的控制与传统点火系统一样，靠在分电器上装设的离心式和真空式点火提前装置来控制。这两种装置由于受其机械结构及性能的限制，调节能力是有限的，很难实现点火提前角随发动机的转速、负荷、起动及怠速、水温、汽油的辛烷值、压缩比等的不同而精确调节，有时为了避免大负荷时的爆燃，不得不减小点火提前角。因此它只能使发动机在某些工况下接近于最佳点火提前角（即发动机发出功率最大和油耗最少的点火提前角），而在其他许多工况下的点火提前角实际上是处于过小的状态，使发动机不在最佳的燃烧状态下工作，从而影响了发动机功率的充分发挥。点火时刻对发动机动力、油耗、污染排放、压缩比、大气压力、冷却水温度、空燃比、爆燃、行驶的稳定性等都会产生直接影响。为了满足各种工况的要求，使发动机工作时其动力性和经济性达到最佳、污染排放量最小，则必须测试大量的工况信息，并及时处理后输出相应的控制信号，以控制最佳点火时刻。显然，普通电子点火系统是无法胜任的，只有采用微机及自动控制技术才能使点火时刻控制在最佳状态。早在 20 世纪 70 年代中期，一些发达国家就开始了微机控制点火系统或叫电子点火提前（electronic spark advance，ESA）控制系统的研究。20 世纪 80 年代后，随着微机工作可靠性的提高和成本大幅度下降，在中高档轿车上纷纷引入微机控制技术，并由单独控制系统发展成为现代的集中控制系统。引入微机控制点火系统后，点火时刻的控制、通电时间的控制及爆燃防止的控制等，均能达到比较理想的控制精度。现国产奥迪、桑塔纳轿车和北京切诺基吉普车等车型的发动机均采用了这种微机控制点火系统。点火控制技术水平的高低直接影响到汽油机的动力性、经济性和排放性能。汽油机点火控制（ECI）系统由微机控制点火系统和爆燃控制系统两个子系统组成，这两个子系统相互配合，能将点火提前角控制在最佳值，使可燃混合气燃烧后产生的温度和压力达到最大值，在显著提高汽油机动力性的同时，还能提高燃油经济性和减少有害气体的排放量。

所谓微机控制点火系统（microcomputer control ignition），是指随着计算机的飞速发展和发达国家对汽车排放限制及对发动机其他性能要求的提高，而形成的一种以各类传感器为信息来源、全方位考虑发动机工作性能、以微机为命令中枢来控制点火正时的点火系统。微机控制点火系统是继无触点的普通电子点火系统之后，点火系统的发展史上又一次大的飞跃。

由于普通电子点火系统仍沿用传统的离心式和真空式装置对点火提前角进行粗略的自我修正，调节反应的灵敏度差，调控精准性低；而且普通电子点火系统不能全方位考虑各种因素（比如排放、空燃比、爆燃、压缩比、工作温度、大气压力等）对点火提前角的影响，因此不能使发动机在各种工况和使用条件下的点火提前角都与相应的理论最佳点火提前角更加接近。相比

之下,微机控制点火系统具有如下特点:

(1) 用微机控制取代了普通电子点火装置中离心、真空机械式跳火提前角调节装置,使控制精度大为提高;

(2) 采用爆燃传感器进行反馈控制,总可以把发动机的工作状况控制在爆燃的边沿而又不发生爆燃,提高了发动机的热效率、经济性和动力性;

(3) 可采用无分电器点火方式,减少了点火能量损失,保证了发动机在高速时有足够的二次电压和点火能量,提高了发动机的起动性和高速适应性;

(4) 微机点火系统响应快、灵敏度高,可适应高速多缸发动机的要求;

(5) 具有故障自诊断功能,对于点火系统的一般故障,可以以故障代码的形式,甚至是语言表述形式显示出来,大大提高了故障诊断的效率;

(6) 采用排气氧传感器进行反馈控制,减轻了排放污染。

4.4.2 微机控制点火系统的类型及工作原理

1. 分类

1) 根据配电方式分类

(1) 有分电器微机控制点火系统。此类系统仍保留传统意义上的分电器,也称为非直接点火系统。该系统中,点火线圈的高压电是经配电器进行分配的,即由分火头和分电器盖组成的配电器,依照点火顺序适时地将高压电分配至各气缸,使各缸火花塞依次点火。

(2) 无分电器微机控制点火系统,也称直接点火系统。该系统中点火线圈上的高压线直接与火花塞相连,工作时,点火线圈产生的高压电直接送到各火花塞,并由微机根据各传感器输入的信息,依照发动机的点火顺序适时地控制各缸火花塞点火。

无分电器微机控制点火系统又可分为各缸单独点火和双缸同时点火两种形式。

2) 按触发信号的产生方式分类

按触发信号的产生方式不同,微机控制点火系统可分为以下三类:

(1) 磁脉冲式微机控制点火系统;

(2) 霍尔式微机控制点火系统;

(3) 光电式微机控制点火系统。

2. 组成和工作原理

目前,微机控制点火系统在设计和结构上,因汽车生产厂家、生产年代以及电子控制单元(ECU)版本的不同而有所不同,但基本结构都大同小异,主要由传感器、电子控制器、点火器、点火线圈等组成,如图 4-18 所示。

其基本工作原理是:发动机运行时,各种传感器不断地检测发动机的转速、负荷、冷却水的温度、进气温度等信息,发动机的 ECU 不断地采集这些信息,并根据存储器中存储的有关程序和数据,确定出该工况下的最佳点火提前角和一次电路的最佳导通角,并以此向点火控制模块(即执行器)发出指令,控制点火线圈一次回路的导通和截止。当电路导通时,有电流从点火线圈中的一次绕组通过,点火线圈此时将点火能量以磁场的形式储存起来。当一次绕组中的电流被切断时,在二次绕组中将产生很高的感应电动势,经分电器送至工作气缸的火花塞,点火能量被瞬间释放,点燃气缸内的混合气,发动机完成做功过程。

在无分电器的点火系统中,ECU直接控制每个气缸点火线圈(或两缸共用一个点火线圈)的一次回路的通与断。

此外,在带有爆燃传感器的点火提前角闭环控制系统中,ECU还可根据爆燃传感器的输入信号来判断发动机的爆燃程度,并将点火提前角控制在轻微爆燃的范围内,使发动机能获得较高的燃烧效率。

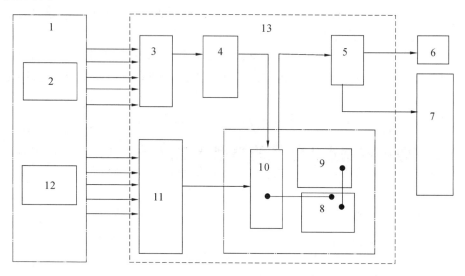

图 4-18 微机控制电子点火系统组成框图

1—各类传感器;2—传感器输出的模拟信号;3—模拟信号输入回路;4—A/D转换器;
5—输出回路;6—点火控制器;7—其他执行元器件;8—CPU;9—存储器;10—I/O接口;
11—数字信号输入回路;12—传感器输出的数字信号;13—ECU

4.4.3 微机控制点火系统各部分的构成

1. 传感器

传感器用来不间断地检测发动机各种工况下的各类信息,并通过转换器将这些检测结果传给计算机,待计算机对这些信息进行分析和对比后,给相应的工作部件发出指令。

各车型使用的传感器类型、数量、结构及安装位置都有所不同,但其作用大同小异。微机控制的电子点火系统中所用的传感器一般和发动机集中控制的其他部分所共有,主要有以下几种。

1)曲轴位置传感器

曲轴位置传感器(又称点火信号发生器),是发动机集中控制系统中最主要的传感器,它负责采集曲轴转动角度信号,用于点火(喷油)正时控制,也就是控制点火(喷油)时刻,确定点火(喷油)提前角。另外,它还是检测发动机转速的信号源。

常用的类型有磁脉冲式曲轴位置传感器、霍尔式曲轴位置传感器、光电式曲轴位置传感器和电磁振荡式曲轴位置传感器等。这类传感器的基本结构和工作原理已在普通电子点火系统中介绍过,但需要指出的是,在有分电器点火系统中,传感器安装在分电器壳内,在无分电器点火系统中,传感器安装在配气凸轮轴端部或曲轴飞轮一端的端部。

因为大多数汽车将曲轴与凸轮轴两种位置传感器制作成一体,且相同类型传感器的工作原理完全相同,所以,这里只以磁脉冲式曲轴位置传感器为例加以介绍。

图 4-19 为捷达 AT 和 GTX、桑塔纳 2000GSi 轿车的磁脉冲式曲轴位置传感器示意图。它安装在曲轴箱内靠近离合器一侧的缸体上,主要由信号发生器和信号转子组成。

信号发生器用螺钉固定在发动机缸体上,由永久磁铁、传感线圈和线束插头组成。传感线圈又称为信号线圈,永久磁铁上带有一个磁头,磁头正对安装在曲轴上的齿盘式信号转子,磁头与磁轭(导磁板)连接构成导磁回路。

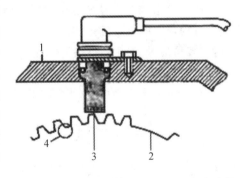

图 4-19 捷达(桑塔纳)轿车曲轴位置传感器
1—缸体;2—大齿缺;3—探头(传感线圈);4—小齿缺

信号转子为齿盘式,在其圆周上均匀间隔地制作有 58 个凸齿、57 个小齿缺和 1 个大齿缺。大齿缺输出基准信号,对应发动机第一缸或第四缸压缩上止点前一定角度。大齿缺所占的弧度相当于 2 个凸齿和 3 个小齿缺所占的弧度。因为信号转子随曲轴一同旋转,曲轴旋转一圈($360°$),信号转子也旋转一圈($360°$),所以信号转子圆周上的凸齿和齿缺所占的曲轴转角为 $360°$,每个凸齿和小齿缺所占的曲轴转角均为 $3°(58×3°+57×3°=345°)$,大齿缺所占的曲轴转角为 $15°(2×3°+3×3°=15°)$。

当曲轴位置传感器随曲轴旋转时,由磁感应式传感器工作原理可知,信号转子每转过一个凸齿,传感线圈中就会产生一个周期性交变电动势(即电动势出现一次最大值和一次最小值),线圈相应地输出一个交变电压信号。因为信号转子上设有一个产生基准信号的大齿缺,所以当大齿缺转过磁头时,信号电压所占的时间较长,即输出信号为一宽脉冲信号,该信号对应于第一缸或第四缸压缩上止点前一定角度。ECU 接收到宽脉冲信号时,便可知道第一缸或第四缸上止点位置即将到来,至于即将到来的是第一缸还是第四缸,则需根据凸轮轴位置传感器输入的信号来确定。由于信号转子上有 58 个凸齿,因此信号转子每转一圈(发动机曲轴转一圈),传感线圈就会产生 58 个交变电压信号,并输入给 ECU。

每当信号转子随发动机曲轴转动一圈,传感线圈就会向 ECU 输入 58 个脉冲信号。因此,ECU 每接收到曲轴位置传感器 58 个信号,就可知道发动机曲轴旋转了一圈。如果在 1 min 内 ECU 接收到曲轴位置传感器 116000 个信号,ECU 便可计算出曲轴转速 n 为 2000 $(116000/58=2000)$ r/min;如果 ECU 每分钟接收到曲轴位置传感器 290000 个信号,ECU 便可计算出曲轴转速为 5000 $(290000/58=5000)$ r/min。依此类推,ECU 根据每分钟接收曲轴位置传感器脉冲信号的数量,便能计算出发动机曲轴旋转的转速。发动机转速信号和负荷信号是电子控制系统最重要、最基本的控制信号,ECU 根据这两个信号就能计算出基本喷油提前角(时间)、基本点火提前角(时间)和点火导通角(点火线圈一次电流接通时间)三个基本控制参数。

2) 发动机转速传感器

发动机转速传感器用来检测每一时刻发动机的转速,以便根据转速情况对点火提前角进行校正,即转速高时加大点火提前角,转速低时减小点火提前角。

转速传感器的结构形式和工作原理类似于曲轴位置传感器(或凸轮轴位置传感器),有时二者合二为一,也有感应式、霍尔式和光电式等几种类型。

以某款光电式转速传感器为例,它主要由信号盘(即信号转子)、信号发生器、传感器壳体和线束插头等组成。信号盘是传感器的信号转子,压装在分电器轴上,在靠近信号盘的边缘位置制作有均匀间隔弧度的内、外两圈透光孔。信号发生器固定在传感器壳体上,它由Ne信号(转速与转角信号)发生器、G信号(上止点信号)发生器以及信号处理电路所组成。Ne信号与G信号发生器均由一个发光二极管(LED)和一个光敏晶体管(或光敏二极管)组成,两个LED分别正对着两个光敏晶体管(光敏二极管)。

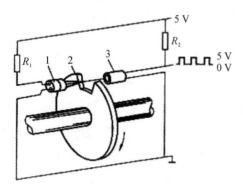

图 4-20　光电式转速传感器工作原理
1—发光二极管；2—信号盘；3—光敏晶体管

光电式转速传感器的工作原理如图4-20所示。信号盘安装在LED与光敏晶体管(或光敏二极管)之间。当信号盘上的透光孔旋转到LED与光敏晶体管之间时,LED发出的光线就会照射到光敏晶体管上,此时光敏晶体管导通,其集电极输出低电平(0.1~0.3 V);当信号盘上的遮光部分旋转到LED与光敏晶体管之间时,LED发出的光线就不能照射到光敏晶体管上,此时光敏晶体管截止,其集电极输出高电平(4.8~5.2 V)。

如果信号盘连续旋转,透光孔和遮光部分就会交替地转过LED而透光或遮光,光敏晶体管集电极就会交替地输出高电平和低电平。当传感器轴随曲轴和配气凸轮轴转动时,信号盘上的透光孔和遮光部分便从LED与光敏晶体管之间转过,LED发出的光线受信号盘透光和遮光作用就会交替照射到信号发生器的光敏晶体管上,信号传感器中就会产生与曲轴位置和凸轮轴位置对应的脉冲信号。

由于曲轴旋转两圈,传感器轴带动信号盘旋转一圈,因此,G信号传感器将产生6个脉冲信号,Ne信号传感器将产生360个脉冲信号。因为G信号透光孔间隔弧度为60°,曲轴每旋转120°就产生一个脉冲信号,所以通常G信号称为120°信号。设计安装保证120°信号在上止点前70°(BTDC70°)时产生,且长方形宽边稍长的透光孔产生的信号对应于发动机第一缸上止点前70°,以便ECU控制喷油提前角与点火提前角。因为Ne信号透光孔间隔弧度为1°,所以在每一个脉冲周期中,高、低电平各占1°曲轴转角,360个信号表示曲轴旋转720°,曲轴每旋转120°,G信号传感器产生1个信号,Ne信号传感器产生60个信号。发动机ECU会根据每一时间段内的脉冲数量,自动计算出发动机转速。

3) 空气流量传感器

空气流量传感器安装在空气滤清器和节气门之间的进气管上,是测定吸入发动机的空气流量的传感器。电子控制汽油喷射发动机为了在各种运转工况下都能获得最佳浓度的混合气,必须正确地测定每一瞬间吸入发动机的空气量,以此作为ECU计算(控制)喷油量的主要依据。此外,空气流量可以反映发动机负荷的大小,点火系统可以以此作为参变量对点火正时进行修正。

空气流量传感器有旋转翼片式(叶片式)、卡门涡旋式、热线式、热膜式等四种类型。旋转翼片式(叶片式)空气流量传感器结构简单,测量精度较低,测得的空气流量需要进行温度补偿;卡门涡旋式空气流量传感器无可动部件,反应灵敏,精度较高,也需要进行温度补偿;热线式空气流量传感器测量精度高,无须温度补偿,但易受气体脉动的影响,易断丝;热膜式空气流量传感器和热线式空气流量传感器测量原理一样,但体积小,成本低,适合大批量生产。

(1) 叶片式空气流量传感器。

叶片式空气流量传感器也叫叶板式或旋转阀片式空气流量传感器。它安装在进气系统的前端,其叶板由通过流量传感器的气体推动,可随着带有回位弹簧的转轴转动。其结构如图4-21所示。

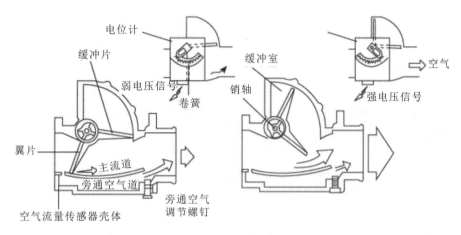

图 4-21　叶片式空气流量传感器结构示意图

传统的(早期的)BOCSH－L 型汽油喷射系统及一些中档车型采用的就是这种叶片式空气流量传感器,如老式的丰田 CAMRY(佳美)小轿车、丰田 PREVIA(大霸王)小客车、马自达 MPV 多用途汽车等。其工作原理是:发动机工作时,进气气流经过空气流量传感器推动测量片偏转,使其开启。测量片开启角度的大小取决于进气气流对测量片的推力与测量片轴上的卷簧弹力的平衡状况。进气量的大小由驾驶员操纵节气门来改变。进气量愈大,气流对测量片的推力愈大,测量片的开启角度也就愈大。在测量片轴上连着一个电位计,电位计的滑动臂与测量片同轴同步转动,把测量片开启角度的变化(即进气量的变化)转换为电阻值的变化。电位计通过导线、连接器与 ECU 连接。ECU 根据电位计电阻的变化量或作用在其上的电压的变化量,按拟定的对应比例进行转换,以测得发动机的进气量。

注意,该流量传感器上的急速调整螺钉用来调整可燃混合气的浓度,而汽油泵开关则用来控制油泵继电器,使汽油泵在发动机工作时通电,在发动机不工作时断电。

此类流量传感器的特点是结构简单、可靠性较好、测量精度不受电源电压的影响,但进气阻力大、急加速响应慢、外形尺寸大,安装布置不是十分方便。此外,它属于体积型空气流量传感器,还需对空气的压力和温度进行补偿修正。

(2) 热线式空气流量传感器。

热线式空气流量传感器能直接测量进气的质量流量。其测量原理是:经过热线表面的每一个空气分子都会带走一定的热量,带走热量总值与流过空气的分子数量有关,即和空气质量流量有关。

当设计要求热线表面温度与周围环境温度间保持一个固定的温差时(如 100 ℃等),被空气带走而损失的热量就要由电路加热来补偿。当热线设计成一个恒定电阻时,通过该电阻的电流值就决定了加热量,而通过该电阻的电流可以通过施加在该电阻两端的电压来调整。这就是说,只要测出能够使热线与周围环境的温差保持为定值的电压值,即可获得对应的流经热线的空气质量流量。

该类传感器有主流测量和旁路测量两大类。图 4-22 所示为主流测量方式的热线式空气流量传感器的结构。它两端有金属防护网,取样管置于主空气通道中央,取样管由两个塑料护套和一个热线支承环构成。

热线式空气流量传感器由热线电阻、温度补偿电阻、电桥电阻、精密电阻及集成电路控制器等元件构成,如图 4-23 所示。当空气流过热线式空气流量传感器时,铂热线(R_H)向空气散热,温度降低,铂热线的电阻减小,使电桥失去平衡。这时混合电路自动增加供给铂热线的电流,以使其恢复原来的温度和电阻值,直至电桥恢复平衡。流过铂热线的空气流量越大,混合电路供给铂热线的加热电流越大,即加热电流是空气流量的单值函数。加热电流通过精密电阻产生的电压降(U_M)作为电压输出信号传输给电控单元,电压降的大小即是对空气流量的度量。温度补偿电阻(R_K)的阻值随进气温度的变化而变化,起到参照标准的作用,用来消除进气温度的变化对空气流量测量结果的影响。

图 4-22　热线式空气流量传感器的结构

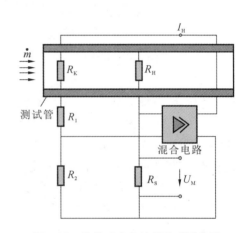

图 4-23　热线式空气流量传感器电路

一般将铂热线通电加热到高于温度补偿电阻温度 100 ℃。其工作原理是:空气流量增加,铂热线上被带走的热量就会增加,热线电阻的阻值就会下降,这会使电桥失去平衡,控制电路根据保温需要,就会增加热线电阻的电流,使热线恢复原设定的温度和电阻,使电桥恢复平衡。电子控制回路所增加的电流大小取决于热线被冷却的程度,即空气质量流量,增加的电流通过电桥中的 R_S 转换成电压而输出。ECU 则可根据该电压信号成比例地测定出空气的质量流量。

热线式空气流量传感器的特点是可以准确测量空气流量,响应速度较快,无须进行进气温度和大气压力修正,无机械工作部位,进气阻力小;但在空气流速分布不均匀时,测量误差较大,而且热线电阻容易受到污染而灵敏度下降。

4) 冷却液温度传感器和进气温度传感器

冷却液温度传感器和进气温度传感器用来检测冷却液和进气歧管的进气温度,并将温度信号传给 ECU,从而对喷油量、喷油时刻和点火时间进行修正。

冷却液温度传感器和进气温度传感器有绕线电阻式、热敏电阻式、扩散电阻式、半导体晶体管式、金属芯式、热电偶式等多种类型,应用较多的是热敏电阻式。

温度传感器的构造如图 4-24 所示,冷却液温度传感器装于缸体、缸盖的水套或节温器上,进气温度传感器装于滤清器后的进气软管上。也有些车辆把进气温度传感器与进气流量传感器、进气压力传感器合为一体。

(a)冷却液温度传感器

(b)进气温度传感器

图 4-24 温度传感器的构造

冷却液温度传感器的感温元件为热敏电阻,它是具有负温度系数的电阻:当温度升高时电阻值减小,温度降低时电阻值增大。ECU 内部的冷却液温度信号来自电桥电路,传感器的热敏电阻为臂桥电阻。当热敏电阻的阻值发生改变时,电桥电路将输出相适应的电压信号,ECU 据此信号决定喷油器的喷油量和修正点火正时。由于有些发动机没有冷起动喷油器,因而冷却液温度传感器就更显重要。

进气温度传感器安装在空气滤清器之后的节气门附近。传感器的结构原理与冷却液温度传感器相似。进气温度信号经 ECU 处理后,再与 20 ℃的基本温度信号相比较,然后向喷油器和点火器发出喷油量和点火时刻的修正信号。

对于该传感器的检测,首先是电阻检测。就车检查时,点火开关置于 OFF 位置,拆卸冷却液温度传感器导线连接器,用数字式高阻抗万用表测试传感器两端子间的电阻值。其电阻值与温度的高低成反比,注意,不同车系、车型,其热敏电阻与温度之间的关系不尽相同,但一般情况是:在 80 ℃时应小于 0.5 kΩ,0 ℃时应为 4～7 kΩ,20 ℃时应在 2～3 kΩ。单件检查时,拧下冷却液温度传感器,用万用表挡测量在不同温度条件下温度传感器两接线端子间的电阻值,将测得的阻值与标准阻值相比较,如果不符合标准,则应更换温度传感器。

其次是冷却液温度传感器输出信号电压的检测。装好冷却液温度传感器,将此传感器的导线连接器插好,当点火开关置于 ON 位置时,从温度传感器导线连接器端子间测试传感器输出电压信号,电压值应与不同温度下的规定值相一致。

5) 节气门位置传感器

节气门位置传感器又称为节气门开度传感器或节气门开关。其主要功用是检测发动机是处于怠速工况还是负荷工况,是加速工况还是减速工况。

汽车发动机节气门由驾驶员通过加速踏板来操纵,以改变发动机的进气量,从而控制发动机的运转。不同的节气门开度标志着发动机在不同的负荷工况下运转。为了使喷油量和点火时间满足不同工况的要求,微机控制点火系统通常在节气门体上装有节气门位置传感器,它可以将节气门的开度转换成电信号输送给 ECU,作为 ECU 判定发动机运转工况的依据。

6) 氧传感器

氧传感器用于检测发动机所排废气中的含氧量,在保证完成三元催化(TWC)的基础上,把空燃比控制在 14.7 左右,同时,给点火提前角的控制提供一个参考信号。

目前汽车上使用的主要有氧化锆式氧传感器和氧化钛式氧传感器两种类型。

氧化锆式氧传感器的结构如图 4-25 所示。其基本元件是专用陶瓷体(俗称锆管),即氧化锆(ZrO_2)固体电解质。ZrO_2 是典型的离子晶体,在 ZrO_2 中添加二价或三价立方对称氧化物时,如添加 CaO、MgO、Y_2O_3 和其他三价稀土氧化物,在适当的加热和冷却条件下可以使 ZrO_2 在 600 ℃ 以上时成为氧的快离子导体,所以人们称它为固体电解质。这种陶瓷材料对氧具有高度的敏感性,选择性也十分好,用它做成的氧传感器广泛应用于汽车监测中。锆管固定在带有安装螺纹的固定套中,锆管表面装有透气铂电极,配有护管及电接头,其内表面与大气相通,外表面与废气相通,外表面还加装了一个防护套管,套管上开有通气槽。锆管的陶瓷体是多孔的,但不允许气体分子穿过,只允许离子渗透。氧化锆式氧传感器的检测原理如图4-26 所示。

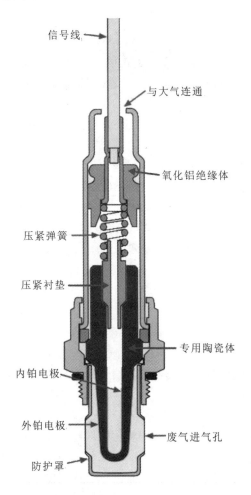

图 4-25 氧化锆式氧传感器的结构

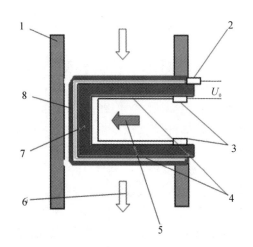

图 4-26 氧化锆式氧传感器的检测原理
1—排气管;2—外接线点;3—内接线点;4—内外铂电极;
5—大气;6—废气;7—锆管;8—防护层

温度较高(高于300 ℃)时,氧气发生电离,如果在陶瓷体内(大气)外(废气)侧的氧离子浓度不同,就会在两个铂电极表面产生电压降,含氧量高的一侧为高电位。混合气稀时,排气中含氧多,两侧浓度差小,只产生小的电压;反之,混合气浓时产生高电压。根据所测电压值就可测量氧传感器外侧气体(废气)中的氧气含量,而发动机废气排放中的氧含量主要取决于混合气的空燃比。因此，ECU可根据氧传感器输入的电信号分析汽油的燃烧状况，以便及时修正喷油量，使空燃比处于理想状况。而空燃比又在某种程度上影响着点火正时，所以氧传感器的输出信号也是ECU控制点火提前角的依据之一。

2. 电子控制装置

ECU是点火控制系统和喷油控制系统的神经中枢，其作用是接收上述各有关传感器信号，并按照特定的程序进行判断、运算后，向点火电子组件输出最佳点火提前角和一次电路导通与关断控制指令信号。在现代发动机集中控制系统中，点火系统仅是电子控制单元的一个子系统。

ECU主要由中央处理器(CPU)、存储器(RAM、ROM)、输入/输出接口(I/O)、数模转换装置(A/D、D/A)、总线(BUS)及电源供给电路(PSC)等部分组成。大部分ECU的电路结构大同小异，控制功能的变化则依赖于软件及输入输出模块的变化，随控制系统所完成任务的不同而不同。ECU的基本组成如图4-27所示。

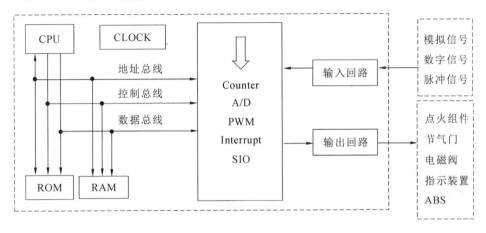

图4-27 ECU的基本组成

发动机在起动、怠速、加速、减速等各种工况下，各传感器不断地采集各种信息（曲轴转速、曲轴位置、冷却液温度、进气温度、节气门位置、排气含氧量、爆燃等信息），这些信息以电信号的形式，首先进入输入回路，进行去杂、滤波和整形处理，如果是数字信号，则按CPU的安排直接经I/O接口输入计算机；如果是模拟信号，则需经A/D转换器转换成数字信号后才经I/O接口输入计算机。这些信息大多数暂时存储在RAM中，得到指令后才从RAM送入CPU。接着，把存储在ROM(或PROM)中的设定数据引入CPU，CPU把从传感器传来的信息与储存数据进行比较，并经运算后做出决定而向各执行器发出指令信号。指令信号经I/O接口和输出回路控制执行器动作，其中包括点火正时的自动调整以及点火线圈一次回路闭合角的控制等。

3. 电子点火控制器

点火器是发动机综合控制的执行器之一，点火器的作用是根据ECU的指令，通过内部的大功率三极管的导通和截止，控制一次电流的通断，完成正时点火工作。

各种发动机的点火器结构各不相同，有的点火器除接通、切断一次电路的功能外，还有恒流控制、闭合角控制、气缸判别、点火监视等功能。也有的发动机不设点火器，而是将控制一次电路的大功率三极管设在ECU内部。

4.4.4 微机控制点火系统分类

微机控制点火系统按照是否保留传统的分电器(实质上是指配电器)可分为两大类:一是有分电器点火系统,二是无分电器点火系统。后者又可分为双缸同时点火式和各缸单独点火式两种情况。

1. 有分电器微机控制点火系统的配电方式

有分电器点火系统(非直接点火系统)的点火线圈的高压电是经配电器进行分配的,即由分火头和分电器盖组成的配电器,依照点火顺序适时地将高压电分配至各气缸,使各缸火花塞依次点火,它存在如下弊端。

(1) 点火能量损失大。高压电通过分火头与侧电极之间的间隙、中央高压导线、分缸高压导线后再到火花塞,传递路线长,传递电阻大,有较大的电压降,会造成一定的点火能量损失。

(2) 高速、多缸时不能保证点火能量。因为若干气缸共用一个点火线圈,其一次绕组的通电时间受制于发动机转速和分电器的闭合角,而闭合角又取决于分火头的分火角,最大闭合角必小于分火角,因此,通过最大化闭合角的方法以提高一次回路电流的措施受到限制,转速超过一定值以后,一次电流仍会下降。

(3) 点火提前角的调节范围受分电器几何学上的限制。当提前角过大或过小时,分火头会对应到另外一个侧电极或对空,造成点火正时的机械误差,甚至点火失效。

(4) 存在无线电干扰。分火头与旁电极之间的间隙在分火时会产生火花,既有能量损失,又会因为分电器盖屏蔽不严而造成无线电干扰。

(5) 容易导致绝缘击穿。当各部分的绝缘效果下降时,易造成漏电,严重时还可以造成局部击穿,而形成非需跳火(断火、乱跳)以及局部烧蚀现象。

2. 无分电器微机控制点火系统的配电方式

无分电器微机控制点火系统中的点火线圈上的高压线直接与火花塞相连,或称为与点火线圈一体式火花塞,如图 4-28 所示,工作时,由微机根据各传感器输入的信息,依照发动机的点火顺序,适时地控制各个点火线圈在需要时产生高压,而点火线圈产生的高压电直接送到火花塞,使之跳火,点燃混合气。

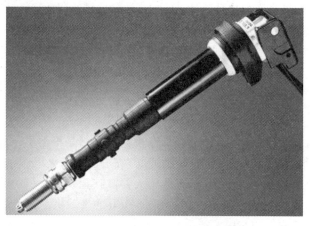

图 4-28 组合式点火线圈与火花塞

1) 单独点火

每缸一个点火线圈,即点火线圈的数量与气缸数相等。由于每缸都有点火线圈,即使发动机转速很高,点火线圈也有较长的通电时间,可提供足够高的点火能量。

这种点火方式特别适合在四气门发动机上使用,火花塞可安装在双凸轮轴中间,在每一缸火花塞上直接压装一个点火线圈,充分利用了安装空间。这对V形多缸发动机舱的合理紧凑布置具有重要的实用意义。

2) 双缸同时点火

此类点火系统中,点火线圈的个数等于气缸数的一半。当两同步缸同时到达上止点时,火花塞跳火,其中一缸接近压缩行程上止点,为有效点火;另一缸接近排气行程上止点,为无效点火。

3) 二极管配电点火

二极管配电点火是利用二极管的单向导通特性,对点火线圈产生的高压电进行分配的同时点火方式。二极管配电方式的主要特点是一个点火线圈组件为四个火花塞提供高压电,因此特别适宜于四缸或八缸发动机。

电控单元控制的方式可分为开环控制和闭环控制。

开环控制是指电控单元检测发动机各种工作状态信息,并根据这些信息从内部存储器中调出相应的点火提前角(这一点火提前角是综合考虑经济性、动力性、排放等要求,并经过大量的实验优化的结果,即标定),然后输出控制信号对点火时刻进行控制。这种控制方式对控制结果不予以反馈。

闭环控制是指电控单元以一定的点火提前角控制发动机工作的同时,还不断地检测发动机的工作状态(如有无爆燃),然后将检测到的有关信息反馈给电控单元(ECU),电控单元根据需要对点火提前角进行修正。如图4-29所示,闭环控制的反馈信号可以有多种,如爆燃信号、转速信号、气缸压力信号等。目前广泛采用的是通过检测爆燃传感器的爆燃信号,来判断点火时刻的早晚,进而实现点火提前角的最佳控制。

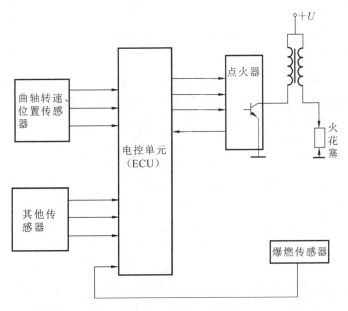

图4-29 闭环控制模式

4.4.5 微机控制点火系统的控制内容及方法

微机控制点火系统的控制内容包括闭合角控制、点火提前角控制以及爆燃控制。

1. 闭合角控制

这里所说的闭合角也是沿用了传统点火系统的概念,在传统点火系统中它是指断电器触点闭合时间段内断电凸轮所转过的角度。而在微机控制的点火系统中则是指一次电路接通的时间。点火线圈的二次电压是和一次电路断开时的一次电流成正比的,如果通电时间短,一次电流小,则会使感应出的二次电压偏低,容易造成失火;一次电流大,虽然对点火有利,但通电时间过长,会使点火线圈发热,甚至烧坏,还会使能耗增大。因此要把一次回路的通电时间控制在一个最佳状态。

影响闭合角的因素主要有蓄电池电压和发动机转速。在微机控制的点火系统中,把闭合角随发动机转速与蓄电池电压的变化而变化的关系绘制成三维脉谱图(见图 4-30),并以数据的形式储存到 ECU 的 ROM 中,以便计算机在控制中随时调用这些数据,并与实时信息对比后发出闭合角的控制指令。

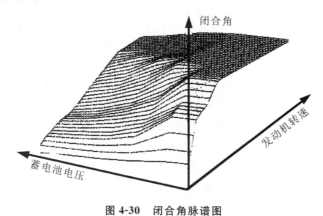

图 4-30 闭合角脉谱图

2. 点火提前角控制

在微机控制点火系统的控制单元内,首先存储了通过实验得出的发动机在各种工况及运行条件下最理想的点火提前角,并按起动时点火提前角控制、起动后点火提前角控制两种模式来实现控制。

1) 起动控制

发动机刚起动时,其转速较低(一般认为在 500 r/min 以下),且进气歧管压力信号或进气量信号不稳定。此时可由 ECU 根据所控制的发动机工作特性预置一个固定的点火提前角,称为初始点火提前角。即是说,ECU 检测到发动机处于起动期间,就按预置的初始点火提前角控制各缸点火,此时,ECU 检测的控制信号主要是发动机转速信号(Ne)和起动开关信号(STA)。初始点火提前角的设定因发动机而异,但一般为压缩行程中活塞到达上止点前 10°左右。

2) 起动后控制

发动机起动后为正常运行模式,此时 ECU 根据发动机的转速和负荷信号,在 ECU 存储器中查找这一工况下对应的基本点火提前角,然后 ECU 再根据得到的修正信号对点火提前角进行修正,确定实际的最佳点火提前角,即

实际点火提前角＝初始点火提前角＋基本点火提前角＋修正点火提前角

发动机正常运行期间,ECU 要根据实测的有关发动机各种工况信息确定最佳点火提前角。

(1) 基本点火提前角。

在 ECU 内存中,存放有与发动机转速和进气流量相对应的点火提前角数据表。发动机正常运行时,ECU 根据实测的发动机转速信号和进气流量信号(或进气歧管压力信号),在内存数据表中查找出相应的角度,该角度称为这一工况下的基本点火提前角。基本点火提前角随发动机转速升高而增大,随进气流量(或进气歧管压力)增加而减小。在急速工况下,节气门开度传感器急速触点闭合,此时 ECU 根据发动机转速和空调开关是否接通来确定基本点火提前角。

(2) 修正点火提前角。

发动机正常运行时,最佳点火提前角还与发动机冷却液温度、进气温度、混合气空燃比、爆燃等诸多因素有关,因而 ECU 还要根据实测到的这些信号对点火提前角进行修正。

① 暖机修正。当发动机起动后,若冷却液温度较低,应增大点火提前角,以使发动机尽快暖机。控制暖机修正量的主要信号有冷却液温度信号、进气流量信号和节气门开度信号。

② 过热修正。发动机处于正常运行工况(急速触点 IDL 断开)时,若冷却液温度过高,为了避免产生爆燃,应将点火提前角推迟,如图 4-31 所示。急速工况下,ECU 根据节气门急速触点闭合信号、发动机转速信号以及空调开关信号等来确定点火提前角。发动机处于急速工况(IDL 闭合)时,若冷却液温度过高,为避免发动机长时间过热,应将点火提前角适当增大。

注意:第一,发动机过热修正在正常工作温度范围内不起作用,超过 105 ℃时才对点火提前角起校正作用;第二,急速时(IDL 闭合)过热使点火提前,正常(IDL 断开)工况过热,使之错后;第三,对由点火过晚引起的发动机过热进行提前校正,对由超负荷引起的发动机过热进行滞后校正。

③ 急速稳定性修正。发动机在急速运行期间,由于发动机负荷变化,会引起发动机转速改变而偏离急速下设定的目标转速。为了保持急速下发动机稳定运转,就必须相应地修正点火提前角。当检测到的实际转速低于急速目标转速时,应相应增大点火提前角。相反,当检测到的实际转速高于急速目标转速时,应相应减小点火提前角。控制急速稳定性修正量的主要信号有发动机转速信号、节气门开度信号、车速信号、空调信号等。

如图 4-32 所示,接通空调相当于增加负载,所以修正值减小,即点火错后;关闭空调相当于减小负载,所以修正值增加,即点火提前。Δn 为发动机实际转速与目标转速的差值。

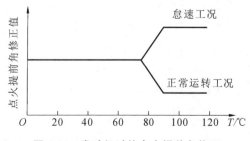

图 4-31 发动机过热点火提前角修正

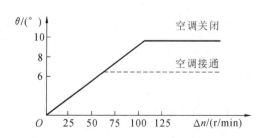

图 4-32 点火提前角的急速稳定性修正曲线

④ 空燃比反馈控制。由于空燃比反馈控制系统是根据氧传感器的反馈信号调整喷油量的多少来达到最佳空燃比控制的,所以这种喷油量的变化必然带来发动机转速的变化。为了稳定发动机转速,点火提前角需要根据喷油量的变化进行修正。

随着修正喷油量的增加或减少,发动机转速在一定范围内波动。为了提高转速的稳定性,在反馈修正喷油量减少时,点火提前角相应增大;在反馈修正喷油量增加时,点火提前角相应减小,其变化规律如图 4-33 所示。

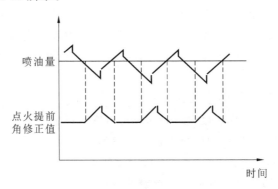

图 4-33 点火提前角空燃比反馈控制

由此可见,发动机正常运行期间的实际点火提前角＝初始点火提前角＋基本点火提前角＋修正点火提前角。当初始点火提前角设定之后,受 ECU 控制的点火提前角只有基本点火提前角和修正点火提前角,此二项之和最大为 $35°\sim45°$,最小为 $-10°\sim0°$。ECU 设置有点火提前角限值调整功能,若点火提前角超过限值范围时,ECU 将把实际点火提前角调整到最大或最小允许提前角。

3. 爆燃控制

爆燃是汽油发动机运行中最有害的一种故障现象,轻则使发动机运行不稳定,重则将导致发动机损坏。爆燃与所使用的燃油辛烷值密切相关,辛烷值越低越容易引起爆燃。为了避免爆燃发生,应适当减小点火提前角,但是这种点火提前角的调整难以控制。若调整值偏大,则不利于获得理想的点火时刻;若调整值偏小,如遇劣质燃油或其他偶尔因素,又难免发动机进入爆燃区。为此,在微机控制点火系统设置爆燃控制器,它由爆燃传感器、检测电路、控制电路及校正电路组成。爆燃传感器大多安装在气缸体上,利用压电晶体的压电效应把爆燃传到气缸体上的机械振动转换成电信号输入 ECU 中;ECU 检测传感器送来的信号,分析判断有无爆燃及爆燃的强弱,然后输出相应的指令控制校正电路对发动机的点火提前角做较准确的调整。爆燃强,推迟点火的角度大;爆燃弱,推迟的角度小。每次调整都以一个固定的角度递减,直到爆燃消失为止。之后又以一个固定的角度递增,当发动机再次出现爆燃时,ECU 又使点火提前角再次减小,如此不断调整。这是一种"临界控制"方式,它可使发动机接近爆燃区而又不进入爆燃区,此时缸内燃烧的热效率最高。图 4-34 所示为不同转速下爆燃控制的点火时刻曲线。从图中可以看出,点火系统采用爆燃控制后,可使得不同转速下点火时刻的控制达到较理想的程度。在没有爆燃控制的点火系统,为避免爆燃现象的发生,设定的点火时刻必须留有离开爆燃区的足够余量,从而导致燃烧的热效率降低。

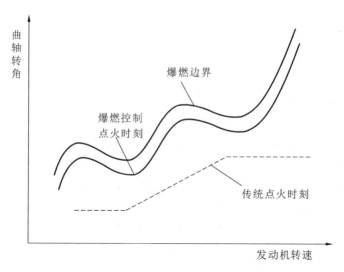

图 4-34 不同转速下爆燃控制的点火时刻曲线

任务 4.5　微机控制点火系统的故障诊断及排除

4.5.1　点火控制系统的部件检修

1. 曲轴位置传感器检修

曲轴位置传感器是发动机电子控制系统中最主要的传感器之一,它提供点火时刻(点火提前角)、确认曲轴位置的信号,用于检测活塞上止点、曲轴转角及发动机转速,并输入控制单元,以便确定喷油时刻和点火时刻。

曲轴位置传感器一般安装在曲轴前端、分电器内、正时罩内等处。曲轴位置传感器所用的结构随车型不同可分为电磁脉冲式、光电式和霍尔式三大类。

1) 电磁脉冲式曲轴位置传感器检修

(1) 开路检测法。关闭点火开关,拔下传感器插头,用万用表 $R \times 10$ 挡测量传感器感应线圈的电阻值。测量值应符合原厂规定,具体请查看相关资料,其电阻值一般在 300~1500 Ω。

(2) 在路检测法,具体如下:

① 用万用表 AC 电压挡检测其输出电压,起动时应高于 0.1 V,运转时应为 0.4~0.8 V;

② 用频率表检测其工作频率;

③ 用示波器检测其输出信号波形;

④ 如果在传感器上能检测到电压信号,而在 ECU 连接器上检测不到信号,则应检测传感器至 ECU 之间的导线及插头。

2) 光电式曲轴位置传感器检修

(1) 拔下传感器插头,接通点火开关,检测插头上电源端子与搭铁端子之间的电压,应为 5 V 或 12 V。若无电压,则应该检查传感器至 ECU 的导线和 ECU 上相应端子的电压,若 ECU 端子上有电压,则为 ECU 至传感器之间的导线断路;否则为 ECU 故障。

(2) 插回传感器插头,起动发动机,使其转速保持在 2500 r/min 左右,测量传感器输出端子的电压,正常值一般为 2~3 V。若电压不对,则是传感器损坏。

(3) 用示波器检测有关信号的波形来判断是否有故障。

3) 霍尔式曲轴位置传感器检修

(1) 拔下传感器插头,接通点火开关,检测插头上电源端子与搭铁之间的电压,应为 8 V 或 12 V。若无电压,则检查传感器到 ECU 间的线路及 ECU 端子上的电压,若 ECU 相应端子上有电压,则传感器至 ECU 之间的线路断路;若 ECU 相应端子上无电压,则为 ECU 故障。

(2) 将拔下的传感器插头重新插好,起动发动机,测量霍尔式曲轴位置传感器电压,正常值为 3~6 V。若无电压,则为传感器问题。

(3) 检查传感器输出电压信号波形,确认传感器本身是否有问题。

4) 具体车型检修案例

(1) 图 4-35 所示为一汽大众迈腾曲轴位置传感器电路。端子 T2yf/1 为传感器其中一极,与 ECU 的 T60ya/51 端子相连;端子 T2yf/2 为传感器另一极,与 ECU 的 T60ya/36 端子相连。

电磁脉冲式曲轴位置传感器的检测方法如下。

① 故障征兆检测:在发动机运行中,曲轴位置传感器出现故障会导致信号中断、发动机不能起动或在运行时立即熄火,这时电子控制单元可以诊断到故障并进行代码存储。

② 曲轴位置传感器的电阻检查:关闭点火开关,拔下传感器连接器插头,检查传感器上 T2yf/1 端子与 T2yf/2 端子间电阻,应为 980~1600 Ω。若电阻为无穷大,说明信号线圈存在断路,应更换传感器。

③ 输出电压测量:用万用表的交流电压挡,在线路正常连接、发动机运转时测量 T2yf/1 端子与 T2yf/2 端子间的电压,其电压值在 0.2~2 V 波动。

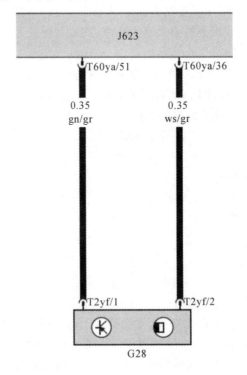

图 4-35 迈腾曲轴位置传感器电路图

(2) 2016款丰田凯美瑞混合动力版(发动机型号6AE~FSE)轿车采用的是电磁脉冲式曲轴位置传感器。电路图如图4-36所示,传感器1♯端子为发动机控制单元插接器E81的110端子提供5 V参考电压;传感器3♯端子、2♯端子分别为传感器正信号和传感器负信号,分别与发动机控制单元插接器E81的76端子、109端子相连接。

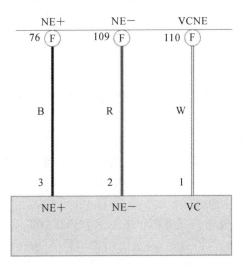

图4-36 凯美瑞曲轴位置传感器电路图

传感器的电阻检测:关闭点火开关,拔下传感器连接器插头,检查传感器插头1♯端子和2♯端子之间的电阻。-10~50 ℃条件下标准阻值为1.6~2.7 kΩ;50~100 ℃条件下标准阻值为2.0~3.2 kΩ。若电阻为无穷大,则说明信号线圈存在断路,应该更换传感器。

2. 热线式空气流量传感器检修

热线式空气流量传感器的连接器有5端子和6端子两种。如图4-37所示为VGSOE型发动机热线式空气流量传感器接线图。其他车型装用的热线式空气流量传感器接线及电路结构与此基本相同,检测差别不大。

E端子:蓄电池供电电压输入端,一般为12 V。

B端子:热线式空气流量传感器信号输出端,输出的信号提供给微机集中控制装置ECCS作控制检测信号。

D端子:热线式空气流量传感器接地(即搭铁)端。

F端子:自清信号输入端,信号来自ECCS控制电路。每当点火开关关闭后,ECCS通过F端子向传感器输入一个自清信号,使传感器内的加热电阻在5 s内升温至1000 ℃左右,并保持1 s后停

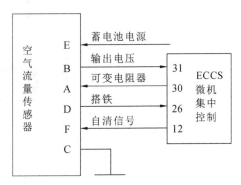

图4-37 热线式空气流量传感器接线图

止,以便将残留在热线上的污垢和油渍等烧掉,保证传感器的准确性。

A端子:调整CO(一氧化碳)的可变电阻输出端子。

1) 开路检测方法

(1) 外观检查。对拆下的空气流量传感器进行外观检查,检查其护网有无堵塞或破裂,并

从进口处查看铂丝热线是否脏污、折断。

（2）静态检查。将蓄电池正极与空气流量传感器插座内的E端子相连，负极与插座内的D端子相连，并将万用表置于10 V直流电压挡，两表笔测量插座的B、D两端子电压，其值应为(1.6±0.5)V。

（3）动态检查。保持上述接线状态不变，用电风扇向空气流量传感器进口吹入空气的同时，用万用表测量B、D端子间的电压，正常值应为2～4 V。若测得值与规定值不符，应更换新的空气流量传感器。

2) 在路检测方法

（1）接通点火开关，不起动发动机，测量插座内E端子与D端子之间的电压，应为12 V左右。

（2）如果E端子与D端子间无电压，再测量E端子与C端子之间的电压，其值为12 V，则说明D端子搭铁不良，应检查D端子与ECCS端子之间的导线或ECCS的搭铁是否良好。

（3）测量B端子与D端子之间的电压，应为(1.6±0.5)V；起动发动机，测量B端子与D端子之间的电压，应在2～4 V变化。

各种型号的热膜式空气流量传感器的检测方法和热线式的基本相同，都是检查传感器的电源电压和信号电压。

3. 爆燃传感器检测

各种爆燃传感器的检测方法都是相似的，如图4-38所示。

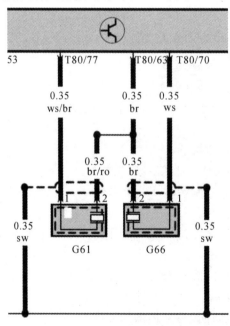

图4-38 迈腾爆燃传感器电路图

1) 万用电表检测法

（1）关闭点火开关，脱开爆燃传感器接线端，脱开ECU接线器。

（2）用万用表测量ECU爆燃传感器信号输入端与爆燃传感器信号输出端子1之间的连线是否导通。如果不通，应检查这段配线及接线器。

(3) 如果检查上述线路无问题,再检查传感器端子 2 与搭铁间是否导通。如果不通,说明搭铁不良。

(4) 如果端子 2 搭铁良好,可进一步脱开爆燃传感器的接线器,单独测量 1、2 两端子的电阻,应接近于 0 Ω,否则说明传感器已损坏。

2) 示波器测波形法

如果测得波形不对或无波形,或在波形不对且发生爆燃时波形振幅基本不变,则可能是传感器损坏。

4.5.2 点火控制模块的故障检修

1. 点火控制模块不能正常工作的原因

一些汽车的电子点火控制系统具有单独的点火控制模块,点火控制模块不能正常工作的原因有以下两方面。

1) 线路连接有故障

线路插接器松动、锈蚀,电源电路、搭铁电路有短路或断路,使点火控制模块电源异常、输入信号异常或输出信号异常,从而导致点火控制模块不能正常工作,并使电子点火控制系统工作异常或不工作。

2) 点火控制模块内部有故障

点火控制模块内部电路异常或元器件烧坏等使电路不能正常工作,从而导致电子点火电路不工作或工作异常。

2. 点火控制模块的检修方法

功能较多的点火控制模块的输入、输出端子较多,故障检修比无触点电子点火系统中用的电子点火器要复杂些,可采用如下的检查方法来判断点火控制模块是否有故障。

1) 端子电压检测法

(1) 首先直观检查插接器有无松动、插接器各端子有无锈蚀和弯曲等,如果发现有问题,予以修理。

(2) 如果直观检查正常,则接通点火开关,测量相关端子的直流电压,并与标准值比较,如果电压有异常,则说明连接电路或电子点火器有故障。例如,测量电源端子电压异常,则需检修电源端子所连接的线路;测量搭铁端子电压不为 0,则需要检修搭铁线路;输出端子电压异常(向传感器提供电源的端子),则说明电子点火器内有故障。

2) 端子电阻检测法

拔下电子点火器插接器后,用电阻表检测插头相关端子的电阻,并与标准值比较,如果电阻异常,说明线路或点火控制模块有故障。例如,检测搭铁端子电阻不为 0,就需要修理搭铁线路。

3) 波形检测法

用示波器检测点火控制模块的各输入控制信号电压波形和输出电压波形。如果输入电压波形正常而输出电压波形不正常,则应更换点火控制模块。

4) 替换法

电压、电阻等检测方法还无法确认故障所在,又无示波器的情况下,可用新的或已确认性能良好的点火控制模块替代原点火控制模块。如果能正常工作,则说明原点火控制模块有故障,需予以更换。

4.5.3 电子控制器的故障检修

1. 电子控制器不能正常工作的故障原因

电子点火控制系统的许多故障都可能与电子控制器(ECU)有关,但 ECU 的故障概率较低。ECU 不能正常工作的可能原因也有两方面。

1) 连接线路异常

ECU 的电源线路、搭铁线路有接触不良或短路,传感器信号输入线路有断路或短路,传感器信号输入端子或执行器控制信号输出端子所连接的部件异常,导致 ECU 不能正常工作。

2) 控制器内部故障

(1) ECU 稳压电源电路短路或断路、元器件烧坏等使 ECU 电源异常,导致 ECU 不能正常工作。

(2) ECU 内部各传感器电源电路短路或断路、元器件烧坏等使相关传感器不能产生信号或信号异常。

(3) ECU 中的 CPU、存储器、接口电路等芯片或电路烧坏,而使控制系统不能工作或工作不正常。

(4) 执行器的驱动电路断路、短路或元器件烧坏而使执行器不能工作。

2. 电子控制器的检修方法

当故障码指示为 ECU 故障,或通过故障分析和相关的检测步骤,最后怀疑 ECU 有故障时,一般通过如下方法予以确认。

1) ECU 各端子电压检测法

(1) 测量电源端子电压。用数字万用表直流电压挡测量 ECU 各电源端子的电压(有的 ECU 电源端子需在点火开关接通时测量),应为蓄电池电压,如果电压低或无,则检查电源电路。

(2) 测量传感器电源端子电压。一些传感器电源由 ECU 内部的电源稳压电路提供,一般为 5 V 左右。用电压表测量 ECU 传感器电源端子的电压,若电压异常或无,则说明 ECU 内部电路有故障,需予以更换。

2) 排除法

通过对 ECU 插接器各端子电压和(或)电阻的测量以及有关部件的检测,排除了所有被检测线路和部件的故障可能性后,如果故障现象依旧,则需更换 ECU。

3) 替代法

用一个新的或已确认性能良好的 ECU 替代原 ECU,如果故障现象消失,则说明原来的 ECU 已损坏,需予以更换。

项目 5　汽车照明、信号系统与检修

知识目标

1. 熟悉汽车照明系统的组成、结构和工作原理；
2. 掌握汽车照明系统电路故障诊断与排除；
3. 熟悉汽车信号系统的组成、结构和工作原理；
4. 掌握汽车信号系统电路故障诊断与排除。

能力目标

1. 能识别汽车信号系统的信号；
2. 能识读典型汽车照明系统电路图；
3. 能根据维修技术要求对汽车照明系统进行检测和维修；
4. 能合理运用检测维修工具进行汽车信号系统维护和维修。

案例导入

张先生经常要加班加到很晚才开车回家。张先生的车具有前照灯自动变光系统，在夜间会车时，前照灯会自动将远光灯变成近光灯，以防止对面驾驶人员眩目。有一天，因为前照灯电控系统的故障，在会车时前照灯没能自动切换，差一点造成交通事故。围绕此故障学习汽车照明系统与信号系统的故障检修。

任务 5.1　汽车照明系统

每年的12月2日为全国交通安全日。那么什么样的驾驶行为最危险？经过网络投票以及交通事故大数据分析，得出最容易引发交通事故的危险驾驶行为是夜间会车开远光灯。

由于汽车前照灯的照明效果直接影响夜间行车的安全，因此世界各国都以法规的形式规定了汽车前照灯的照明标准。其基本内容有：前照灯应保证夜间行车时车前有明亮而均匀的照明，使驾驶员能看清车前100 m以内的路面，部分汽车照明距离应达到200～500 m；前照灯应具有防眩目装置，以避免夜间会车时造成对方驾驶员眩目而发生交通事故。

汽车前照灯属于汽车照明系统的一个部分，汽车照明系统对汽车正常行驶有着非常重要的作用。

5.1.1　汽车照明系统的组成

汽车照明系统由电源、照明装置和控制部分组成。照明装置包括外部灯、内部灯和工作照明灯,控制部分包括各种灯光开关、继电器等。

外部灯又称为外照灯,主要有前照灯、后照灯、前侧灯、雾灯、牌照灯、小灯等,各种外部照明灯在车上的位置如图 5-1 所示。

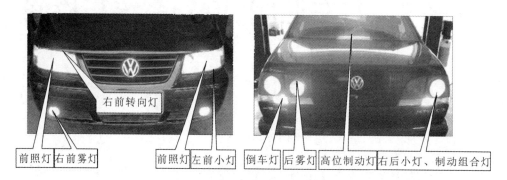

图 5-1　外部照明灯在车上的位置

内部灯包括仪表灯、顶灯、阅读灯等,工作照明灯包括行李厢灯、发动机罩下灯等,如图 5-2所示。

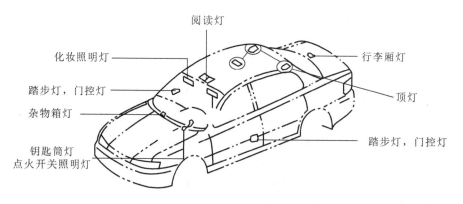

图 5-2　内部照明灯位置

各照明装置名称及特征见表 5-1。

表 5-1　各照明装置名称及特征

名称	位置	功率/W	用途	光色
前照灯	汽车头部两侧	远光灯:40～60 近光灯:20～55	夜间行驶时,照亮车前的道路及物体;用远近光的变换,防止会车时对方驾驶员眩目	白色
雾灯	汽车头部和尾部	前雾灯:45 后雾灯:20	前雾灯:雨雾天改善车前道路照明; 后雾灯:警示尾随车辆保持安全距离	前:黄色 后:红色
牌照灯	汽车尾部牌照上方或左右两侧	5～10	用于夜间照亮汽车牌照,光束不应外射,保证在 25 m 外能认清牌照上的号码	白色
顶灯	驾驶室顶部	5～10	用作驾驶室内照明	白色

续表

名称	位置	功率/W	用途	光色
行李厢灯	汽车行李厢内	5	当开启行李厢盖时,该灯自动点亮,照亮行李厢空间	白色
踏步灯	大中型客车乘客门内的踏步上	3～5	用于夜间乘客安全上下	白色
仪表照明灯	仪表板面上	2	用于照亮仪表指针(刻度板)	白色

5.1.2 汽车前照灯

前照灯(俗称头灯)主要用于夜间行车道路照明,具有防眩目装置,避免夜间两车交会时造成对方驾驶员眩目而发生事故。

1. 汽车前照灯的类型与布置

目前汽车上常使用的前照灯一般为卤素灯,部分车型采用氙气灯或LED灯。

1) 卤素灯

卤素灯就是在灯泡内渗入少量的惰性气体碘(或溴),从灯丝蒸发出来的钨原子与碘原子发生反应,生成碘化钨,当碘化钨接触白热化的灯丝时(温度超过1450 ℃),又会分解还原为钨和碘,钨又重新回归到灯丝中,碘则重新进入气体中。如此循环下来,灯丝几乎不会烧断,灯泡也不会发黑,因此一般比传统的白炽灯寿命更长,亮度更大。现在的汽车普遍采用的是卤素灯。

卤素灯有其独特的配光结构,如图5-3所示,每只灯内有两组灯丝,一组是主光束灯丝,发出的光经灯罩反射镜反射后径直向前射去,这种光源就是平常所说的"远光";另一种是偏光束灯丝,发出的光被遮光板挡到灯罩反射镜的上半部分,其反射出去的光线朝下漫射向地面,不会给对面来车的驾驶员造成眩目,这种光源就是平常所说的"近光"。

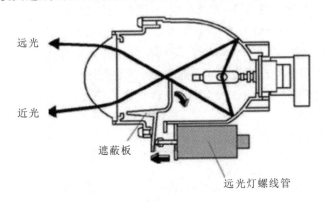

图 5-3 卤素灯的配光结构

2) 氙气灯

氙气灯也称为高强度(气体)放电灯(high intensity discharge lamp),简称HID灯。氙气灯的结构如图5-4所示。氙气灯采用低能耗、高亮度的高效气体放电灯泡,由于灯泡内充有氙气,因此称为氙气前照灯。它所发出的光照亮度是普通卤素灯的2～3倍,而能耗仅为其2/3,

使用寿命可达普通卤素灯的10倍。由于氙气灯能发出高达4000 K色温的光,最接近正午日光的色温,所以有"人造太阳"之称。氙气前照灯极大地提高了驾驶的安全性和舒适性,还有助于缓解人们夜间行驶的紧张与疲劳。驾驶员可在第一时间内发现危险,从而获得足够的反应时间,很大程度上降低了夜间事故的发生率。

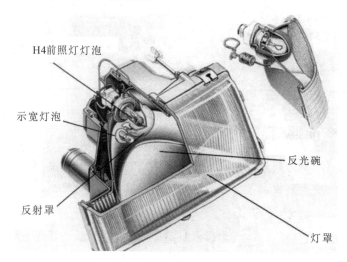

图5-4 氙气灯的结构

3) LED灯

LED(light emitting diode)即发光二极管,是一种固态的半导体器件。当在LED的PN结上加正向电压时,可使P区的空穴注入N区,N区的电子注入P区,这样相互注入的空穴与电子相遇后会发生复合,复合时产生的能量大部分以光的形式出现。光的波长(光的颜色)是由形成PN结的材料决定的。

与传统灯泡比起来,LED灯的优越之处在于:点亮速度更快,比传统灯泡快0.5 s,防止追尾;更强的抗振性能;发光纯度高,无须灯罩滤光,光波长误差在10 nm以内;发光热量很小,对灯具材料的耐热性要求不是很高;光束集中,易于配光控制;耗电量低,达到传统灯泡同等的发光亮度时,耗电量仅为传统灯泡的1/3,省电节油;超长寿命,可达10^5 h以上。

LED灯的缺点主要有以下三个方面:LED车灯比普通车灯成本高;汽车LED大灯普及困难,散热性不好,而散热处理不好容易引起光衰,影响车灯使用寿命;现无出台的行业标准,产品质量参差不齐,同款产品用不同LED生产价格相差较大。

4) 汽车前照灯的布置

前照灯在汽车前方的布置一般如图5-5所示。

2. 自适应前照灯

自适应前照灯系统(adaptive front lighting system,AFS)是一套能根据汽车行驶路况和车辆状态的变化自动对灯光的照度分配进行最优化调节的系统,能够提供最优的行驶安全性和驾驶舒适性。它是一个与行车安全息息相关的主动安全系统,也是目前国际上车灯照明领域最新的技术之一。

1) AFS的优点

AFS具有以下优点。

图 5-5　汽车前照灯的布置

（1）扩大视野,提高主动安全性。使用 AFS 可以增大可视距离,增加反应时间,同时更容易看清行人;能够增强对路面特征的识别(路牙、铁轨、车道线等),能够提前识别路障,扩大周围视野。

（2）提高舒适性。使用 AFS 能够降低驾驶疲劳,增强对路面的注意力。

（3）减少对对面驾驶员和行人的影响。AFS 限制灯光的转动角度(见图 5-6),可以避免灯光对对面驾驶员和行人产生干扰,防止产生眩光。

图 5-6　AFS 防眩光示意图

2）典型 AFS 的功能

AFS 可以实现灯光的俯仰调整控制、水平转动控制和光型调整。

（1）俯仰调整控制。

俯仰调整控制可根据悬架高度传感器计算车身俯仰角,用于调节光轴倾斜角度,使光照距离满足法规和安全要求。其可分为静态调整与动态调整两种情况。静态调整是指当车上的载荷(如增加或减少人员、货物)发生变化时,光轴能够自动进行俯仰调整,如图 5-7 所示。

图 5-7　静态调整

当汽车加速时车头会轻微上翘,当汽车制动时车头会轻微下倾,这两种情况都需要进行灯光的俯仰调整,即动态调整,如图5-8所示。

图5-8 动态调整

俯仰调整控制的主要传感器有悬架高度传感器、纵向加速度传感器、车速传感器、加速踏板传感器、制动踏板传感器等。执行系统采用调光电动机及主ECU。

(2)水平转动控制。

传统前照灯的光线因为和车辆行驶方向保持一致,所以不可避免存在照明的暗区。一旦在弯道上存在障碍物,极易因驾驶员对其准备不足而引发交通事故。安装有AFS的车辆在进入弯道时,可以进行水平转动控制,给弯道以足够的照明,如图5-9所示。系统旋转角度:前照灯向车辆中部的摆动角度为7°,向外侧的摆动角度为15°。

前照灯光轴随转向盘左右旋转,可增加弯道光照距离。水平转动控制的主要传感器有转向盘转角传感器、横摆角速度传感器、车速传感器等。执行系统采用旋转执行器及主ECU。

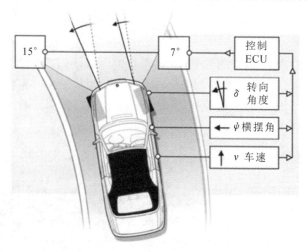

图5-9 水平转动控制

(3) 光型调整。

AFS 可以根据使用情况进行光型调整。在环境照明不好的乡村道路上高速行驶的车辆，如图 5-10(a)所示，需要的是照得远、照得宽的前照灯，同时 AFS 不能产生使对面会车驾驶员眩目的光线。

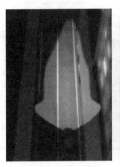  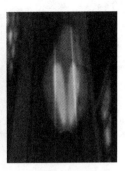

(a) 乡村道路照明　　(b) 高速公路照明　　(c) 恶劣天气照明

图 5-10　光型调整

车辆在高速公路上行驶时，因为具有极高的车速，所以需要前照灯比在乡村道路上照得更远，照得更宽，如图 5-10(b)所示。传统的前照灯存在着在高速公路上照明距离不足的问题，而 AFS 可以根据车速识别高速公路模式，通过抬高光轴倾斜角、缩小左右光轴夹角，使光型变长聚拢。主要传感器是车速传感器。执行系统为旋转执行器、调光电动机及主 ECU。

阴雨天气，地面的积水会将行驶车辆打在地面上的光线反射至对面会车驾驶员的眼睛中，使其眩目，进而可能造成交通事故。AFS 可以根据车身外部传感器识别恶劣天气照明模式，通过抬高光轴倾斜角、增大左右光轴夹角，增加侧面光照，减弱地面可能对会车驾驶员产生眩目光的区域的光强，如图 5-10(c)所示。主要传感器有车速传感器、雨量传感器、雾灯传感器。执行系统采用旋转执行器、调光电动机及主 ECU。

当车速不超过 50 km/h 时，只控制左右光轴的夹角，进行水平角度调整；当车速大于 50 km/h 时，AFS 的 ECU 还要通过抬高光轴的倾斜角进行垂直角度调整。

3) 典型 AFS 的结构

AFS 是一个由传感器组、传输通路、处理器和执行机构组成的系统，如图 5-11 所示。由于需要对多种车辆行驶状态做出综合判断，因此 AFS 是一个多输入、多输出的复杂系统。

AFS 主要部件如下。

(1) 基本前照灯。基本前照灯可以是卤素灯、氙气灯或 LED 灯。

(2) 传感器。传感器包括前桥高度传感器、后桥高度传感器、角度传感器和转速传感器等。传感器将道路情况、行驶速度、转向盘转角、车身高度、车身倾斜度这些参数的变化通过 CAN 总线传输给主 ECU，再传给左、右灯 ECU，ECU 通过收集所有传感器传来的数据控制执行电动机，给出合理的光照强度分布，改善灯光照明。

(3) 雾探测器。雾探测器能在恶劣天气尤其是浓雾条件下，给出真实的实际可视距离，并调整照明方式，以适应恶劣天气，提高雾天驾驶的安全性。

(4) 光敏传感器。随着周围照明环境的改变，由 ECU 发出信号控制近光灯的开启和关闭。该功能在黎明或在隧道中行驶时能较好地体现出来。

(5) 外部灯光识别传感器。外部灯光识别传感器被放置在前照灯内，而合理的光照分布

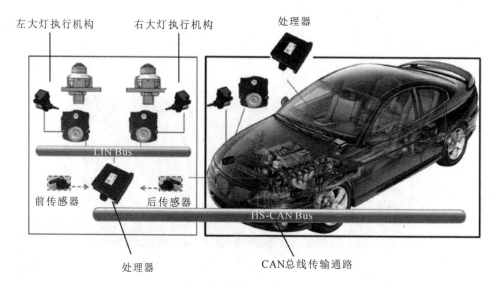

图 5-11 典型 AFS 的组成

依赖于车辆的密度。如果车辆密度大,就降低照准位置以避免使其他驾驶者眩目;如果车辆密度低,如在夜间驾驶时,就提高照准位置给出最优化的可视距离,这就允许驾驶员以更高的速度驾驶。

3. 前照灯系统相关参数

1)反射镜的焦距

用于前照灯的传统反射镜大多为抛物线形,其焦距 f(抛物线定点和焦点之间的距离)为 15～40 mm。

2)自由面的反射镜

现代反射镜的几何形状是用复杂的数学计算(HNS,均匀数值计算表面)得到的。其平均焦距 f 通过反射镜定点和灯丝中心之间的距离来确定,典型值为 15～25 mm。

在反射镜被台阶或小平面分割的情况下,每个分隔区可产生它自身的平均焦距。

3)反射镜照明面积

整个反射镜的平行射线投射到平面上的面积即为反射镜照明面积。该平面大多与汽车行驶方向垂直。

4)有效光通量、前照灯效率

有效光通量是指光源的光通量通过照明部件的反射或折射能提供的有效照明部分(如通过前照灯反射镜投射到路面上的光束)。

短(或有限平均)焦距的反射镜能有效地利用灼热灯丝,因为这样的反射镜向外延伸包围灯泡,允许光通量的大部分转换成有用的光束。

有效光通量大的前照灯其前照灯效率也相应较高。

5)几何可见角度

几何可见角度是指相对于照明设备轴线的角度,如图 5-12 所示。在这些角度内必须能看到照明的表面。

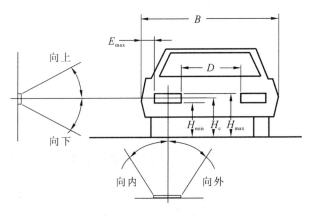

图 5-12 几何可见角度示意图

6）前照灯照明距离

前照灯照明距离指前照灯光束能提供规定照度值的距离。在道路右侧的线上通常要求规定照度值有 1 lx（靠右行驶）。

7）前照灯的几何距离

前照灯的几何距离即路面上明、暗分界线的水平距离。近光偏斜 1‰ 或 10 cm/10 m 的几何距离等于 100 倍的前照灯安装高度（在反射镜中心和路面之间测得）。

8）可见距离

可见距离即在光照区域内能看到物体（车辆等）的距离。

可见距离受以下因素影响：物体的形状、尺寸和反射度，路面形式，前照灯的结构和清洁度以及驾驶员眼睛的生理状况。由于影响因素较多，因此可见距离不可能用精确的数字定量表示。在极端不利的情况下（靠右行驶，物体在湿路面的左侧），可见距离可低于 20 m；在最佳条件下（靠右行驶，物体在湿路面的右侧），可见距离可大于 100 m。

9）信号识别距离

信号识别距离即在有雾或阴暗的条件下，还刚好能看到光学信号（如雾告警灯）的最大距离。

10）生理眩目

生理眩目指由于光源发射强烈、刺目的光而使视力有一定程度的下降的现象。例如，当两辆汽车互相接近时，因眩目而减小了可见距离。

11）心理眩光

心理眩光指使人不舒适的强光。该强光会引起人不舒适的感觉，但不至于降低驾驶员的实际视力。心理眩光按照从舒适到不舒适的不同水平等级来评定。

5.1.3　雾灯与其他照明灯

1）雾灯

雾灯采用波长较长的黄色、橙色或红色光。其穿透能力强，用来在雨雾天气行车时道路的照明和发出警示。

2）牌照灯

牌照灯用于夜间照亮汽车牌照，并作为汽车尾部的灯光标志，装于汽车尾部的牌照上方，由车灯开关控制。

3）顶灯

顶灯用于车内照明。

4）仪表灯

仪表灯用于仪表照明，装于汽车仪表板上，由车灯开关控制。

5）行李厢灯

行李厢灯用于夜间行李厢打开时照明，由车灯开关和行李厢门控开关控制。

任务 5.2　汽车照明系统电路

5.2.1　继电器控制式前照灯控制电路

继电器控制式前照灯控制电路主要由灯光开关、变光开关、前照灯继电器及前照灯组成，是目前车用前照灯最典型、应用最广泛的控制电路。图 5-13 所示为灯光组合开关。

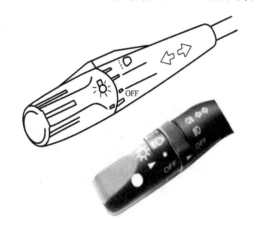

图 5-13　灯光组合开关

当前照灯、前小灯或尾灯及其电路某处搭铁时，如接通车灯开关，熔断器中的熔丝就会因电流过大而立即烧断，使全车灯光熄灭。为避免这一现象发生，在照明电路中增加了一个灯光继电器，如图 5-14 所示。灯光继电器的线圈通过上述搭铁点形成回路，使触点闭合时自动接通两个辅助前照灯，从而避免了行驶中灯光全部熄灭的危险。辅助前照灯与灯光继电器配合，作为灯光失效时的应急灯，提高了灯光线路的可靠性。

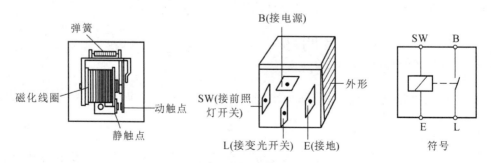

图 5-14　前照灯继电器

5.2.2 前照灯自动变光控制电路

前照灯自动变光控制电路的作用是使汽车在夜间会车时能自动进行远、近光切换,以提高会车时的行车安全性。前照灯自动变光控制电路具体的电路结构有多种形式,但基本原理均相似。图 5-15 所示的是一种自动变光器的电路原理图。

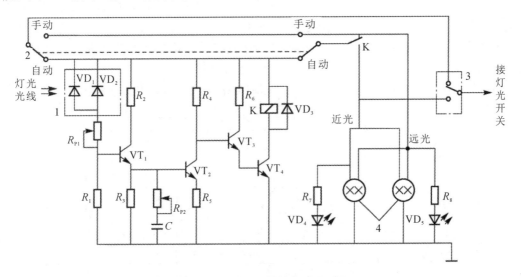

图 5-15　自动变光器的电路原理图

1—灯光传感器;2—手动与自动变光转换开关;3—变光开关;4—前照灯

该自动变光器主要由灯光传感器(VD_1、VD_2)、放大电路(VT_1、VT_2、VT_3、VT_4 等)和变光继电器 K 组成。在夜间行车无迎面来车灯光照射时,灯光传感器(VD_1、VD_2)内阻较大,使得 VT_1 基极没有导通所需的正向电压而截止,于是 VT_2、VT_3、VT_4 的基极也都因无正向导通电压而截止,继电器 K 线圈不通电,继电器的常闭触点接通远光灯。

当有迎面来车或道路有较好的照明度时,VD_1、VD_2 因受迎面灯光照射而电阻下降,使 VT_1 基极电位升高而导通,VT_2、VT_3、VT_4 的基极也随之有正向偏置而导通,于是,继电器 K 线圈便通电,使其常闭触点打开,常开触点闭合,前照灯由远光自动切换为近光。

会车结束后,VD_1、VD_2 因无强光照射而电阻增大,使 VT_1 又截止。此时,电容 C 放电,使 VT_2、VT_3、VT_4 仍保持导通,1~5 s 后,待电容 C 放电至 VT_2 不能维持导通状态时,继电器才断电,前照灯恢复远光照明。延时恢复远光可避免会车过程中由于光照突变而引起的频繁变光,以提高近光会车的可靠性。延时的时间可通过电位器 R_{P2} 进行调整。

该变光控制电路可使前照灯在 150~200 m 处有迎面来车时,自动从远光转变为近光,待会车结束后,又自动恢复前照灯远光照明;在市区保持前照灯近光照明。自动/手动转换开关可以让驾驶员选择自动或手动变光,在自动变光器失效的情况下,通过此开关仍可以实现人工操纵变光。

5.2.3 前照灯自动开灯/延时闭灯控制电路

前照灯自动开灯/延时闭灯系统有两种功能:一种是当环境亮度暗到预定程度时,自动点亮前照灯;另一种是当汽车停车熄火后,使前照灯能保持亮一段时间,为驾驶员离开黑暗的停车场提供照明。

前照灯自动开灯/延时闭灯控制系统由光电控制装置、放大器组件及控制旋钮等组成。光电控制装置的主要部件光敏电阻和放大器单元(感光器)用来感受外界光线的亮度,一般装在仪表里面。光敏电阻的阻值随着光强度的不断减弱而增大,从而控制放大器的工作时间,以控制前照灯电路。

放大器组件由晶体管放大器、灵敏继电器、功率继电器和延时闭灯控制装置组成。它根据光电控制装置产生的信号,自动接通和切断前照灯电路。

控制旋钮通常与前照灯开关装在一起,可用于选择手动或自动闭灯,以及调整闭灯的延迟时间。

前照灯自动开灯/延时闭灯控制电路如图 5-16 所示,其工作原理如下。

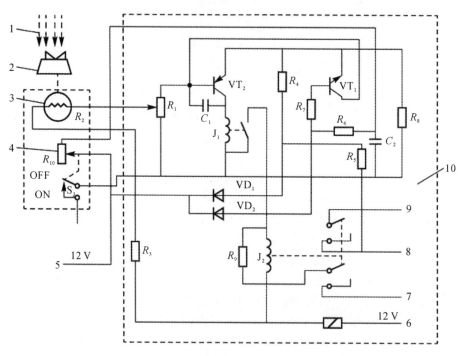

图 5-16 前照灯自动开灯/延时闭灯控制电路

1—自然光;2—光阀;3—光敏电阻;4—前照灯延时电位器;
5、6—电源;7、8、9—到前照灯电路;10—放大器组件

光敏电阻 R_2 由透过风窗玻璃的自然光激发,光通量的大小由光阀进行调整,以适应季节的变化。光敏电阻 R_2 与电阻 R_3 串联接到电源上。三极管 VT_2 的基极经灵敏度控制电阻 R_1 搭铁,同时,经 R_2、R_3 加到 VT_2 管的偏压应调整到刚好使 VT_2 管截止。

当汽车行驶中自然光强度减弱时,光敏电阻 R_2 的阻值增大,VT_2 管基极电位下降。当其电位下降到一定值时,VT_2 管导通,接通灵敏继电器 J_1 线圈电路,触点闭合,接通功率继电器 J_2 线圈电路,吸闭其触点,将前照灯电路接通,反之,将前照灯电路自动切断,从而实现了自动开灯和闭灯功能。电容器 C_1 接在 VT_2 管的集电极和基极之间,使 VT_2 管的导通、截止延迟一段时间,以保证光敏电阻上出现瞬时阴影时不会自动开灯。同时,也保证了汽车在偶尔遇到明亮的灯光时不会自动闭灯。

电路的延时闭灯控制功能是通过三极管 VT_1 来实现的。当车辆停驶并断开点火开关时，VT_1 管使 VT_2 管保持导通，直到电容器 C_2 上的电压降到 VT_1 管的截止电压时，VT_1 管才截止，VT_2 管随之截止，灵敏继电器 J_1 和功率继电器 J_2 触点断开，将前照灯电路切断。延迟时间的长短由电位器 R_{10} 进行调整。

控制旋钮 S_1 可用于选择前照灯的自动控制和手动控制两种状态。当 S_1 处于 ON 位置时，前照灯处于自动控制状态；当 S_1 处于 OFF 位置时，前照灯处于手动控制状态。

5.2.4 前照灯照射角度调整机构及控制电路

车辆的姿势因乘车人数或载重量的变化而变化时，前照灯光束的照射位置也会发生变化，因而不能很好地照亮前方路面。所以设置前照灯照射角度调整机构相当必要。

1. 前照灯照射角度调整机构

当汽车货物载重量和乘员数量发生变化时，可以通过自动调整前照灯光轴和固定角度来提高可视度，减少交通盲区。前照灯照射角度调整机构如图 5-17 所示。前照灯部件以枢轴为中心回转微小角度，借以改变光束的照射角度。调整螺钉用来操纵由电动机和齿轮机构组成的、可正反向旋转的执行器，其来回移动可调整前照灯部分的位置。

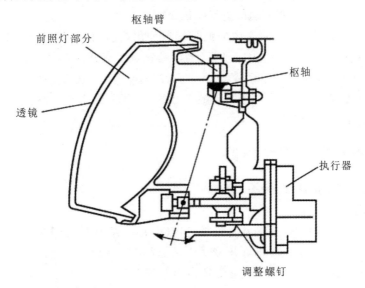

图 5-17 前照灯照射角度调整机构

2. 前照灯照射角度调整控制电路

图 5-18 所示为前照灯照射角度调整控制电路。执行器内组装有执行机构的位置检测传感器，它同电动机联动，使可动触点回转，并检测前照灯部件的位置。调整只可在前照灯光束控制开关为接通（ON）状态时才能进行。用五级光束切换位置为例说明照射角度的调节，其中以位置"0"为基准位置，以位置"4"为最向上位置。

前照灯照射角度的调整控制过程如下。

当从如图 5-18（a）所示的位置"0"转换到位置"3"时，前照灯光束控制开关就选择"3"的位置。继电器 1 通过固定触点 UP→可动触点→固定触点 3→光束控制开关触点 3 后接地，继电

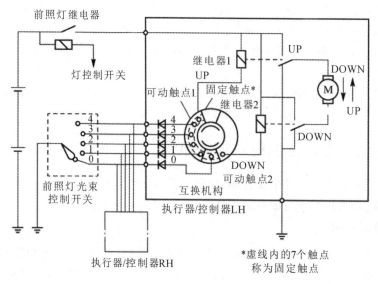
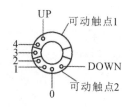

(a) 互换机构在位置"0"时的控制电路　　　　(b) 互换机构在位置"3"处

图 5-18　前照灯照射角度调整控制电路

器 1 触点就向 UP 一侧闭合,使电动机进行 UP 旋转。

由于电动机的 UP 旋转,图 5-17 中的调整螺钉伸出,使前照灯部件向上转动,此时,可动触点做顺时针方向回转。如图 5-18(b)所示,当可动触点 1 离开固定触点 3 的位置时,通向继电器 1 的电路被切断,电动机就自动停止工作。若是使光束从图 5-18(b)所示的位置"3"向下,则将会控制开关"2""1"或"0"。在可动触点 2 的作用下,继电器 2 触点向 DOWN 一侧闭合,使电动机进行 DOWN 旋转。

5.2.5　汽车照明系统电路

桑塔纳轿车的照明电路如图 5-19 所示。

电路分析如下。

前照灯由点火开关和车灯开关共同控制,当点火开关置于 1 挡、车灯开关置于 0 挡时,电流由电源正极→点火开关 1 挡→车灯开关 0 挡→变光开关→熔丝→前照灯→搭铁,前照灯亮。变光开关控制远、近光变换。此外,远光灯还由超车开关直接点动控制,在汽车超车时当作超车信号灯用。

雾灯由点火开关、雾灯继电器、车灯开关控制,雾灯继电器线圈由车灯开关控制,雾灯继电器触点由负荷继电器控制,负荷继电器由点火开关控制。

若要使用雾灯,点火开关必须置于 1 挡使负荷继电器接通,为雾灯继电器触点供电;车灯开关必须置于 1 挡或 2 挡使雾灯继电器接通,这时,车灯开关就可以控制雾灯了。雾灯开关置于 1 挡接通前雾灯的电路,2 挡同时接通前、后雾灯和雾灯指示灯的电路。

牌照灯由车灯开关直接控制,不受点火开关控制,在车灯开关置于 1 挡或 2 挡时亮。

仪表板、时钟、点烟器、雾灯开关、后风窗除霜器开关、空调开关等的照明灯均由车灯开关直接控制。当车灯开关在 1 挡或 2 挡时,上述照明灯均被接通。其亮度可通过仪表灯调光电阻进行调节。

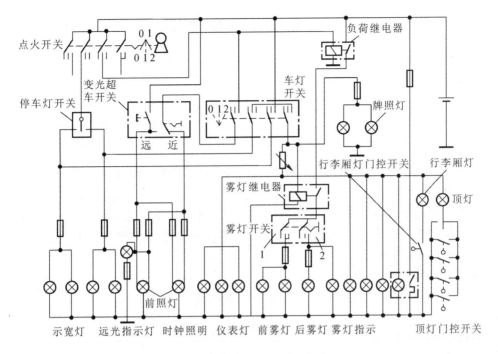

图 5-19 桑塔纳轿车照明电路

顶灯由顶灯开关和门控开关共同控制,当顶灯开关接通时(手动),顶灯亮。当顶灯开关断开时,顶灯由 4 个门控开关控制,只要有一个门关闭不严,这个门控开关就接通,顶灯就亮。

行李厢灯由行李厢灯门控开关控制,当行李厢门打开时,门控开关闭合,行李厢灯亮。

任务 5.3　汽车照明系统电路故障诊断与排除

5.3.1　汽车照明电路常见故障及原因

汽车照明电路常见故障及原因见表 5-2。

表 5-2　汽车照明电路常见故障及原因

故障现象	故障原因
所有灯均不亮	蓄电池到点火开关之间火线断路,车灯开关损坏,电源总熔断丝断开
前照灯远近光不亮	变光开关损坏,远近光电路中的一个导线断路,双丝灯泡中某灯丝烧断,灯泡继电器损坏,车灯开关损坏
前照灯一侧亮,另一侧暗	前照灯暗的一侧存在搭铁不良,变光开关接触不良,左右两侧灯泡的功率不同
前照灯灯光暗	电源电压低,前照灯开关或继电器触点接触不良,熔断丝松动,导线接头松动

5.3.2 汽车照明电路常见故障诊断与排除

1. 前照灯不亮

1) 故障原因

前照灯保险丝烧断;电源线松动或脱落;搭铁线搭铁不良或接插件接触不良;车灯开关或变光开关有故障。

2) 诊断排除方法

诊断时,应根据不同的故障现象采取不同的诊断方法,以提高故障诊断和排除速度。

(1) 一个灯丝不亮。

不论远光还是近光,如果只有一个灯丝不亮,故障往往是该灯丝或其保险丝烧断所致,如果灯丝和保险丝正常而灯不亮,说明该灯线路断路或接触不良,检查排除即可。

(2) 远光灯或近光灯都不亮。

如果远光灯或近光灯都不亮,往往是变光开关有故障或变光开关上的远光灯(近光灯)接线脱落或保险丝烧断。如果变光开关及其接线和保险丝正常而灯不亮,再检修灯丝和线路。

(3) 前照灯都不亮。

如果远光灯和近光灯都不亮,往往是变光开关或其电源线有故障。应首先检查仪表灯是否正常,如果仪表灯工作正常,说明车灯开关的电源线正常,将点火开关接通(必要的话)、车灯开关置于2挡(前照灯接通)位置,检查变光开关上的火线接线柱电压是否正常。若电压为零,说明车灯开关至变光开关之间的线路断路或车灯开关有故障;若电压正常,可以短接变光开关进行试验,灯亮,说明变光开关损坏,应更换;否则检查变光开关后的线路和灯丝,必要时给予修理和更换。

2. 前照灯灯光暗淡

1) 故障原因

蓄电池容量不足,端电压降低;发电机不发电或发电量不足,输出电压低;散光玻璃或反射镜上有尘埃;电线接头松动和锈蚀,使电阻增大;灯丝蒸发、功率降低。

2) 诊断排除方法

诊断时,应根据不同的故障现象采取不同的诊断方法。

(1) 个别灯丝暗淡。

如果只有一个灯丝暗淡,故障往往是该灯丝功率偏低或其线路接触不良,可更换灯泡对比检查,若更换灯泡后,亮度正常,表明原灯泡有故障;否则,检修线路。

(2) 一个灯的两个灯丝都比较暗淡。

如果一个灯的两个灯丝都比较暗淡,故障往往是该灯反射镜、配光镜表面脏污,或灯丝功率偏低,或搭铁线搭铁不良。如果一个灯的两个灯丝都非常暗淡,故障往往是该灯搭铁线断路。如果将该灯良好搭铁后,亮度正常,表明原来搭铁线断路或搭铁不良,重新接好搭铁线;否则,检查灯泡和反射镜、配光镜,必要时进行清洁或更换。

(3) 前照灯都比较暗淡。

如果前照灯都比较暗淡,故障往往是电源电压偏低,或前照灯性能降低,或线路接触不良。

应首先检查电源电压是否正常,如果偏低,检查充电系统;否则检查前照灯及其线路接触情况,视情修理。

3. 前照灯灯丝经常烧坏

1) 故障原因

电压调节器有故障或线路连接错误,导致发电机输出电压过高。

2) 诊断排除方法

检修充电系统,使发电机在各种情况下输出电压都不超过规定值。

任务 5.4　汽车信号系统

汽车信号系统的作用是通过声、光信号向其他车辆的驾驶员和行人发出有关车辆运行状况或状态的信息,以引起有关人员注意,确保车辆行驶的安全。

5.4.1　汽车信号系统的组成

汽车信号系统由声响信号装置和灯光信号装置组成。常见的汽车信号装置及特征如表 5-3 所示。

表 5-3　汽车信号装置及特征

名称	位置	功率/W	用途	光色
转向灯、危险报警灯	汽车头部、尾部和两侧	21	汽车转弯时发出明暗交替的闪光信号;车辆遇到危险时作为危险报警灯发出警示信号	淡黄色
倒车灯	汽车尾部	21	照明车辆后侧,同时警告后方的车辆及行人注意安全	白色
制动灯	汽车尾部	21	当汽车制动或减速停车时,向车后发出灯光信号,以警示随后车辆及行人	红色
示位灯	汽车前面、后面和侧面	5	标示汽车夜间行驶或停车时的宽度轮廓	前:白色或黄色 后:红色 侧:淡黄色
示廓灯	车身的前后左右四角	3~5	标示车辆轮廓	红色
驻车灯	车前、车尾和两侧	3~5	标示车辆形状位置,警示车辆及行人注意避让,以防碰撞	前:白色 后:红色
电扬声器	发动机舱内	—	发出声响,警告行人和其他车辆,以确保行车安全	—

5.4.2 常用信号系统

1. 声响信号装置

声响信号装置包括气喇叭、电喇叭和蜂鸣器等，在汽车起步、超车或倒车、转向时，提醒行人和其他车辆注意。气喇叭是利用气流使金属膜片振动发声的，多用在装有气压制动的载重汽车上。电喇叭的声音清脆悦耳，其音量不超过 105 dB，因而被广泛应用于各种类型的汽车。蜂鸣器有倒车蜂鸣器和转向蜂鸣器之分。

电喇叭直接由喇叭按钮（或通过喇叭继电器）控制；倒车蜂鸣器由倒挡开关控制；转向蜂鸣器由转向开关控制。

2. 灯光信号装置

灯光信号装置包括转向信号灯、制动信号灯、危险警告信号灯及示廓灯、驻车灯、雾灯、门灯等。

1）转向信号灯

转向信号灯简称转向灯，在汽车起步、超车、调头和停车时，左侧或右侧的转向信号灯会发出明暗交替的闪光信号，以示汽车改变行驶方向。汽车的转向信号灯大都采用橙色，转向信号灯的闪光频率应控制在 50~110 次/min 范围内，一般为 60~95 次/min。转向信号灯每侧至少两个——前、后转向信号灯，有的还有侧转向信号灯。转向信号灯由转向开关控制。

2）制动信号灯

制动信号灯简称制动灯，装在汽车尾部两侧，在汽车制动时，发出较强的红光，以示汽车紧急减速，提醒后面的车辆和行人注意。两个制动灯的安装位置应关于汽车的纵轴线对称并在同一高度，制动灯的红色信号应保证夜间 100 m 以外能够看清。

制动灯由安装在制动踏板下面或制动总泵（阀）上的制动开关控制。由于采用双管路制动，有的车辆有两个相互并联的制动开关，分别装在制动总泵（阀）上。

3）危险警告信号灯

危险警告信号灯又称为危险报警灯，前、后、左、右危险警告信号灯同时闪烁表示车辆有紧急情况需要处理。危险警告信号灯与转向信号灯采用同一套灯具，闪烁频率要求与转向信号相同。

4）示廓灯

示廓灯是指示汽车宽度和高度方向轮廓的信号灯，分别称为示宽灯和示高灯。示宽灯包括装在车前部的小灯、车后部的尾灯，它们装在汽车前后两侧的边缘，汽车在夜间行驶时，以示汽车的宽度。

5）驻车灯等

还有一些车辆装有供驻车时标示汽车存在的驻车灯，以及标示车门打开后车辆宽度的门灯等。

3. 电喇叭

电喇叭有筒形、螺旋形和盆形等不同的结构形式。盆形喇叭具有结构尺寸小、质量轻、指向性好等特点，被现代汽车普遍采用。

4. 转向信号灯

转向信号灯电路主要由转向信号灯、闪光器、转向灯开关等组成。转向信号灯的闪烁是由闪光器控制的。许多汽车转向信号灯和示廓灯装在一起,采用双灯丝结构。功率高的是转向信号灯,以保证在示宽灯亮时,转向信号灯的闪烁仍然可以明显分辨。

1) 电容式闪光器

电容式闪光器主要由继电器和电容组成。继电器的铁心上绕有串联线圈和并联线圈,利用电容器充放电时电流方向相反和延时的特性,可以控制继电器串联线圈和并联线圈所产生的电磁力的大小和方向,进而控制常闭触点的开闭状态,使转向信号灯因通过的电流大小交替变化而闪烁。

2) 翼片式闪光器

翼片式闪光器是通过其热胀条通、断电时的热胀冷缩,使翼片产生变形动作来控制触点开闭,进而使转向信号灯闪烁。翼片式闪光器又分为直热式和旁热式两种。

3) 电子闪光器

电子闪光器的结构形式较多,按有无机械触点可分为无触点电子闪光器和由电子元件和继电器组成的有触点电子闪光器;按电子元件的结构形式可分为分立元件电子闪光器和集成电路电子闪光器。电子闪光器主要由振荡电路和放大驱动电路两部分组成。振荡电路的作用是产生性能稳定、占空比在50%左右、频率为65~85 Hz的脉冲信号。放大驱动电路的作用是将脉冲信号放大并驱动转向灯控制器件动作,实现转向灯闪烁。

任务5.5 汽车信号系统电路

5.5.1 汽车转向灯及闪光器电路

转向灯开关如图5-20所示。

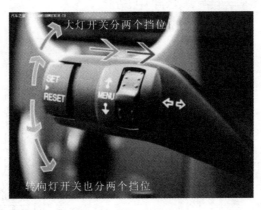

图 5-20 转向灯开关

电容式闪光器的电路如图5-21所示。

常见的转向灯控制电路如图5-22所示。闪光器使得转向信号灯因通过的电流大小交替变化而闪烁。

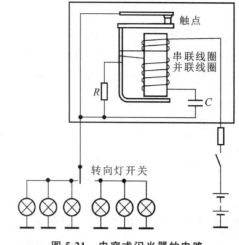

图 5-21 电容式闪光器的电路

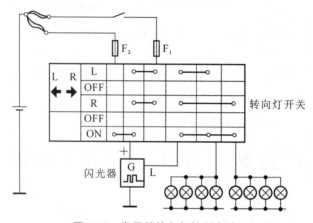

图 5-22 常见的转向灯控制电路

5.5.2 制动与倒车信号装置电路

1. 制动信号装置

制动信号装置主要由制动信号灯和制动信号灯开关组成。制动信号灯开关常见的有气压式(见图 5-23)和液压式(见图 5-24)两种。

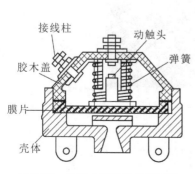

图 5-23 气压式制动信号灯开关

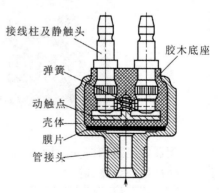

图 5-24 液压式制动信号灯开关

2. 倒车信号装置

倒车信号装置主要由倒车信号灯、倒车报警开关和报警器组成。

倒车报警开关的结构和报警器电路示意图如图 5-25 所示。当挂上倒挡时,倒车报警开关接通,倒车信号灯点亮,报警器开始进行声音警示。

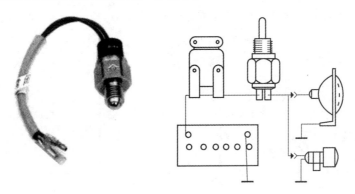

图 5-25 倒车报警开关的结构和报警器电路示意图

5.5.3 扬声器和扬声器继电器电路

盆形电扬声器的结构如图 5-26 所示。

扬声器继电器的结构与接线方法如图 5-27 所示。

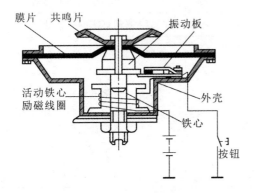

图 5-26 盆形电扬声器的结构

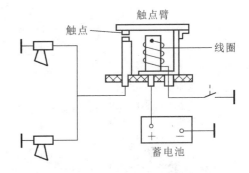

图 5-27 扬声器继电器的结构与接线方法

任务 5.6 汽车信号系统电路故障诊断与排除

5.6.1 信号系统电路常见故障的诊断与排除

转向灯(危险报警灯)常见故障原因与检修方法见表 5-4。

表 5-4　转向灯(危险报警灯)常见故障原因与检修方法

序号	故障现象	原因	检修方法
1	左右灯都不亮	转向灯灯丝断线	更换灯泡
		转向灯电路保险丝熔断	更换保险丝
		蓄电池和开关之间有断路,接触不良	更换或修理配线,修理接触部分
		转向灯开关不良	更换开关
		闪光器不良	更换闪光器
2	左右灯一侧不亮	闪光器不良	更换闪光器
3	亮灭次数少	使用了比规定容量大的灯泡	更换成标准功率灯泡
		电源电压过低	给蓄电池充电
		闪光器不良	更换闪光器
4	亮灭次数多	使用了比规定容量小的灯泡	更换成标准功率灯泡
		信号灯接地不良	修理灯座的接地处
		闪光器不良	更换闪光器
5	左右转向灯的亮灭次数不一样,或其中有一个不工作(非闪光器的故障)	某信号灯灯丝断线	更换灯泡
		指示灯或信号灯断线	更换灯泡
		其中一个使用了非标准功率的灯泡	更换成标准功率灯泡
		灯泡接地不良	修理灯座的接地处
		转向灯开关和转向灯之间有断路、接触不良	修理配线或更换,修理接触部位
6	当刮水器和加热器等工作时,亮灭特别慢或不工作(非闪光器的故障)	蓄电池容量不足	给蓄电池充电
		蓄电池到闪光器之间的电压降太大,配线即将断线	检查接触不良部位并修理
7	有时工作,有时不工作,装置受到震动才工作	闪光器电路的配线即将断线	修理或更换配线
		闪光器不良	更换闪光器
8	转向灯电路的保险丝熔断,更换保险丝后再次熔断	闪光器电路的配线和底盘短路	修理短路处
		灯泡或灯座短路	修理或更换灯泡或灯座
		转向灯开关短路	更换开关
		闪光器不良	更换闪光器

倒车时,倒车灯不亮一般是倒车灯的灯泡损坏、倒车灯开关损坏、线路有断路故障所致。

扬声器不响一般是扬声器损坏、熔断器烧断、扬声器继电器损坏、扬声器按钮故障、线路出现故障所致。可用分段短路法诊断出故障部位。

5.6.2 电扬声器的调整

可使用螺丝刀对电扬声器的音调和音量进行调整,如图 5-28 所示。

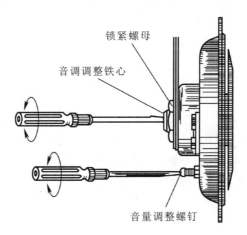

图 5-28　电扬声器的调整

项目 6　汽车仪表、报警系统与检修

知识目标

1. 熟悉汽车仪表系统的组成、结构和工作原理；
2. 掌握汽车仪表系统电路故障诊断与排除方法；
3. 熟悉汽车报警系统的组成、结构和工作原理；
4. 掌握汽车报警系统电路故障诊断与排除方法。

能力目标

1. 能识别汽车仪表与报警系统的信号；
2. 能识读典型汽车仪表与报警系统电路图；
3. 能根据维修技术要求对汽车仪表与报警系统进行检测和维修。

案例导入

客户王先生报修某品牌轿车转速表不工作，需要进行检修并排除故障。要完成该任务，首先应熟悉转速表的功能，能识读转速表的电路图并在此基础上完成电路故障诊断与修复。

本章的学习重点是掌握汽车各种仪表与报警装置的工作原理，了解各种仪表与报警装置的基本结构、电子显示系统的组成。

任务 6.1　汽车仪表系统

汽车仪表的作用是监测汽车的运行状况，使驾驶员随时观察与掌握汽车各系统工作状态的相关信息，因此在驾驶室转向盘的前方台板上装有仪表盘。

由于仪表系统是驾驶员了解汽车工作状况的"眼睛"，对确保汽车行车安全、及时排除故障和避免发动机出现严重故障起着重要的作用，因此要求各个仪表结构简单、工作可靠、显示数据清晰准确，除此之外，仪表的抗震、耐冲击性能也要好。

图 6-1 所示为普通轿车的仪表总成，仪表盘包括了机油压力表、冷却液温度表、燃油表、车速里程表和发动机转速表以及各种报警显示装置等内容。

图 6-1 轿车的仪表总成

1—车速表;2—转向信号灯的指示灯;3—指示灯和报警灯;4—主动巡航控制显示;5—转速表;6—能量控制;7—显示屏(用于显示时钟、车外温度、指示灯和报警灯);8—显示屏(用于显示自动变速器挡位、保养需求日期和剩余的行驶里程、里程表和里程分表、设置和信息等);9—燃油表;10—里程分表复位

6.1.1 燃油表

燃油表用来指示燃油箱内燃油的储存量。它由装在仪表板上的燃油指示表和装在燃油箱内的传感器两部分组成。燃油表有电磁式、动磁式、电热式和交叉线圈式等种类,其传感器均为可变电阻式。

1. 电磁式燃油表

电磁式燃油表的基本结构如图 6-2(a)所示。在燃油表的表壳内绝缘板上,固装着左、右两个成一定角度的铁心线圈 1 和 2。左线圈 1 的两头分别与上、下两接线柱相连,与传感器的可变电阻 4 接成串联;右线圈 2 的一头与下接线柱 9 相连,另一头直接搭铁,与传感器的可变电阻 4 构成并联。两铁心线圈之间装着带指针 10 的软钢转子 3,指针上面是黑底白字的油面高度刻度盘。

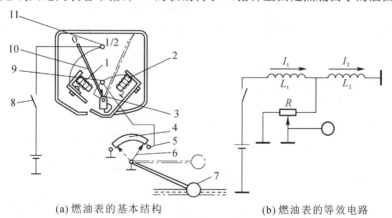

(a) 燃油表的基本结构　　(b) 燃油表的等效电路

图 6-2 电磁式燃油表

1—左线圈;2—右线圈;3—转子;4—可变电阻;5—油面高度传感器;6—滑片;
7—浮子;8—点火开关;9—燃油表接线柱;10—指针;11—传感器接线柱

燃油表的传感器由可变电阻 4、滑片 6 和浮子 7 等组成。当油箱内油位高度变化时,浮子带动滑片移动,从而改变电阻的大小。线圈 1 与可变电阻串联,线圈 2 与可变电阻并联,等效电路如图 6-2(b)所示。其工作原理如下。

当油箱无油时,浮子 7 下沉,可变电阻 4 被滑片 6 短路,线圈 2 同时被短路,无电流通过,此时,线圈 1 中的电流达到最大,产生的电磁吸力最强,吸引转子 3 使指针指向"0"的位置。

当油箱中的燃油增加时,浮子 7 上浮,带动滑片 6 滑动,可变电阻 4 的阻值变大,使线圈 2 中的电流增大,而线圈 1 中的电流减小,在线圈 1 和线圈 2 的合成磁场作用下,转子带动指针向右偏转,指针指向刻度值大的位置。

当油箱装满油时,线圈 2 的电磁力最大,指针指向"1"的位置,当油箱中的油为半箱时,指针指向"1/2"的位置。可变电阻 4 的末端搭铁,可减小滑片 6 与可变电阻 4 接触时产生的火花。

2. 电热式燃油表

电热式燃油表的结构特点是利用双金属片受热变形来代替电磁式燃油指示表中的电磁作用力,因而又常称为双金属片式燃油表。它的传感器与电磁式燃油表的相同,如图 6-3 所示。

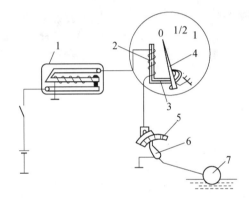

图 6-3　电热式燃油表

1—稳压器;2—加热线圈;3—双金属片;
4—指针;5—可变电阻;6—滑片;7—浮子

当油箱无油时,传感器浮子 7 在最低位置,将可变电阻 5 全部接入电路,加热线圈中的电流最小,所以双金属片 3 没有变形,指针 4 指向"0"的位置;当油箱中的油量增加时,传感器浮子上浮,带动滑片 6 移动,可变电阻的阻值减小,加热线圈中的电流增大,双金属片 3 受热变形,带动指针 4 向右移动。

由于经过加热线圈中的电流除与可变电阻的阻值有关外,还与电流电压有关,因此该电路中需配有稳压器。

油量传感器如图 6-4 所示,其中滑动变阻器的输出阻值依赖于浮子的位置。当油量多时,浮子的位置高,输出电阻小,电流大;当油量少时,浮子的位置低,输出电阻大,电流小。

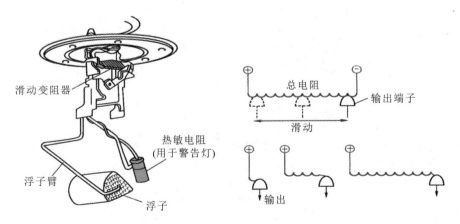

图 6-4　油量传感器

3. 电子燃油表

电子燃油表电路如图 6-5 所示。电子燃油表的传感器仍采用浮子式可变电阻传感器。R_x 是传感器的可变电阻,油箱无油时,其电阻值约为 100 Ω,满油时约为 5 Ω。电阻 R_{15} 和二极管 VD_8 组成稳压电路,其稳定电压作为电路的标准电压,通过 $R_8 \sim R_{14}$ 接到由集成块 IC_1 和 IC_2 组成的电压比较器的反向输入端;传感器的可变电阻 R_x 由 A 端输出电压信号,经电容 C 和电阻 R_{16} 组成的缓冲器后,接到电压比较器的同向输入端。电压比较器将此电压信号与反向输入端的标准电压进行比较、放大,然后控制各自对应的发光二极管,以显示油箱内的燃油量。

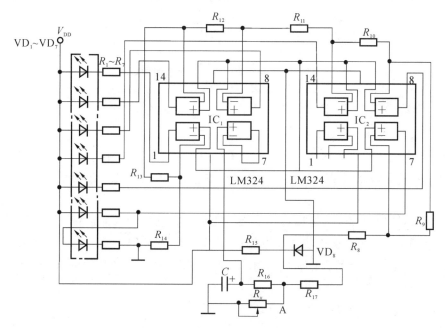

图 6-5 电子燃油表电路图

当油箱内燃油加满时,传感器可变电阻 R_x 阻值最小,A 点电位最低,各电压比较器输出为低电平,此时 6 只绿色发光二极管 $VD_2 \sim VD_7$ 全部点亮,而红色发光二极管 VD_1 因其正极电位变低而熄灭,这表示油箱已满。随着汽车的运行,油箱内的燃油量逐渐减少,绿色发光二极管 VD_7、VD_6、VD_5、…、VD_2 依次熄灭。燃油量越少,绿色发光二极管亮的个数越少。当油箱内燃油用完时,R_x 的阻值最大,A 点电位最高,集成块 IC_2 第 5 脚电位高于第 6 脚的标准电位,第 7 脚可输出高电位,此时红色发光二极管亮,其余 6 只绿色发光二极管全部熄灭,表示燃油量过少,必须给油箱补加燃油。

6.1.2 机油压力表

机油压力表用来指示发动机润滑系统机油压力的大小,以便了解发动机润滑系统工作是否正常。机油压力表的电路由机油压力表和机油压力传感器两部分组成,机油压力表安装在组合仪表内,传感器安装在润滑主油道上。目前进口汽车基本上已取消了机油压力表而用机油报警灯代替,大多数国产汽车还同时装有机油压力表和机油报警灯。

常用的机油压力表有电热式、电磁式和动磁式三种,其中以电热式机油压力表应用最为广泛,它又称为双金属片式机油压力表。电热式机油压力表及传感器的结构如图 6-6 所示。

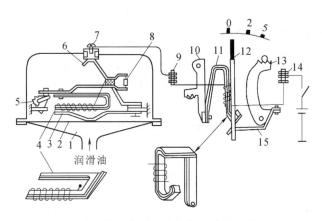

图 6-6 电热式机油压力表及传感器的结构
1—油腔；2—膜片；3、15—弹簧片；4—传感器双金属片；5—调节齿轮；6—接触片；7—传感器接线柱；
8—校正电阻；9—指示表接线柱；10、13—调节齿扇；11—指示表双金属片；12—指针；14—接线柱

1. 电热式机油压力表与传感器结构

机油压力表内装有双金属片 11，其上绕有加热线圈，线圈两端分别与接线柱 9 和 14 相接，接线柱 9 与传感器相接，接线柱 14 经点火开关与电源相接。双金属片的一端弯成弓形，扣在指针 12 上。

机油压力传感器内部装有金属膜片 2，膜片下腔与发动机的主油道相通，发动机的机油压力直接作用到膜片上，膜片 2 的上方压着弹簧片 3。弹簧片 3 的一端与外壳固定并搭铁，另一端焊有触点。双金属片 4 上绕着加热线圈，线圈的一端焊在双金属片的触点上，另一端焊在触片 6 上。

2. 电热式机油压力表工作原理

当点火开关闭合时，电流的流向为：蓄电池正极→点火开关→接线柱 14→指示表双金属片 11 的加热线圈→接线柱 9→传感器接线柱 7→触片 6→传感器双金属片 4 的加热线圈→弹簧片 3→搭铁，回到电源负极。电流通过双金属片 11 和 4 的加热线圈时就会使双金属片受热变形。

如果油压很低，则传感器中的膜片几乎没有变形，这时作用在触点上的压力很小。电流通过不久，温度略有上升，双金属片就开始弯曲，使触点分开，电路即被切断。经过一段时间后，双金属片冷却伸直，触点又闭合，电路又被接通。但不久触点又会再次因受热分开，如此循环变化。因此当油压很低时，只要较小的电流流过加热线圈，温度略升高，触点就会分开。这样使触点打开的时间长，闭合的时间短，因而电路中电流的有效值小，使指示表中双金属片因温度较低而弯曲程度小，指针向右偏移角度就小，即指示较低的油压值。

当油压增高时，膜片向上拱曲，加在触点上的压力增大，双金属片向上弯曲程度增大，这样，只有在双金属片温度较高时，也就是要加热线圈通过较大的电流，经过较长的时间后，触点才能分开，而且当触点分开不久，双金属片稍一冷却触点又很快闭合。因此当油压高时，触点断开状态的时间缩短，频率增高，指针偏摆角度大，指向高油压值。

为使油压的指示值不受外界温度的影响，双金属片制成"n"形。其上绕有加热线圈的一边称为工作臂，另一边称为补偿臂。当外界温度变化时，工作臂的附加变形被补偿臂的相应变形所补偿，使指示表的示值保持不变。

6.1.3　冷却液温度表

冷却液温度表用来显示发动机冷却水套中冷却液的温度,由水温指示表和冷却液温度传感器组成。冷却液温度表有双金属片式和电磁式两种类型。由于双金属片式冷却液温度表的结构和原理与双金属片式机油压力表的基本相同,下面主要介绍电磁式冷却液温度表。

电磁式冷却液温度表的结构如图 6-7 所示,其总成是一个铜壳与六角形外壳的密封体,对外只有一个接线螺钉,外壳搭铁。冷却液温度表中传感器多采用负温度系数的热敏电阻,其电阻值随温度升高而下降。

当电源开关接通时,电流由蓄电池正极→电源开关→电阻 R→线圈 L_2→分两路(一路流经热敏电阻,另一路流经线圈 L_1)→搭铁→蓄电池负极构成回路。

当水温低时,传感器中热敏电阻的阻值大,流经线圈 L_1 与 L_2 的电流相差不多,但由于 L_1 的匝数多,产生的磁场强,带指针的衔铁会向左偏转,使表针指向低温刻度;当水温升高时,热敏电阻阻值减小,分流作用增强,流经 L_1 的电流减小,磁场力减弱,衔铁向右偏转,表针指向高温刻度。

检查电磁式温度传感器和水温指示表时,可拆下传感器上的接线,测量传感器输入端与搭铁之间的电阻。若室温下热敏电阻的阻值为 100 Ω 左右,则表明传感器良好。另用一阻值为 80～100 Ω 的电阻代替传感器直接搭铁,当接通电源时,如果水温指示表的表针指在 60～70 ℃,则表明水温指示表良好。

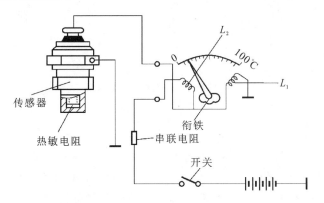

图 6-7　电磁式冷却液温度表的结构

6.1.4　车速里程表

车速里程表是用来指示汽车行驶速度和累计行驶里程数的仪表,由车速表和里程表两部分组成,车速里程表有磁感应式、电子式两种类型。

1. 磁感应式车速里程表

磁感应式车速里程表又称为永磁式车速里程表,其结构如图 6-8 所示。磁感应式仪表没有电路连接,它是由变速器输出轴上的一套蜗轮、蜗杆以及挠性软轴来驱动的。

车速表由永久磁铁、带有轴及指针的铝碗、罩壳和紧固在车速里程表外壳上的刻度盘等组成。

罩壳是固定的,铝碗是杯形的,与永久磁铁及罩壳间具有一定的间隙,没有机械连接。铝碗是与指针一起转动的,在静态时,盘形弹簧(游丝)的作用使指针指在刻度盘"0"的位置上。

车速表的工作原理:当汽车直线行驶时,变速器输出轴上的蜗轮、蜗杆以及软轴等带动永久磁铁转动,同时在铝碗上感应出涡流,产生转矩,使铝碗反抗游丝向永久磁铁转动方向转动,同时带动指针转动一个角度,因为涡流的强弱与车速成正比(车速越高,磁场切割速度越快),所以指针指示的速度也必定与汽车的行驶速度成正比。

里程表是由蜗轮、蜗杆和计数轮组成的,蜗轮、蜗杆和汽车的传动轴之间具有一定的传动比。在汽车行驶时,软轴驱动车速里程表的小轴,经3对蜗轮、蜗杆带动里程表的第一计数轮转动。第一计数轮上的数字为1/10 km,每两个相邻的计数轮之间又通过本身的内齿和进位计数轮的转动齿轮,形成1:10的传动比。这样,在汽车行驶时就可以将其行驶里程不断累计起来。

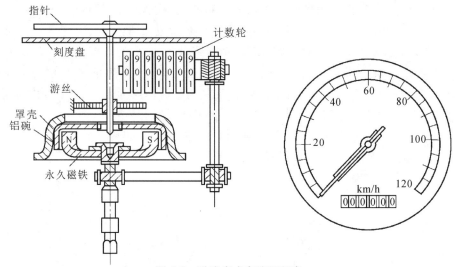

图 6-8 磁感应式车速里程表

2. 电子式车速里程表

1) 车速传感器

车速传感器由变速器驱动,能够产生正比于汽车行驶速度的电信号。它由一个舌簧开关和一个含有4对磁极的转子组成,如图6-9(a)所示。变速器驱动转子旋转,转子每转一周,舌簧开关中的触点闭合、打开8次,产生8个脉冲信号,汽车每行驶1 km,车速传感器将输出4127个脉冲。

2) 车速表的电子电路

该电子电路的作用是将车速传感器送来的电信号整形、触发,输出一个电流大小与车速成正比的电流信号。其基本组成主要包括稳压电路、单稳态触发电路、恒流源驱动电路、64分频电路和功率放大电路,如图6-9(b)所示。

3) 车速表

车速表是一个电磁式电流表,当汽车以不同车速行驶时,从电子电路接线端6(见图6-9(b))输出的与车速成正比的电流信号便驱动车速表指针偏转,即可指示相应的车速。

4) 里程表

里程表由一个步进电动机和一个6位数字的十进制齿轮计数器组成。车速传感器输出的频率信号,经64分频后,再经功率放大器放大到足够的功率,驱动步进电动机,带动6位数字的十进制齿轮计数器转动,从而记录行驶的里程。

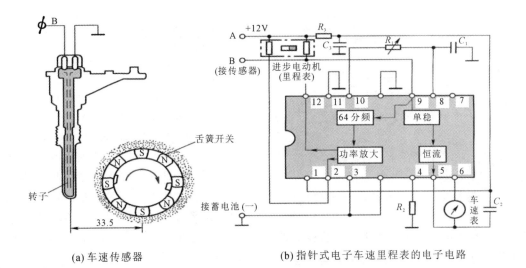

(a) 车速传感器　　　　　　(b) 指针式电子车速里程表的电子电路

图 6-9　电子式车速里程表

6.1.5　发动机转速表

发动机转速表是用来指示发动机转动速度的,发动机转速表分为机械式和电子式两种。电子式转速表结构简单、指示精确且安装方便,被广泛应用。

电子转速表获取转速信号的方式有三种:从点火系统获取脉冲电压信号、从发动机的转速传感器获得转速信号、从发电机获取转速信号。汽油发动机电子式转速表都是从点火系统的一次电路获取触发信号。图 6-10 为桑塔纳轿车转速表电路原理图,转速信号来自于点火系统的一次电路。

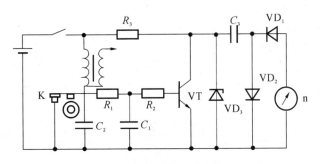

图 6-10　桑塔纳轿车转速表电路原理图

工作原理如下:

当断电器触点 K 闭合时,三极管 VT 因基极搭铁而处于截止状态,电源经 R_3、C_3、VD_2,向电容 C_3 充电;

当触点 K 断开时,三极管 VT 由截止转为导通,此时电容 C_3 经三极管 VT、转速表 n 和二极管 VD_1 构成放电回路,驱动转速表。

发动机工作时,断电器触点的开闭频率与发动机的转速成正比,电容 C_3 不断进行充放电,通过转速表 n 的放电电流平均值也与发动机的转速成正比。电路中的稳压管 VD_3 使电容 C_3 有一个稳定的充电电压,以提高转速表的测量精度。

任务6.2 汽车电控仪表

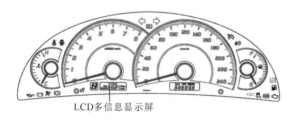

图 6-11 丰田凯美瑞车型电控仪表

汽车电控仪表一般由传感器、控制单元和显示装置三部分组成。电控仪表的作用与前面介绍的常规机电模拟式仪表基本相同,都是从各种传感器接收信号,将信号处理后通过显示器显示数据,使驾驶人了解行车的相关信息。其区别在于电控仪表通过仪表中的微处理器和各种集成电路处理各种传感器的信号,然后在显示装置上显示出来。传统仪表的显示装置大多采用机械模拟式的显示设备,电控仪表显示设备主要有步进电动机指针式显示装置和液晶显示装置。丰田凯美瑞车型电控仪表如图 6-11 所示。

电控仪表在车上多为一个独立的总线模块,由仪表 ECU、传感器和开关、显示装置等组成,其系统原理如图 6-12 所示。

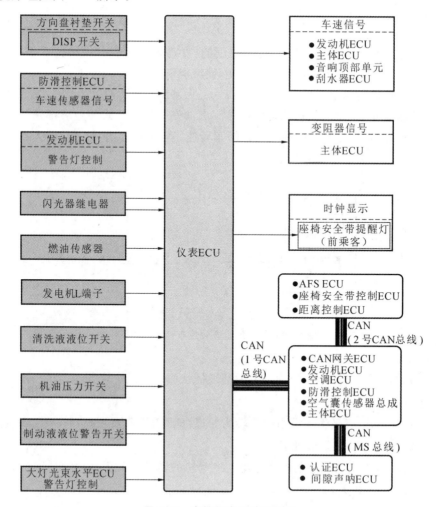

图 6-12 电控仪表系统原理图

电子显示器件可分为发光型和非发光型两大类。发光型的显示器件有发光二极管(LED)、真空荧光管(VFD)、阴极射线管(CRT)、等离子显示器件(PDP)和电致发光显示器件(ELD);非发光型的显示器件有液晶显示器(LCD)等。

任务6.3 汽车仪表系统电路故障诊断与排除

在所有汽车仪表电路中,大部分都配有电源稳压器,而且不论是电磁式仪表还是电热式仪表,又都配有传感器。这样,在仪表故障中,若两个或两个以上仪表同时不工作,应先检查仪表熔丝和电源稳压器是否有故障;若单个仪表不工作,应首先确定故障是在传感器还是在仪表。

6.3.1 传统仪表故障诊断

1. 单个仪表不工作

首先检查传感器的接线是否完好,如正常,可将传感器的接线断开,用万用表检测传感器的接线是否有电。如没有电,应检查传感器到仪表及蓄电池的电路;如有电,再检测线路。这里介绍压力表和冷却液温度表不工作故障,其他仪表故障诊断类似。

1) 压力表没有指示的故障检修

故障现象:点火开关接通,起动发动机后,正常运转,但机油压力表指针不动。

故障原因:① 机油压力传感器;② 燃油表头;③ 机油油路、油泵和连接线路等。故障诊断与排除步骤如图6-13所示。

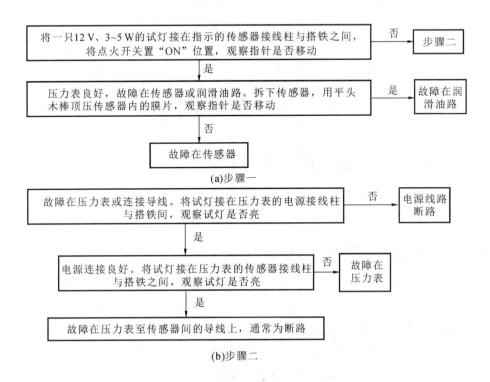

图6-13 压力表故障诊断流程图

2）冷却液温度表没有指示的故障检修

故障现象：起动发动机后，正常运转 20 min。冷却液温度表指针不动。

故障原因：① 冷却液温度传感器；② 冷却液温度表表头；③ 连接线路。故障诊断与排除步骤如图 6-14 所示。

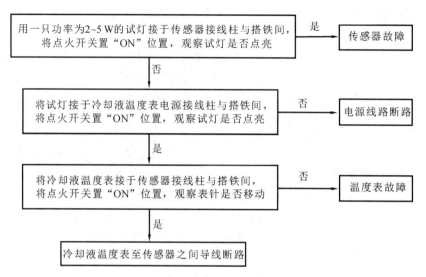

图 6-14　冷却液温度表故障诊断流程图

2. 两个或两个以上仪表同时不工作

首先检查熔丝，若熔丝正常，再检查电源稳压器，如图 6-15 所示。

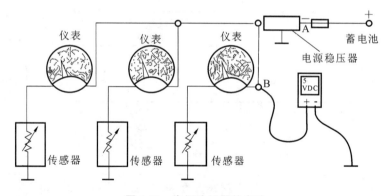

图 6-15　电源稳压器的电路

6.3.2　数字仪表的检测方法

一般来说，使用电子化仪表的汽车都采用电子控制，其中包括对电子化仪表系统的控制，即对来自各种传感器信号的处理和仪表的显示都是由微机控制的。使用微机控制的汽车一般都具有故障自诊断系统，利用该系统，可以对电子化仪表系统进行自检，检查电子化仪表系统的功能是否正常，并对其故障进行诊断。若有故障，就可以读出故障码。查阅有关手册，就可以了解故障码代表的故障原因，找出相应的处理方法。

对于汽车仪表装置的故障诊断，除了依靠车载计算机自诊断系统进行自诊断以外，还可以使用专门的检测设备进行检测和诊断。这些检测设备属于外接设备,可以直接插入汽车微机的相应插槽内使用。现代汽车上的电器仪表的作用越来越大,随之产生的故障也相应增多,现介绍几种诊断故障的简易方法。

1. 短接法

在其他电器仪表工作均正常、只有与稳压器相连的仪表(如燃油表、电磁式冷却液温度表等)不工作时,可利用短接法进行检查。用导线将稳压器的输入、输出端短接,这时与稳压器相连的仪表指针若立即偏转,则说明稳压器内部存在故障。

2. 对比法

电器仪表读数不准时,可采用对照比较法进行校验检查。在相同的工况条件下,比较被校验的仪表与标准仪表的读数,可判断被校验仪表的技术状况。例如:检验汽车电流表时,可将被试电流表与标准电流表及可变电阻串联在一起,接通蓄电池电流,逐渐调小可变电阻,比较两个电流表的读数,若相差超过20%,则说明电流表存在故障,应予以修复或更换。

3. 搭铁法

当汽车电器仪表读数异常,通过分析,推断可能是传感器搭铁不良或损坏,以及传感器与指示仪表间的导线存在断路故障时,常采用搭铁法进行检查。用导线将有关接线柱搭铁,可判断故障的原因及部位。接通点火开关后,对于电磁式燃油表,无论油箱存油多少,燃油表指针均指向"1";对于双金属片式燃油表,燃油表指针则均指向"0"。以上情况均说明相应仪表传感器可能搭铁不良、损坏,或者是传感器与指示仪表间的导线存在断路故障,此时,可利用搭铁法进行检查。首先,将传感器与导线相连的接线柱搭铁,若指针转动,说明传感器损坏或搭铁不良。若指针不转动,可用导线将指示仪表上接传感器的接线柱搭铁,若指针转动,则为传感器与指示仪表间的导线存在断路故障;若指针仍不转动,则说明指示仪表内部损坏或其电源线断路。

4. 拆线法

当汽车电器仪表读数异常,通过分析,推断可能是传感器内部或传感器与指示仪表间的导线存在搭铁故障时,常采用拆线法进行检查,即通过拆除有关接线柱上的导线来判断故障的原因及部位。以电磁式燃油表为例,当传感器内部搭铁或浮子损坏,以及传感器与燃油表间的导线搭铁时,无论油箱内油量多少,接通点火开关后,燃油表指针总指向"0",此时可采用拆线法进行检查。首先,拆下传感器上的导线,若此时燃油表指针向"1"处移动,则说明传感器内部搭铁或浮子损坏。若指针仍指向"0",则应拆下燃油表上的传感器接线柱导线,若仪表指针向"1"移动,为燃油表至传感器间的导线搭铁;若指针仍不动,则可能是燃油表内部损坏或其电源线断路。

任务6.4　汽车报警系统

为了保证行车安全和提高车辆的可靠性,如今的车辆上安装了越来越多的报警装置。例如在机油压力过低、燃油储存量过少、冷却液温度过高以及汽车制动液液面高度不足等情况下,报警装置便会自动发出报警信号。报警装置一般均由传感器和报警灯组成。

6.4.1 机油压力报警装置

在很多汽车上,除装有机油压力表外,还装有机油压力报警装置。其目的是使驾驶员能注意到润滑系统中的机油压力降低到允许的下限,提醒驾驶人迅速采取措施,避免发动机的进一步损毁。报警装置由机油压力报警灯传感器和报警灯组成,后者的线路如图6-16(a)所示。机油压力报警灯开关有膜片式和弹簧管式两种。

1.膜片式机油压力报警装置

膜片式机油压力报警灯传感器结构如图6-16(b)所示。传感器的活动触点固定在膜片上,固定触点设置在传感器的壳体上。无油压或油压低于某一数值时,弹簧压合触点,接通电路,报警灯发亮。当油压达到某一定值时,膜片上凸触点分开,报警灯熄灭。

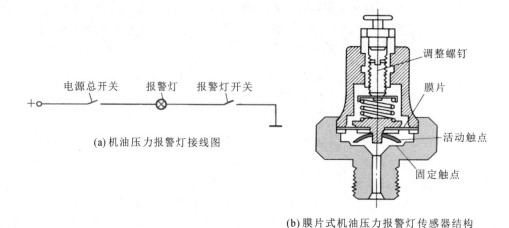

(a)机油压力报警灯接线图

(b)膜片式机油压力报警灯传感器结构

图6-16 膜片式机油压力报警灯装置

2.弹簧管式机油压力报警装置

东风EQ1090E型载货汽车的弹簧管式机油压力报警装置如图6-17所示。它由装在发动机主油道上的弹簧管式传感器和仪表板上的红色报警灯组成。当油压低于某一定值(0.05~0.09 MPa)时,管形弹簧变形较小,触点闭合,电路接通,报警灯发亮。当油压超过某一定值(0.05~0.09 MPa)时,管形弹簧变形大,触点分开,电路断开,报警灯熄灭,机油压力正常。

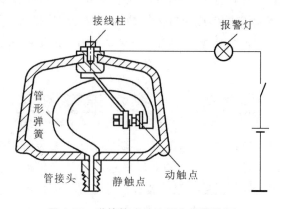

图6-17 弹簧管式机油压力报警装置

6.4.2 冷却液温度报警装置

冷却液温度报警装置的作用是当冷却系统冷却液温度升高到一定限度时,报警灯自动发亮,以示警告。冷却液温度报警装置如图 6-18 所示。在传感器的密封套筒内装有条形双金属片,双金属片自由端焊有动触点,而静触点直接搭铁。当温度升高到 95～98 ℃ 时,双金属片向静触点方向弯曲,使两触点接触,红色报警灯便通电发亮。

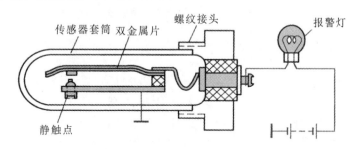

图 6-18　冷却液温度报警装置

6.4.3 燃油油量报警装置

当燃油箱内燃油减少到某一规定值时,为告知驾驶人以引起注意,在几乎所有的汽车上,均装有燃油油量报警装置,如图 6-19 所示,该装置由热敏电阻式燃油油量报警传感器和报警灯组成。

当燃油箱内燃油量多时,负温度系数的热敏电阻元件浸没在燃油中,散热快,其温度较低,电阻值大,所以电路中电流很小,报警灯处于熄灭状态。当燃油减少到规定值以下时,热敏电阻元件露出油面,散热慢,温度升高,电阻值减小,电路中电流增大,则报警灯发亮,以示警告。

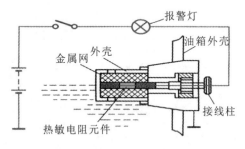

图 6-19　燃油油量报警装置

6.4.4 制动液液面报警装置

制动液液面报警灯的传感器装在制动液储液罐内,如图 6-20 所示。该装置的外壳内装有舌簧开关,开关的两个接线柱分别与液面报警灯、电源相接,浮子上固定着永久磁铁。

当浮子随着制动液液面下降到规定值以下时,永久磁铁的吸力吸动舌簧开关,使之闭合,接通报警灯,发出警告。制动液液面在规定值以上时,浮子上升,吸力不足,舌簧开关在自身弹力的作用下断开报警灯电路。

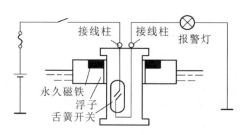

图 6-20 制动液液面报警装置

6.4.5 制动信号灯断线报警装置

在制动信号灯电路中接有左右两个电磁线圈以及舌簧开关,报警灯与舌簧开关串联,如图 6-21 所示。

在正常情况下制动时,踩下制动踏板,制动灯开关接通,电流分别经左右电磁线圈使左右制动信号灯亮。此时,两线圈所产生的磁场互相抵消,报警灯不亮。若左(或右)制动信号灯断路(或灯丝烧断),则左(或右)电磁线圈无电流通过,而通电的线圈所产生的磁场吸力吸动舌簧开关触点闭合,报警灯亮,以示警告。

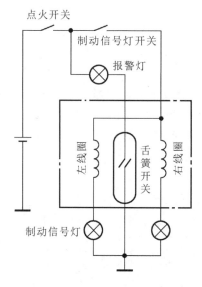

图 6-21 制动信号灯断线报警装置

任务 6.5 汽车报警系统电路

汽车报警信号装置一般由点火开关控制,点火开关接通后,所有报警信号装置及报警开关进入正常工作状态。

桑塔纳 2000 型轿车采用 SQ-16 型仪表板,该仪表板的各报警指示灯具有送电自检功能(即打开点火开关后各指示灯自动点亮几秒钟,以证明各指示灯工作正常),重要信号(如机油液位和冷却液液位)采用闪烁方式和蜂鸣器鸣响方式报警,使报警效果更加醒目强烈。桑塔纳 2000 型轿车将冷却液温度和冷却液液位两个报警功能分开了,还增加了燃油量过低报警功能,可以使驾驶员更确切地了解发动机的工作状态。

仪表板接收来自机油压力、汽油液位、冷却液液位和冷却液温度等方面的信号,经电路板处理后,分别由水温表、汽油表显示出来,由冷却液液位报警灯、汽油油量报警灯、冷却液温度报警灯、机油压力报警灯及机油压力蜂鸣器来报警,从而实现在发动机系统出现故障时通知驾驶员的电路检测功能。

该电路板上的核心元件是四电压比较器集成电路LM339,其内部有4个独立的电压比较器电路,如图6-22和图6-23所示。

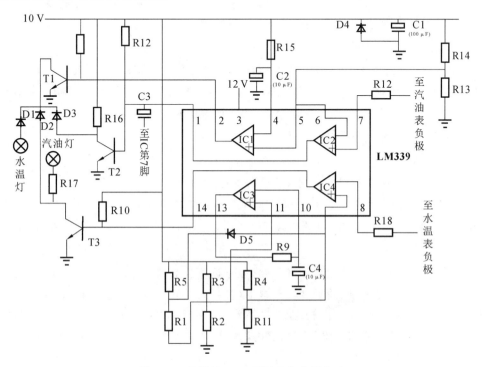

图 6-22　桑塔纳 2000 型轿车仪表板电路

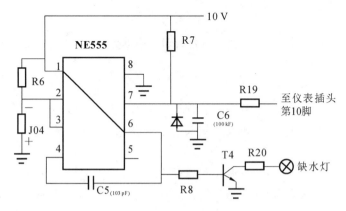

图 6-23　桑塔纳仪表水温报警灯部分的电路

1. 自检功能的实现

在该电路中,IC1 的输入"−"端对地之间接有电容 C2,电阻 R13 和 R14 组成分电压电路,把 10 V 的电源电压降到某一固定值,送给 IC1 的输入"+"端,在点火开关接通的瞬间,电源电压通过电阻 R15 给电容 C2 充电,因电容两端的电压不能突变,所以在大约 3 s 的时间内,IC1 的"＋"输入端比"－"输入端电压高,因此其输入高电平,驱动三极管 T1 导通,点亮 3 个指示灯(冷却液温度过高报警灯、汽油液位过低报警灯、冷却液液位过低报警灯),实现自检功能。

2. 汽油液位过低报警的实现

由汽油油量传感器送来的信号,一路送给汽油表,另一路经电阻 R12 送给 IC2 的输入"＋"端,IC2 的输入"－"端被分压电阻固定在某一电压值,随着汽油油量的减少,该信号(汽油液位)电压逐渐上升,当输入"＋"端电压超过输入"－"端时,IC2 输出高电平,三极管 T2 导通,点亮汽油液位过低报警灯,实现报警功能。

3. 水温过高报警的实现

与汽油液位过低报警灯的工作状态类似,只是水温过高的信号电压是随着温度的上升而下降的,当温度上升到报警温度时,IC4 的输入"－"端电压下降,当低于固定电压时,IC4 输出高电平,驱动 T3 导通,点亮水温过高报警灯,实现报警功能。

4. 冷却液液位过低报警的实现

由 NE555 组成振荡电路,该电路受控于冷却液不足报警继电器。由冷却液液位传感器送来的信号,经冷却液不足继电器处理后,送到仪表板插头上,再经电阻 R19 送到 NE555 的第 2 脚,当第 2 脚为高电平时,振荡电路开始工作,从 NE555 的第 3 脚送出频率大约为 2 Hz 的方波信号,经电阻 R20 输出到三极管 T4 的基极,使 T4 驱动冷却液液位过低指示灯以 2 Hz 的频率闪烁报警。

5. 关于电压比较器

电压比较器是一种常用的信号处理电路,属于运算放大器电路的一种应用方式,它广泛应用于电压比较、脉冲幅度鉴别、波形变换和整形电路等方面。电压比较器可以用来判别两输入信号电平之间的相对大小,每当同相端(记作"U＋")和反相端(记作"U－")电压的差值为正时,比较器的输出为高电平(记作"Uh"),反之则输出低电平(记作"Ul"),即当(U＋)－(U－)＞0 时,Uo＝Uh;当(U＋)－(U－)＜0 时,Uo＝Ul;而当(U＋)－(U－)＝0 时,其输出将改变状态。

任务 6.6 汽车报警系统电路故障诊断与排除

1. 报警装置不工作

如果所有报警装置都不工作,往往是由保险装置、稳压电源故障或电源线路断路引起的,可以按先检查保险装置是否正常,再检查线头有无脱落、松动及电源是否正常,最后检查稳压电源的顺序进行检修。

如果个别报警装置不工作,往往是由报警装置、报警开关故障或对应线路断路等引起的。可以按先检查线头有无脱落、松动,再检查报警开关,最后检查报警装置的顺序进行检修。

2. 报警装置工作不正常

报警装置工作不正常是指报警装置不能及时或适时地工作。一般是报警电路或报警开关有故障,可用检测设备检查报警开关在规定条件下能否正常工作。这里以燃油油位报警灯不亮和机油压力报警灯不亮为例说明。

1) 燃油油位报警灯不亮的故障检修

故障现象：点火开关接通"ON"挡，燃油油位报警灯不亮。

故障可能部位：燃油油位报警灯开关、报警灯灯泡、连接线路。故障诊断与排除流程如图 6-24 所示。

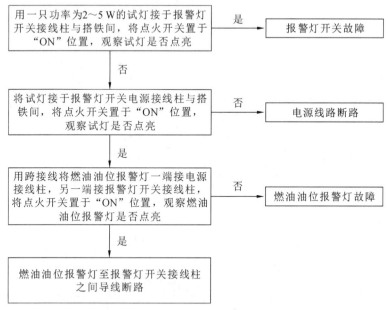

图 6-24　燃油油位报警灯不亮诊断流程图

2) 机油压力报警灯不亮的故障检修

故障现象：点火开关接通"ON"挡，机油压力报警灯不亮。

故障可能部位：机油压力传感器、报警灯灯泡、连接线路。故障诊断与排除流程如图 6-25 所示。

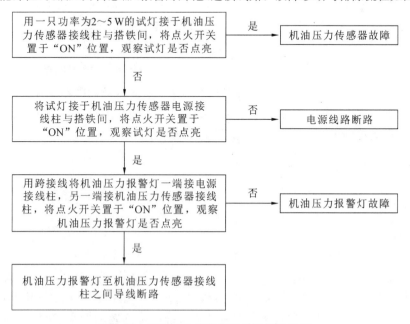

图 6-25　机油压力报警灯不亮诊断流程图

项目 7　汽车空调系统与检修

知识目标

1. 熟悉汽车空调的组成、结构和工作原理；
2. 了解汽车空调的类型及其区别；
3. 熟悉空调控制系统及控制电路；
4. 掌握空调控制原理，能分析故障原因。

能力目标

1. 能识别汽车空调系统设备和控制元件；
2. 能识读典型汽车空调系统电路图；
3. 能根据维修技术要求对空调控制系统进行检测和维修。

案例导入

一辆行驶了 8 万千米的捷达轿车，在使用空调进行制冷过程中出现不制冷的情况，需对其空调系统进行故障诊断和检修工作。

任务 7.1　汽车空调系统

空调是空气调节（air conditioning，A/C）的简称，其作用是对封闭的空间进行温度、湿度及空气的清洁度等调节控制。空调是汽车现代化的标志之一，现代汽车空调的基本功能是在任何气候和行驶条件下，能改善驾驶员的工作条件和提高乘员的舒适性。由于汽车空调的调节目的针对的是车内的人，因此偏重于人的舒适性的要求。

7.1.1　空调系统的类型

1. 按动力源分类

1）独立式空调

独立式空调有专门的动力源（如第二台内燃机）驱动整个空调系统的运行，一般用于长途货运、高底盘大中巴等车上。独立式空调由于需要两台发动机，燃油消耗高，造成了较高的成本，并且其维修及维护十分困难，需要十分熟练的发动机维修人员，而且发动机配件不易获得，尤其是进口发动机。同时设计和安装更容易导致系统质量问题的发生，而额外的驱动发动机更增加了故障发生的概率。

2) 非独立式空调

非独立式空调是直接利用汽车的行驶动力(发动机)来运转的空调系统。非独立式空调由主发动机带动压缩机运转,并由电磁离合器进行控制,接通电源时,离合器断开,压缩机停机,从而调节冷气的供给,达到控制车厢内温度的目的。其优点是结构简单、便于安装布置、噪声小。但由于需要消耗主发动机10%～15%的动力,将直接影响汽车的加速性能和爬坡能力,同时其制冷量受汽车行驶速度影响,如果汽车停止运行,其空调系统也停止运行。尽管如此,非独立式空调由于其较低的成本(相对独立式空调),可靠的质量,已逐渐成为市场的主导产品。目前,绝大部分轿车、面包车、小巴都使用这种空调。

2. 按功能分类

1) 单一功能型空调

制冷系统、采暖系统、通风系统各自安装,单独操作,互不干涉,多用于大型客车、载货汽车和加装冷风装置的轿车。

2) 冷暖一体型空调

制冷、采暖和通风共用一台风机及一个风道,冷风、暖风和通风在同一控制板上进行控制。工作时又可分为冷风、暖风分别工作的组合式和冷暖风可同时工作的混合调湿式两种。混合调湿式结构紧凑,易调温,操作方便,多用于轿车。

3. 按控制方式分类

1) 手动空调

手动控制空调系统的鼓风机转速、出风温度及送风方式等功能均由驾驶员操纵和调节,车内通风温度由仪表板上的空气控制杆、温度控制杆、进气杆和风扇开关等操纵通风管道上的各种风门实现。图7-1所示为手动空调调节旋钮。

图7-1 手动空调调节旋钮

2) 自动空调

自动空调的功能包括车内温度和湿度自动调节、回风和送风模式自动控制以及运转方式和换气量控制等。电控单元将根据驾驶员或乘员通过空调显示控制面板上的按钮进行的设定,使空调系统自动运行,并根据各种传感器输入的信号,对送风温度和送风速度及时地进行调整,使车内的空气环境保持最佳状态。

经济运行控制功能:当车外温度与设定的车内温度较为接近时,电控单元可以缩短制冷压缩机的工作时间,甚至在不启动压缩机的情况下,就能使车内温度保持设定状态,达到节能目的。

全面的显示功能:通过安置在汽车仪表盘上的空调显示控制面板,可以随时显示当时的设置温度、车内温度、车外温度、送风速度、回风和送风口状态以及空调系统运行方式等信息,使驾驶员能够及时全面地了解空调系统的工作状态。

故障检测和安全功能:电控单元通过自诊断系统可以对系统的状态进行检测,并对故障情况进行判断,当系统中出现故障时,可使系统传入相应的故障安全状态,防止故障进一步扩大。

图 7-2 所示为自动空调调节旋钮。

图 7-2　自动空调调节旋钮

7.1.2　空调系统的组成

1. 通风装置

通风装置可利用自然通风或强制通风把车外新鲜空气吸进车内进行换气。自然通风利用行驶时风压不同,用进风口和出风口实现换气;强制通风采用鼓风机强制使外气进入。通风装置由鼓风机、加热器芯、蒸发箱以及风门等组成,如图 7-3 所示。

2. 暖气装置

暖气装置可把车内空气或吸进来的新鲜空气加热。如图 7-4 所示,暖气装置(轿车一般采用冷却水加热)将发动机冷却水引入车室内的加热器中,通过鼓风机将被加热的空气吹入车内,即为暖风,还可以对前风窗玻璃除霜、除雾。

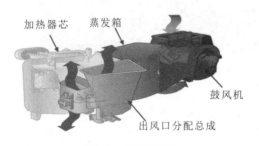

图 7-3　通风装置

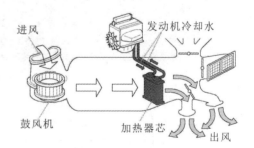

图 7-4　暖气装置

3. 冷气装置

冷气装置用于把车内空气或吸进来的新鲜空气冷却或除湿(采用蒸汽压缩式制冷方式),如图 7-5 所示。

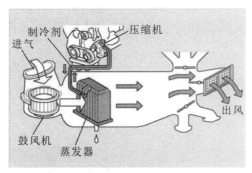

图 7-5 冷气装置

4. 空气净化装置

空气净化装置用于净化空气,除去车内存在的灰尘和气味。空气净化装置由空气过滤器、出风口、电子集成器和阴离子发生器等组成。

5. 控制装置

控制装置用于对制冷和暖风装置进行控制,使空调正常工作。

(1)控制:对制冷、加热系统的温度和压力进行控制;对车内空气温度、风量、流向进行操纵。

(2)组成:电气元件(空调开关、鼓风机开关、压力开关、温度传感器等)、真空管路、控制机构(ECU)、执行机构。

图 7-6 所示为控制装置部分的元器件,其对应符号的说明如下:G107 阳光温度传感器,G65 车室内温度传感器,G17 车外温度传感器,G89 新鲜空气进气道温度传感器,G192 脚部出风口温度传感器,G2 发动机水温传感器,F18 双温开关,G65 制冷系统压力传感器,V85/G114 脚部/除霜伺服电动机及电位计,V70/G112 中央风门伺服电动机及电位计,V68/G92 温度翻板伺服电动机及电位计,V71/G113 循环风门伺服电动机及电位计,J126/V2 新鲜空气鼓风机及其控制单元,N2 压缩机电磁离合器,V7/V35 冷却风扇,J293 冷却风扇控制单元,J255/E87 自动空调控制单元及显示单元,T16 自诊断接口。

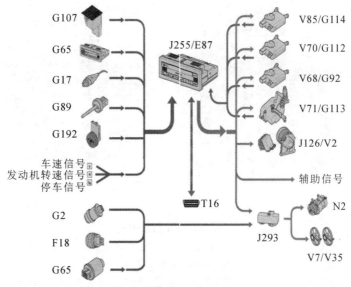

图 7-6 控制装置部分的元器件

7.1.3 空调制冷系统的组成及工作原理

1. 系统组成

空调制冷系统主要由压缩机、冷凝器、膨胀阀、鼓风机、蒸发器、储液干燥器及连接管路组成,如图 7-7 所示。

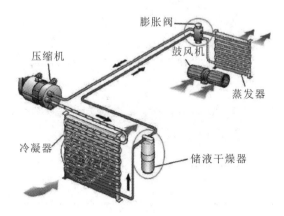

图 7-7　空调制冷系统

1) 制冷压缩机

制冷压缩机是汽车空调制冷系统的心脏,其作用是维持制冷剂在制冷系统中的循环,吸入来自蒸发器的低温、低压制冷剂蒸气,压缩制冷剂蒸气使其压力和温度升高,并将制冷剂蒸气送往冷凝器。其原理与普通空气压缩机相似,只是密封程度要求更高。先进的汽车空调自动控制系统采用了可变排量压缩机的控制技术,它能依据汽车空调系统的制冷负荷或发动机的负荷状况来控制压缩机的排量变化以减少不必要的能量浪费和减轻发动机的负载。可变排量压缩机的特点是在普通斜盘式压缩机后端增加了一套可变排量机构,如图 7-8 所示。

(a) 实物图

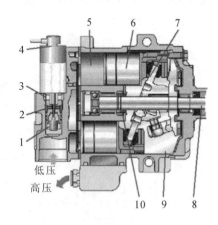

(b) 剖面示意图

图 7-8　可变排量压缩机

1—进气压力;2—高压;3—曲轴箱压力;4—空调压缩机调节阀 N280;5—压缩室;
6—空心活塞;7—斜盘;8—驱动轴;9—曲轴箱;10—回位弹簧

所谓的变排量压缩机结构是基于传统的斜盘式或摇板式压缩机升级而来的。传统的斜盘式或摇板式压缩机中的斜盘或摇板的偏转角度是固定不变的,即活塞的最大行程是固定的,而升级为可变排量压缩机后,斜盘或摇板的角度可以调节,从而调节活塞的最大行程来改变压缩机的排气量。

空调压缩机可变排量实现方式有如下几种。

(1) 旁通式:高压侧通过旁通阀向低压侧泄压的方式。这种变排量方式会牺牲压缩机功率,所以在汽车上不能采用。

(2) 改变压缩机转速实现排量可变。现在的家用空调采用的变频技术实际上即是改变压缩机的转速来实现排量的变化。但是对于汽车来说,压缩机由发动机驱动,不可能实现发动机转速随空调压缩机工作需要而改变。

(3) 真正的压缩机本身变排量,不关乎发动机的转速,而是依据空调的负荷自动改变排量,调节制冷能力。

可变排量压缩机变排量的控制方式有两种:一种是机械式可变排量,即在压缩机内部有调节阀,依据空调的管路压力自适应地改变压缩机的排量;另一种是电控可变排量,在原机械调节阀的基础上增加一个电磁调节阀,空调控制单元从蒸发器出风温度传感器获得信号,对压缩机的功率进行无级调节。

2) 冷凝器

汽车空调制冷系统中的冷凝器是热交换设备,其作用是使从压缩机排出的高温、高压制冷剂蒸气在冷凝器中液化或冷凝,并把热量散发到车外空气中,从而使其凝结为高压制冷剂液体。汽车空调系统冷凝器的结构形式主要有管片式、管带式、鳍片式等几种。

(1) 管片式。

它是汽车空调中早期采用的一种冷凝器,制造工艺简单,由铜质或铝质圆管套上散热片组成,如图 7-9 所示。片与管组装后,经胀管法处理,使散热片胀紧在散热管上。这种冷凝器散热效果较差,一般用在大中型客车的制冷装置上。

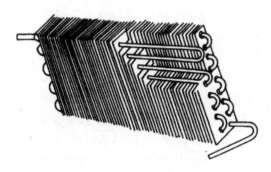

图 7-9　管片式冷凝器结构

(2) 管带式。

它是由多孔扁管弯成蛇管形,并在其中安置散热带后焊接而成的。管带式冷凝器的散热效果比管片式冷凝器好一些(一般高 15% 左右),但工艺复杂,焊接难度大,且材料要求高,一般用在小型汽车的制冷装置上。

(3) 鳍片式。

它是在扁平的多通管道表面直接做出鳍片状散热片,然后装配成冷凝器。由于散热鳍片与管子为一个整体,因此不存在接触热阻,散热性能好;另外管和片之间无须复杂的焊接工艺,加工性好,节省材料,而且抗振性也特别好。所以,鳍片式冷凝器是目前较先进的汽车空调冷凝器。

3) 蒸发器

蒸发器和冷凝器一样,也是一种热交换器,是制冷循环中获得冷气的直接器件。外形与冷凝器类似,但比冷凝器窄、小、厚,它的作用是让低温、低压液态制冷剂在其管道中吸热并蒸发,使蒸发器和周围空气的温度降低,从而在鼓风机的风力通过它时能输出更多的冷气。蒸发器有管片式、管带式和层叠式三种结构。管片式(见图7-10)结构简单、加工方便,但换热效率较差;管带式比管片式工艺复杂,效率可提高10%左右;层叠式加工难度最大,但其换热效率也最高,结构也最紧凑。

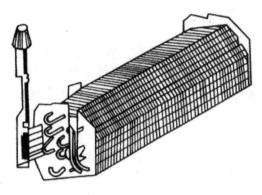

图7-10 管片式蒸发器结构

进入蒸发器排管内的低温、低压液态制冷剂,通过管壁吸收穿过蒸发器传热表面空气的热量,使之降温。与此同时,空气中所含的水分由于冷却而凝结在蒸发器表面,经收集排出,使空气减湿,降温、减湿后的空气由鼓风机吹进车室内,就可使车内获得冷气。

4) 储液干燥器

储液干燥器主要由外壳、视液镜、安全熔塞和管接头等组成。在储液干燥器上部出口端装有一个玻璃视液镜,用于观察制冷剂在工作时的流动状态,由此可判断制冷剂流量是否合适。对直立式储液器而言,安装时一定要垂直,倾斜度不得超过15°。在安装新的储液干燥器之前,不得过早将其进出管口的包装打开,以免湿空气侵入储液器和系统内部,使之失去除湿的作用。安装前一定要先搞清楚储液器的进、出口端,在储液器的进、出口端一般都打有记号,如进口端用英文字母 IN、出口端用 OUT 表示,或直接打上箭头以表示进、出口端。

储液器出口端旁边装有一只安全熔塞,也称易熔螺塞,它是制冷系统的一种安全保护装置。其中心有一轴向通孔,孔内装填有焊锡之类的易熔材料,这些易熔材料的熔点一般为85~95℃。当冷凝器因通风不良或冷气负荷过大而冷却不够时,冷凝器和储液器内的制冷剂温度和压力将会异常升高。当压力达到3MPa左右时,温度超过易熔材料的熔点,此时,安全熔塞中心孔内的易熔材料便会熔化,使制冷剂通过安全熔塞的中心孔逸出,散发到大气中去,从而可避免系统的其他部件因压力过高而被胀坏。

5) 膨胀阀

膨胀阀也称节流阀,它是一种感压和感温阀,是汽车空调制冷系统中的一个主要部件。目前膨胀阀主要有内平衡热力膨胀阀、外平衡热力膨胀阀、H型膨胀阀、膨胀节流管(孔管)四种结构形式。

(1) 内平衡热力膨胀阀。

内平衡热力膨胀阀(见图7-11)对来自储液干燥器的高压液态制冷剂节流降压,即将液态高压制冷剂从其孔口中喷出,使其急剧膨胀,变成低压雾状体,以便吸热气化。此外,它还调节和控制进入蒸发器中的液态制冷剂流量,使之适应制冷负荷的变化,同时防止压缩机发生液击现象和蒸发器出口蒸气异常过热。它利用装在蒸发器出口处的感温包来感知制冷剂蒸气的过热度,由此来调节膨胀阀开度的大小,从而控制进入蒸发器的液态制冷剂流量。感温包和蒸发器出口管接触,蒸发器出口温度降低时,感温包、毛细管和薄膜腔内的液体体积收缩,压力降低,阀口将闭合,限制制冷剂进入蒸发器。反之孔口开启,制冷剂流入蒸发器。

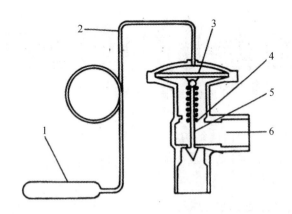

图7-11 内平衡热力膨胀阀结构图
1—感温包;2—毛细管;3—薄膜;4—弹簧;5—推杆;6—孔口

随着针阀开启,较多的制冷剂进入蒸发器,蒸发器内压力上升,回气温度降低,膜片下侧压力增加,阀门关闭。由于膜片上、下侧压力处于不平衡状态,因此孔口不断地开启和闭合,使制冷装置与负载相匹配。

感温包和蒸发器必须紧密接触,不能和大气相通。如果接触不良,感温包就不能正确地感应蒸发器出口的温度。如果密封不严,感应的温度是大气温度。所以,要用一种特殊的空调胶带捆扎和密封感温包。

(2) 外平衡热力膨胀阀。

外平衡热力膨胀阀和内平衡热力膨胀阀的结构大同小异,内平衡式膜片下方的压力是蒸发器进口压力,而外平衡式膜片下方的压力是蒸发器出口的压力。由于蒸发器内部会产生压力损失,蒸发器出口压力要小于进口压力。要达到同样的阀开度,外平衡式需要的过热度小些,蒸发器容积效率可以提高。

(3) 膨胀节流管。

膨胀节流管是用于许多轿车制冷系统的一种固定孔口的节流装置。有人称它为孔管、固定孔管,膨胀节流管直接安装在冷凝器出口和蒸发器进口之间,用于将液态制冷剂节流降压。由于不能调节流量,液体制冷剂很可能流出蒸发器而进入压缩机,造成压缩机液击,所以装有膨胀节流管的系统,必须同时在蒸发器出口和压缩机进口之间,安装一个集液器,实行气液分离,避免压缩机发生液击。

膨胀节流管系统目前使用的温度控制方法有:循环离合器膨胀节流管系统(CCOT)、可变容积膨胀节流管系统(VDOT)、固定膨胀节流管离合器系统等。

膨胀节流管的结构如图 7-12 所示。它是一根细铜管,装在一根塑料套管内。在塑料套管的外环形槽内装有密封圈。有的还有两个外环形槽,每槽各装一个密封圈。把塑料套管连同膨胀节流管都插入蒸发器进口管中,密封圈就是密封塑料套管外径和蒸发器进口管内径间的配合间隙用的。膨胀节流管两端都装有滤网,以防止系统堵塞。安装使用后,系统内的污染物会集聚在密封圈后面,使堵塞情况更加恶化。就是这种系统内的污染物堵塞了膨胀节流管及其滤网。膨胀节流管不能维修,坏了只能更换。

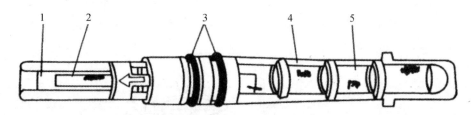

图 7-12　膨胀节流管结构图

1、5—滤网;2—孔口;3—密封圈;4—校准孔

由于膨胀节流管没有运动部件,结构简单,可靠性高,同时可节省能耗,很多高级轿车都采用这种结构形式。其缺点是制冷剂流量不能根据工况变化进行调节。

2. 工作原理

空调制冷系统的工作原理如下。

1) 压缩过程

制冷剂在蒸发器中吸收蒸发箱周围空气中的热量后被压缩机吸入并压缩成高温高压(1500~2200 kPa)气体。此过程的主要作用是压缩增压,以使气体易于液化。在压缩过程中,制冷剂状态不发生变化,而温度、压力不断升高,形成过热气体。

2) 冷凝过程

经过压缩机压缩的高温高压气态制冷剂流入冷凝器内,在冷凝器中经过散热降温变为压力约 1500 kPa 的液态制冷剂。高温高压的过热制冷剂气体进入冷凝器(散热器)与大气进行热交换,由于压力及温度的降低,制冷剂气体冷凝成液体,并放出大量的热。此过程的作用是排热、冷凝。冷凝过程的特点是制冷剂的状态发生变化,即在压力、温度不变的情况下,由气态逐渐向液态转变。冷凝后的制冷剂液体是高温高压液体,制冷剂液体过冷,过冷度越大,在蒸发过程中其蒸发吸热的能力也就越大,制冷效果越好,即产冷量相应增加。

3) 节流过程

通过冷凝器冷凝降温并经储液干燥器去除水分后的高压液态制冷剂,经过膨胀阀流入蒸发箱。由于被节流限制,所以制冷剂的压力和温度都降低,然后进入蒸发箱。该过程的作用是使制冷剂降温降压,由高温高压液体迅速地变成低温低压液体,以利于吸热、控制制冷能力以及维持制冷系统正常运行。

4) 蒸发过程

经过节流装置降压降温的制冷剂流入蒸发箱,并在蒸发箱中完成蒸发过程。制冷剂在蒸发过程中吸收大量热量后变成压力为 150 kPa 左右的气态制冷剂,然后在压缩机的吸力下进入压缩过程,如此周而复始地循环,使得车内的温度降低。

任务 7.2　汽车空调系统故障诊断与排除

7.2.1　元件检查

1. 空调压缩机就车检查

1) 准备

(1) 准备三件套:吹尘枪、氟表、温度计。

(2) 起动发动机,保持运转速度为 1200～1500 r/min。

(3) 将氟表接入制冷系统中,打开 A/C 开关,并将鼓风机转速调至最大。

2) 检查

(1) 检查压缩机及其进、排气口温度。

(2) 检查空调制冷系统高低压管路中的压力值。

(3) 检查压缩机时还应注意压缩机是否存在异响。

3) 分析

(1) 若进、排气口温度温差较大(进气口温度低,排气口温度高),且压力表高、低压指示均在正常范围(高压 1500～2000 kPa,低压 150 kPa 左右),则说明空调系统正常。

(2) 若进、排气口温差较小且压力表高低压值相差不大,则说明压缩机工作不良。

(3) 若压缩机表面温度较高,压力表高压指示过低,低压指示过高,则说明压缩机内部密封不良,应更换压缩机。

(4) 如果压缩机进、排气口温度温差不大且接近环境温度,压力表高低压指示都较低,说明系统内部的制冷剂过少,应对系统进行检漏,如果是压缩机出现泄漏,则应更换或修理。

2. 热交换器(冷凝器和蒸发器)检查

1) 常见故障

热交换器外部堵塞、热交换器泄漏。

2) 故障原因

(1) 冷凝器外部堵塞的主要原因:泥污、柳絮、树叶以及冷凝器散热片变形。

(2) 蒸发器外部堵塞的主要原因:空调滤芯破损、蒸发器叶片变形、蒸发器表面温度过低结霜。

(3) 热交换器内部堵塞(概率很小)的主要原因:一般多为安装不当使管路弯折。

(4) 热交换器泄漏的主要原因:管路接口部位的密封圈老化、管路破裂。

注意:冷凝器泄漏较为常见,蒸发器由于安装在驾驶室内,除零配件质量问题及由于安装不当造成的人为损坏外,通常不会产生泄漏。

3) 故障检查

(1) 检查热交换器连接管路接口处是否泄漏,外观是否清洁,散热片是否变形等。

(2) 检查冷凝器进出口温差是否过大(一般为 30 ℃ 左右),若进出口温差过大(出口温度较低),可能是其内部堵塞导致。

(3) 检查蒸发器的温度,主要检查其表面温度是否接近或低于 0 ℃,当温度低于 0 ℃ 时会导致其表面结霜,从而堵塞流经其表面的空气。

检查温度时还应通过系统压力检查进行综合判断,如:冷凝器内部堵塞时进出口温差较大,且由于高压检测口在其后方而导致高压压力指示较低。

3. 膨胀阀检查

膨胀阀也称节流阀,它是一种感压和感温阀,是汽车空调制冷系统中的一个主要部件。膨胀阀使中温高压的液体制冷剂通过其节流成为低温低压的湿蒸气,然后制冷剂在蒸发器中吸收热量达到制冷效果。膨胀阀通过蒸发器末端的过热度变化来控制阀门流量,防止出现蒸发器面积利用不足和敲缸现象。膨胀阀异常会直接导致高低压管路压力异常且制冷不足,如表7-1所示。

表7-1 膨胀阀故障检查检修表

现象	原因	检修
制冷系统中高、低压压力均高,低压侧管路有结霜或大量露水	膨胀阀开度过大、安装位置太靠后(靠压缩机端)或感温包与低压管接触不良	调节膨胀阀弹簧的预紧度(专用工具和原厂维修数据)、重新安装固定感温包并包好保温层
高压侧压力高,低压侧压力低,制冷不足	膨胀阀开度过小	调节膨胀阀弹簧
	安装位置太靠前(靠蒸发箱出口)或保温层损坏	重新安装固定感温包并包好保温层
膨胀阀有结霜现象,且制冷不足	膨胀阀入口阻塞	拆出膨胀阀,清洗膨胀阀,烘干后装回系统或者更换膨胀阀
空调系统时好时坏,伴有膨胀阀结霜现象,高、低压压力值不规则跳动	膨胀阀的针阀(球阀)与阀体黏住、发卡或阀口脏堵	用制冷剂进行清洗或更换膨胀阀
空调制冷系统有规律地时好时坏,高、低压压力有规则跳动	膨胀阀冰堵	排空制冷系统、抽真空再重新加注制冷剂并更换储液干燥器

注:通过调整膨胀阀底部的调节螺栓来调节膨胀阀弹簧的预紧度时,需要专用工具和原厂维修数据,如果没有数据不可乱调,应更换膨胀阀。

4. 储液干燥器的检查

储液干燥器常见的故障是脏堵和失效,一般用检漏仪检查储液干燥器的接头处是否泄漏;观察储液干燥器的外表及观察窗上是否脏污;检查储液干燥器进出口温度,如果进出口温度温差很大,甚至出口或储液干燥器底部出现结霜现象说明储液干燥器堵塞,应更换;储液干燥器必须垂直安装于系统中,以防止气态制冷剂从其底部进入,保证流向膨胀阀的制冷剂为液态制冷剂。在安装维修过程中储液干燥器应该是最后一个安装的元件,并且安装完毕后要马上抽真空,防止空气中水分进入。

5. 管路检查及制冷剂加注

1)泡沫检漏法

将空调氟表的高、低压软管分别连接在空调系统高、低压侧的快速接口上,并将氟表的维护软管连接在空气泵的出气孔上。打开氟表上的高压手动阀并启动空气泵,观察高压压力表,达到 1500～2000 kPa 时关闭高压侧阀门,关闭空气泵或断开氟表维护软管与空气泵的连接,然后将肥皂水涂抹在怀疑泄漏的部位,观察有无气泡产生。大多数维修站都采用此种方法检测空调制冷系统是否存在泄漏。

2) 空气泵抽真空

将空调氟表的高、低压软管分别连接在空调系统高、低压侧的快速接口上,并将氟表的维护软管连接在空气泵的吸气孔上。启动空气泵并打开氟表高、低压手动阀,抽真空时间通常为 10～15 min。记录低压表的显示压力值,关闭空调氟表的高、低压手动阀,然后关闭空气泵。等待 5 min 以上,观察压力表值是否发生变化,若压力表值上升说明系统有泄漏,应使用检漏仪进行检查并修理。

3) 制冷剂充注

更换制冷系统零部件或对制冷系统检修后应向系统内部充注制冷剂,在充注制冷剂前应先进行抽真空。抽真空的目的是排除制冷系统中可能存在的空气及水分。制冷系统中若存在空气则会阻碍制冷剂的循环,导致压缩机排气压力增大、温度升高,引起压缩机过热,从而影响制冷效果。空气中的氧和水分会与冷冻机油起化学反应使冷冻机油变质。空气中的水分还会造成膨胀阀冰堵,影响制冷剂循环。水分还会与制冷剂反应生成酸性物质,腐蚀系统部件。

将真空泵与氟表连接到空调系统后开启真空泵 10～15 min,然后关闭氟表的手动阀和真空泵,等待 5～10 min,如果低压表指针缓慢上升,说明系统存在泄漏,应进行检修。停止抽真空时应先关闭氟表的高、低压手动阀后再关闭真空泵,防止空气回窜到空调系统中。加注制冷剂前应先利用空调系统中的真空将冷冻机油吸入,冷冻机油的加注量参考《维修手册》并根据更换部件参照冷冻机油补充标准进行补充。制冷系统经过抽真空且确认没有泄漏后方可充注制冷剂,制冷剂的充注有两种方法:一种是从高压端充注,充注的是液态制冷剂;另一种是从低压端充注,充注的是气态制冷剂。

7.2.2 控制部分检修

1. 电磁离合器控制电路(参阅捷达轿车电路图)

空调控制器用来控制压缩机电磁离合器的电路,当空调系统正常,空调开关接通时,空调控制器通过继电器接通电磁离合器电路,使空调压缩机电磁离合器接合,空调控制系统开始运转。当发动机水温过高或发动机负荷突然变大时,发动机电控单元发出切断空调压缩机系统的控制指令,空调控制器切断空调压缩机电磁离合器控制电路,空调系统停止工作。

1) 电路

(1) 电磁离合器控制电路:30→保险 S36→鼓风机开关 E9 的 2 号针脚→鼓风机开关 E9 的 5 号针脚→空调开关 E35 的 1 号针脚→空调开关 E35 的 2 号针脚→保险 S9→外界环境开关 F38→高低压开关 F129 的 2 号针脚→高低压开关 F129 的 1 号针脚→发动机控制单元 J220 的 T121/2 号针脚→发动机控制单元 J220 的 T121/76 号针脚→空调控制器 J293 的 T10/8 号针脚。

(2) 电磁离合器的供电电路:30→保险 S23→空调控制器 J293 的 T10/3 号针脚→空调控制器 J293 的 T10/10 号针脚→电磁离合器线圈 N25→搭铁 G8。

2) 诊断

一辆行驶了 8 万千米的捷达轿车使用空调制冷时无冷风,检查制冷系统,高压端为 1800 kPa,低压端为 140 kPa,初步判定电磁离合器控制部分故障。

可能的故障点:保险 S36、S23 和 S9 及插座,鼓风机开关 E9 及插座,空调开关 E35 及插座,外界环境开关 F38 及插座,高低压开关 F129 及插座,空调控制器 J293 及插座,电磁离合器线圈 N25 及插座,搭铁及线路。

故障诊断流程如图 7-13 所示。

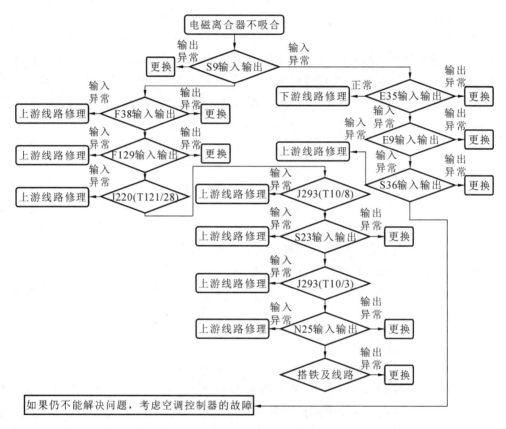

图 7-13 电磁离合器故障诊断流程图

2. 冷却风扇电路(参阅捷达轿车电路图)

冷却风扇是发动机冷却系统的主要组成部分之一,主要作用是给发动机冷却液降温,与此同时冷却风扇还兼顾给空调系统冷凝器降温的作用。因此冷却风扇除了受到发动机冷却液双温开关的控制之外,还受到空调控制器的控制。

1) 高压调整开关

高压调整开关为常开开关,安装在空调系统高压管路上,检测空调制冷系统高压侧的压力。当高压侧压力达到一定值时开关闭合,接通空调控制器的电路,空调控制器接收到此电压信号时控制冷却风扇高速运转,给空调制冷系统中的冷凝器及发动机散热水箱降温,防止高压侧压力继续升高。由于此开关起到调节系统内部压力的作用,因此被称为高压调整开关。

2）冷却风扇的控制器

空调控制器除了控制电磁离合器之外，还对冷却风扇进行控制。当电磁离合器接合后，空调控制器便接通冷却风扇低速运转；当制冷系统压力偏高时，空调控制器控制风扇开始高速运转。

3）冷却风扇控制原理

（1）冷却风扇打开条件。

双温开关 F18 控制：当发动机水温达到 84 ℃时开启低速，水温达到 90 ℃时开启高速。空调控制系统控制：当空调开关 E35 和鼓风机开关 E9 打开后，空调继电器 J53 吸合，接通冷却风扇电动机 V7 低速运转；当空调系统内压力达到 1.6 MPa 时，高低压开关 F129 接通，冷却风扇高速运转。

（2）电流走向（双温开关 F18 控制）。

低速：30→F18 的 1 号针脚→F18 的 2 号针脚→冷却风扇电动机 V7 的 2 号针脚→搭铁 G8。

高速：30→F18 的 1 号针脚→F18 的 3 号针脚→空调控制器 J293 的 T10/7 号针脚，A+→空调控制器 J293 的 T4/4 号针脚，空调控制器 J293 的 T4/2 号针脚→冷却风扇电动机 V7 的 1 号针脚→搭铁 G8。

（3）电流走向（空调控制系统控制）。

低速：30→保险 S36→鼓风机开关 E9 的 T6/2 号针脚→鼓风机开关 E9 的 T6/5 号针脚→空调开关 E35 的 1 号针脚→空调开关 E35 的 2 号针脚→空调继电器 J53 的 6 号针脚→空调继电器 J53 的 4 号针脚，空调继电器 J53 的 2 号针脚→空调继电器 J53 的 8 号针脚→冷却风扇电动机 V7 的 2 号针脚→搭铁 G8。

高速：30→保险 S36→鼓风机开关 E9 的 16/2 号针脚→鼓风机开关 E9 的 T6/5 号针脚→空调开关 E35 的 1 号针脚→空调开关 E35 的 2 号针脚→保险 S9→高低压开关 F129 的 4 针脚→高低压开关 F129 的 3 针脚→空调控制器 J293 的 T10/2 针脚，A+→空调控制器 J293 的 T4/4 号针脚→空调控制器 J293 的 T4/2 号针脚→冷却风扇电动机 V7 的 1 号针脚→搭铁 G8。

4）诊断

问诊：一辆行驶了 8 万千米的捷达轿车冷却风扇不工作（不考虑 F18）。

可能的故障点：保险 S36、S23 和 S9 及插座，鼓风机开关 E9 及插座，空调开关 E35 及插座，高低压开关 F129 及插座，空调控制器 J293 及插座，冷却风扇电动机 V7 及插座，搭铁及线路。

故障诊断流程分别如图 7-14 和图 7-15 所示。

当空调系统内压力达到 1.6 MPa 时，高低压开关 F129 接通，同时空调控制器 J293 介入工作，冷却风扇开始高速运转。若完成检查后，故障仍无法排除，则需考虑 J293 本身故障。

若不论空调系统内压力是否达到 1.6 MPa，冷却风扇均不工作，则故障点与共同控制冷却风扇高速和低速运转的部件相关。

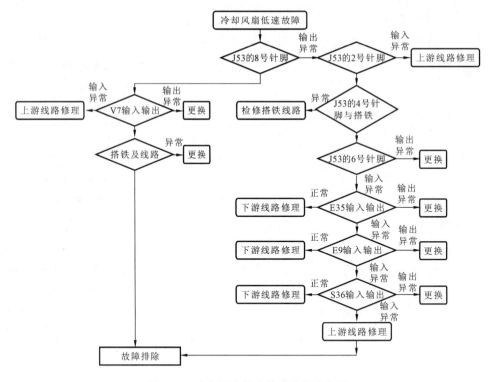

图 7-14　冷却风扇低速故障诊断流程图

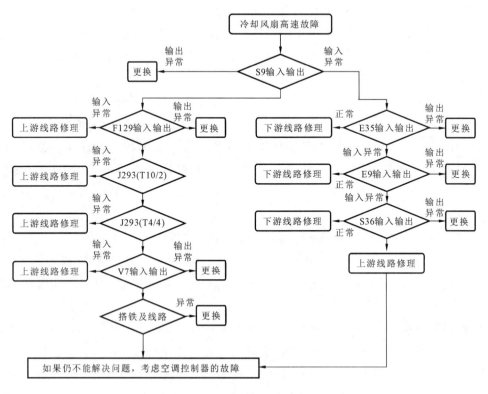

图 7-15　冷却风扇高速故障诊断流程图

3. 鼓风机控制电路

1) 作用

鼓风机将驾驶室内或室外的空气引入空调通风系统中。鼓风机安装在通风系统内部,受鼓风机开关控制。为了能够实现出风口风速和出风量的调节,在鼓风机电路中装有鼓风机电阻,以实现鼓风机不同转速的调节。鼓风机开关控制鼓风机及空调开关,一般鼓风机开关都设有4个挡位,挡位越高,鼓风机的转速越大,出风口的风速也就越大。但也有的鼓风机开关无明显挡位,采用滑动电阻的形式控制鼓风机转速。

2) 诊断

问诊:一辆行驶了8万千米的捷达轿车空调出风口无风,检查发现通风管路无堵塞,鼓风机不工作。

可能的故障点:保险S36,鼓风机开关E9及插座,调速电阻N24,鼓风机电动机及连接线,搭铁及线路。

故障诊断流程如图7-16所示。

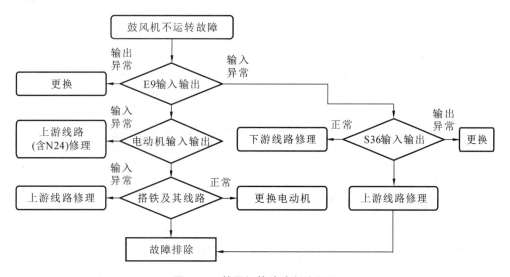

图7-16 鼓风机故障诊断流程图

若鼓风机调速异常,则故障与N24、N24与E9间线束、电动机与E9间线束以及电动机与N24间线束相关。

项目 8　汽车安全气囊系统与检修

知识目标

1. 熟悉汽车安全气囊系统的组成、结构；
2. 了解汽车安全气囊系统的类型及其区别；
3. 熟悉汽车安全气囊控制系统及控制电路；
4. 掌握汽车安全气囊控制原理分析，能分析故障原因。

能力目标

1. 能识别汽车安全气囊系统设备和控制元件；
2. 能识读典型汽车安全气囊系统电路图；
3. 能根据维修技术要求对汽车安全气囊控制系统常见故障进行检测和维修。

任务 8.1　汽车安全气囊系统

8.1.1　汽车的安全气囊系统

汽车的安全分为主动安全和被动安全。主动安全是指汽车防止发生事故的能力，主要有操纵的稳定性、制动的可靠性、平顺性等；被动安全是指汽车在发生事故的情况下保护乘员的能力，主要有防撞式车身、安全带和辅助乘员的保护系统（SRS，以下简称安全气囊）等。

汽车碰撞形式分为一次碰撞和二次碰撞，如图 8-1 所示。

一次碰撞：汽车与汽车或汽车与障碍物之间的碰撞。

二次碰撞：一次碰撞后，驾驶员和乘员受惯性力作用与车内的转向盘、挡风玻璃或仪表台等构件发生的碰撞，是遭受伤害的主要原因。

图 8-1　汽车碰撞示意图

安全气囊是汽车的一种被动安全保护装置。安全气囊在汽车遭到碰撞而急剧减速时迅速膨胀，成为一个缓冲垫，以保护车内乘员不致碰撞车内硬物。随着国内外汽车工业的飞速发展，轿车越来越普及，交通事故也相应增多。目前在汽车上使用的安全气囊的种类较多，下面以不同的分类方法予以概括。

1. 按适用的碰撞类型分

根据气囊适用的碰撞类型不同，安全气囊可分正面碰撞防护安全气囊、侧面碰撞防护安全气囊和顶部碰撞防护安全气囊，如图 8-2 所示。正面碰撞防护安全气囊有较高的装车率，对正面碰撞事故中的驾驶员和前排乘员起到了很好的安全保护作用。随着对乘车安全性要求的提高，侧面碰撞防护安全气囊和顶部碰撞防护安全气囊的使用也将逐渐增多。

图 8-2　不同类型的安全气囊

2. 按安全气囊的数量分

1) 单气囊、双气囊

单、双气囊即是我们常说的主、副气囊，分别位于转向盘中心和副驾驶座前端的面板内，如图 8-3 所示。并不是所有的车型都配置有气囊，国内有些低配版本的车型，有的只配备了主气囊，有的甚至一个都没有配备。安全气囊从 20 世纪 80 年代正式安装在车辆上以来，已经过去 30 多年，时至今日仍然还有家用车没有配备，这种汽车制造理念值得我们深思。

2) 四气囊、六气囊

除了主、副驾驶位的两个气囊外，在一些中级车型的高配版本上还在侧面车门处安装有两个气囊（见图 8-4），主要解决来自前方和侧方的碰撞冲击力，同时还会在前排座椅的膝部和头部位置安装膝部和头部气囊，以此来进行较全面的保护。

图 8-3 双气囊

图 8-4 四气囊

3) 多气囊、气帘

在一些高档车型上，被动安全的作用尤其受到重视，六气囊甚至八气囊再加上多气帘的辅助（见图 8-5 和图 8-6），使得车内乘员得到全方位的保护。气帘会分布在前后挡风玻璃和侧窗处。

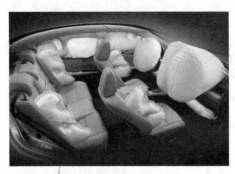
图 8-5 多气囊

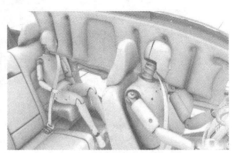
图 8-6 气帘

3. 按安全气囊触发机构的形式分

按照安全气囊触发机构的形式不同，安全气囊可分为电子式、电气-机械式和机械式三种。电子式安全气囊只用一个安装在车前方的减速仪。电气-机械式安全气囊在车前方有多个传感器。机械式安全气囊则包括一切必要装置。为最大限度地减少非碰撞事故的其他偶然因素触发充气的可能性，同时使用两种机构，当两种机构的传感器都送出撞击信号时，气囊才触发充气。图 8-7 和图 8-8 所示为气囊触发机构。

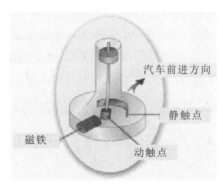
图 8-7 机械式气囊触发机构

图 8-8 电子式气囊触发机构

8.1.2 安全气囊的组成与工作原理

安全气囊主要由安全气囊传感器、安全气囊组件和电子控制装置组成,如图 8-9 和图 8-10 所示。

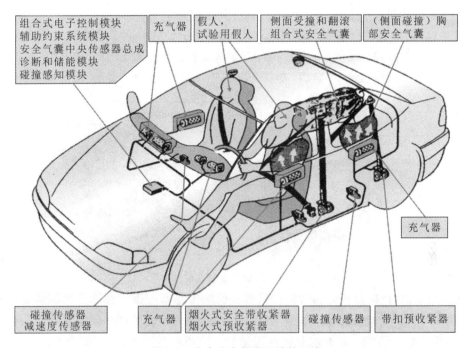

图 8-9 汽车安全气囊系统的组成

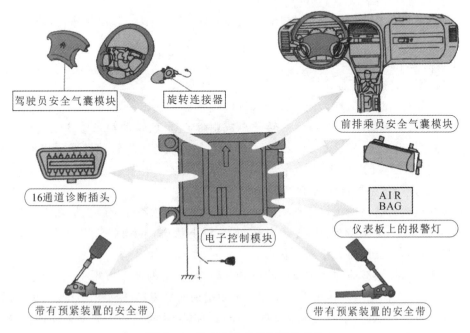

图 8-10 汽车安全气囊系统的组件

1. 安全气囊传感器

安全气囊传感器一般安装在汽车前部两侧和中间,其作用是感知汽车碰撞强度,并把碰撞强度转换成电信号输入电子控制装置,作为是否启动安全气囊的依据。

1) 传感器的分类

安全气囊传感器按照不同分类方式,可以分为不同类型。

如图 8-11 所示,按照气囊布置形式的不同,正面碰撞设有前碰撞传感器,侧面碰撞设有侧碰撞传感器及乘员区别传感器、安全带扣环。侧碰撞传感器一般装于汽车 B 柱及 C 柱上,用于检测汽车的侧面碰撞,条件符合后,安全气囊的 ECU 将侧安全气囊展开。

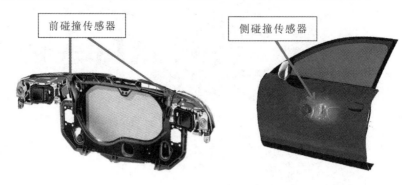

图 8-11　气囊传感器安装部位

按照作用不同,传感器可分为碰撞传感器和保险传感器两类。碰撞传感器负责检测碰撞的强度,判断气囊是否需要展开。如果汽车以 40 km/h 的车速撞到一辆停放着的同样大小的汽车上,或者以不低于 22 km/h 的车速迎面撞到一个不可变形的固定障碍物上,碰撞传感器便会动作,接通接地回路。

保险传感器也称为触发传感器,其闭合的减速度要稍小一些,起保险作用,防止因碰撞传感器短路而造成的误打开。

2) 传感器的结构与工作原理

(1) 偏心锤式碰撞传感器。

偏心锤式碰撞传感器又称为偏心转子式碰撞传感器。丰田、马自达汽车的安全气囊采用了这种传感器,其结构如图 8-12 所示。转子总成由偏心锤 1、转动触点臂 3 及转动触点 6 与 13 组成,安装在传感器轴 18 上。偏心锤偏心安装在偏心锤臂上。转动触点臂 3 与 11 两端固定有触点 6 与 13,触点随触点臂一起转动。两个固定触点 10 与 16 绝缘固定于传感器壳体上,并用导线分别与传感器接线端子 7、14 连接。

偏心锤式碰撞传感器的工作原理如图 8-13 所示。当传感器处于静止状态时,在复位弹簧作用下,偏心锤与挡块保持接触,转子总成处于静止状态,转动触点与固定触点断开,如图 8-13(a)所示,传感器电路处于断开状态。

当汽车遭受碰撞且减速度达到设定阈值时,偏心锤产生的惯性力矩将大于复位弹簧的弹力力矩,转子总成在惯性力矩作用下克服弹力力矩沿逆时针方向转动一定角度,同时带动转动触点臂转动,并使转动触点与固定触点接触,如图 8-13(b)所示。当传感器为碰撞信号传感器时,转动触点与固定触点接触则将碰撞信号输入安全气囊 ECU;当传感器为碰撞防护传感器时,则将点火器电源电路接通。

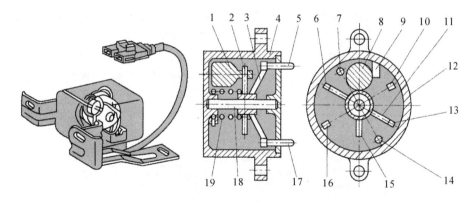

图 8-12 偏心锤式碰撞传感器结构

1、8—偏心锤；2、15—锤臂；3、11—转动触点臂；4、12—壳体；5、7、14、17—固定触点接线端子；
6、13—转动触点；9—挡块；10、16—固定触点；18—传感器轴；19—复位弹簧

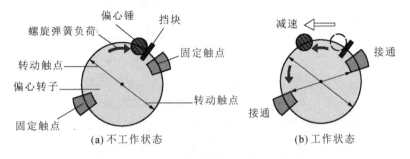

图 8-13 偏心锤式碰撞传感器的工作原理

（2）滚球式碰撞传感器。

滚球式碰撞传感器又称为偏压磁铁式碰撞传感器，结构如图 8-14 所示，主要由铁质滚球、永久磁铁、导缸、固定触点和壳体组成。

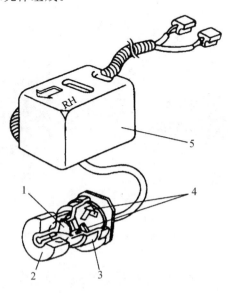

图 8-14 滚球式碰撞传感器的结构

1—铁质滚球；2—永久磁铁；3—导缸；4—固定触点；5—壳体

两个触点分别与传感器接线端子连接。滚球在导缸内可以移动或滚动,用来感测减速度大小。壳体上印制有箭头标记,方向与传感器结构有关,有的规定指向汽车前方(如丰田凌志 LS400 型轿车),有的规定指向汽车后方,因此在安装传感器时,箭头方向必须符合使用说明书规定。

滚球式碰撞传感器的工作原理如图 8-15 所示。当传感器处于静止状态时,在永久磁铁作用下,导缸内的滚球被吸向磁铁,两个触点与滚球分离,传感器电路处于断开状态,如图 8-15(a)所示。

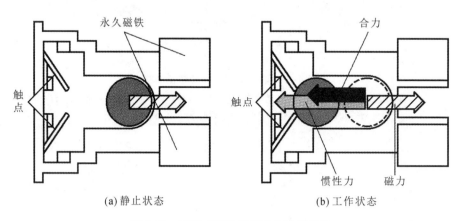

(a) 静止状态　　　　　　　(b) 工作状态

图 8-15　滚球式碰撞传感器的工作原理

当汽车遭受碰撞且减速度达到设定阈值时,滚球产生的惯性力将大于永久磁铁的磁力。滚球在惯性力作用下就会克服磁力沿导缸向两个固定触点运动并将固定触点接通,如图 8-15(b)所示。当传感器为碰撞信号传感器时,固定触点接通则将碰撞信号输入安全气囊ECU;当传感器为碰撞防护传感器时,则将点火器电源接通。

2. 安全气囊组件

安全气囊组件主要由气体发生器、点火器、气囊、衬垫、饰盖和底板组成,如图 8-16 所示。驾驶员侧气囊组件位于转向盘中心处,乘员侧气囊组件位于仪表板右侧手套箱上方。

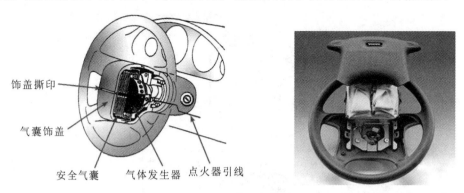

图 8-16　BOSCH 公司驾驶席气囊组件

1) 气体发生器

气体发生器又称为充气器,其结构如图 8-17 所示。它是安全气囊的执行机构,当安全气囊传感器将汽车碰撞的电信号输入电子控制装置后,若强度超过了设定值,电子控制装置则发出指令,由点火器引爆炸药,产生的高温使充气剂迅速产生大量气体,经过滤除去烟尘后,充入气囊,使气囊在 30 ms 内膨胀展开。

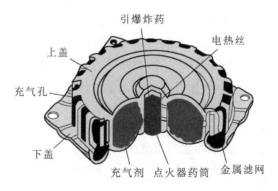

图 8-17 气体发生器

2) 点火器

点火器内有电热丝、引药和引爆炸药。当安全气囊 ECU 发出点火指令时,电热丝电路接通,电热丝迅速红热引燃引药,继而引爆炸药,瞬间产生大量热量,药筒内温度和压力急剧升高并冲破药筒,使充气剂受热分解释放氮气充入气囊。图 8-18 所示为点火器分解图。

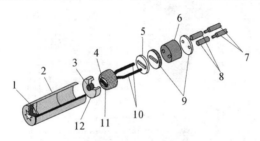

图 8-18 点火器分解图

1—引爆炸药;2—药筒;3—引药;4—电热丝;5—陶瓷片;6—永久磁铁;
7—引出导线;8—绝缘套管;9—绝缘垫片;10—电极;11—电热头;12—药托

3) 气囊

气囊由聚酰胺织物(如尼龙)制成,内层涂有聚氯丁二烯,用以密闭气体。气囊在静止状态时,像降落伞未打开时一样折叠成包,安放在气体发生器上部与气囊饰盖之间。在汽车遭受碰撞时,气囊约在碰撞后 10 ms 内开始充气。整个充气时间约为 30 ms。驾驶席气囊膨胀时,沿转向柱偏挡风玻璃方向膨胀,防止驾驶员面部与挡风玻璃、胸部与转向盘发生碰撞。

4) 衬垫

衬垫一般由聚氨酯制成,在制造过程中使用了极薄的水基发泡剂,质量非常小。平时衬垫黏附在转向盘的上表面,把气囊保护起来,同时又起到了装饰作用。汽车发生碰撞时,在强大的气囊膨胀力作用下,衬垫快速及时地掀开,对安全气囊的膨胀展开没有任何阻碍作用。

5) 饰盖和底板

饰盖是气囊组件中的盖板,安全气囊及充气装置都安装在底板上,底板固定到转向盘或车身上,气囊膨胀展开时,底板承受安全气囊的爆发力。

即使安全气囊控制的时机再合适,在碰撞事故发生时,单纯靠安全气囊也是无法有效减低伤害的,与之配合的是交通法规里强制要求的安全带。如果发生事故,没有安全带的束缚,安全气囊有可能会使车内人员受到更严重的伤害。

3. 安全气囊系统电子控制装置

安全气囊系统电子控制装置通常称为 SRS ECU，一般安装在换挡操纵手柄前面或后面的装饰板内、后排座椅下面中部位置或后备厢内。电子控制装置是安全气囊系统的控制中心，在接收到传感器的碰撞信号及其他有关信号后，判断是否使点火器引爆炸药给气囊充气。电子控制装置一般由安全气囊指示灯、备用电源、点火控制引爆驱动电路、安全气囊诊断电路、微处理器等组成，其内部结构及组件框图如图 8-19 和图 8-20 所示。

SRS ECU 能连续监测汽车行驶过程中传感器输送来的信号，经计算处理后，确定是否需要气囊展开。此外，SRS ECU 还不断地对系统中的主要部件和外部电路进行诊断检测。一旦系统有故障被 ECU 的诊断功能检测出来，便以故障码的形式存于存储器中，同时点亮 SRS 指示灯提示安全气囊系统有故障。

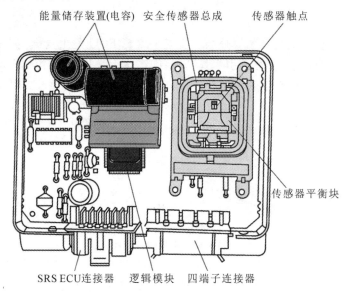

图 8-19 安全气囊电子控制装置的内部结构

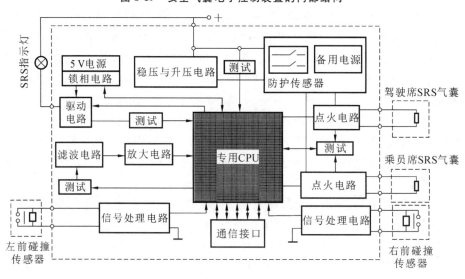

图 8-20 安全气囊电子控制装置的组件框图

4. 安全气囊系统线束与保险机构

为了便于区别电气系统线束插接器,安全气囊系统的插接器与汽车其他电气系统的插接器有所不同。目前安全气囊系统采用的线束插接器绝大多数都为黄色插接器,如图 8-21 所示。安全气囊系统的插接器采用导电性能和耐久性能良好的镀金端子,并设计有防止气囊误爆机构、电路连接诊断机构、插接器双重锁定机构和端子双重锁定机构等保险机构,用以保证气囊系统可靠工作。

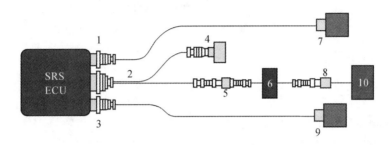

图 8-21　安全气囊系统插接器

1、2、3—ECU 插接器；4—SRS 电源插接器；5—中间线束插接器；6—螺旋线束；
7—右碰撞传感器插接器；8—气囊组件插接器；9—左碰撞传感器插接器；10—点火器

当插接器拔开时,短路片(弹簧片)自动将靠近 SRS 气囊点火器一侧插头或插座的两个引线端子短接,如图 8-22 所示,防止静电或误通电将电热丝电路接通而造成气囊误膨胀。

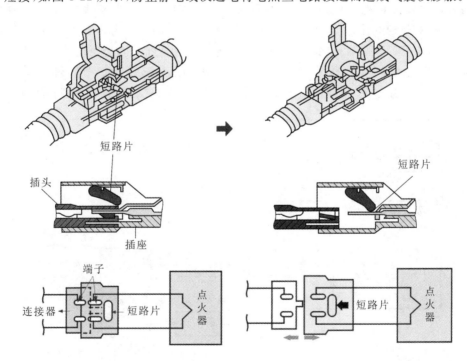

(a) 插接器正常连接时,短路片与端子脱开　　(b) 插接器拔开时,短路片将端子短接

图 8-22　防止气囊误爆的机构结构与原理

为了保证转向盘具有足够的转动角度而又不致损伤驾驶席 SRS 组件的连接线束,在转向

盘与转向柱管之间采用了螺旋电缆,如图 8-23 所示。

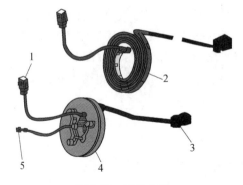

图 8-23 螺旋电缆

1、3—线束插接器;2—螺旋弹簧;4—弹簧壳体;5—搭铁插接器

5. 安全气囊的工作原理

1) 工作原理

安全气囊系统的工作原理如图 8-24 所示。当汽车受到前方一定角度内的高速碰撞时,安全传感器和中央碰撞传感器(装有前碰撞传感器时,由安全传感器和中央碰撞传感器或前碰撞传感器)同时检测到的车速突然变化(车辆减速度)信号,在 0.01 s 之内迅速传递给安全气囊系统 ECU。ECU 经过分析,确认碰撞强度超过其规定值时,立即引爆安全气囊包内的发火极(即电雷管),使其发生爆炸,这一过程一般只需 0.05 s 左右。发火极引爆之后,充气器中的固态氮粒(叠氮钠)迅速气化,大量氮气立即吹胀气囊,在强大的冲击力之下,气囊冲开转向盘上的饰盖而完全展开。在乘员压向气囊的同时,气囊内部的氮气会因受压而从气囊上的小孔排出,从而减缓撞击力。如此,缓冲了乘员的冲击,避免了硬碰撞,起到保护乘员的作用。如果膨胀的气囊在受乘员压迫时不泄气,就会将乘员反弹回去,形成二次碰撞而造成伤害。

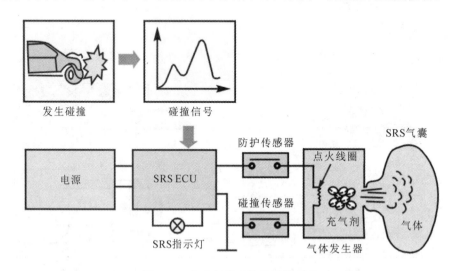

图 8-24 安全气囊系统的工作原理

2) 安全气囊系统的工作过程

当点火开关闭合接通仪表电路后,安全气囊系统就开始工作,自检子程序对电气元件进行

逐个检查,如有故障,安全气囊故障警示灯将闪亮不熄,提示驾驶员读取故障码,查出故障进行排除。如无故障,启动传感器子程序,对传感器进行巡回检测,如果没有碰撞发生,则又返回自检子程序,若一直无碰撞,程序就这样循环下去。

如果汽车发生碰撞,碰撞强度能使传感器输出电信号而没达到使电控装置发出引发气囊膨胀的指令时(碰撞时汽车速度为20~30 km/h),电控装置就发出引发安全带预紧器的指令,使安全带拉紧,保护乘员。若碰撞强度很大(碰撞时汽车速度大于30 km/h),则引爆安全气囊,使之膨胀展开。若碰撞强度太大使主电源线断路,则备用电源电路仍可保证引爆安全气囊膨胀的用电需要,并使报警灯也同时闪亮。安全气囊系统的工作流程如图8-25所示。

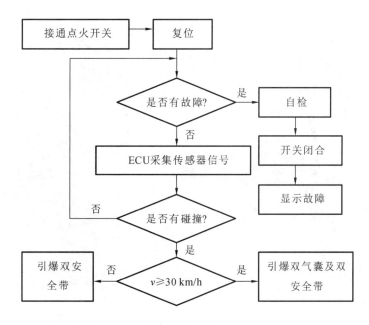

图8-25 安全气囊系统的工作流程

8.1.3 安全带

1. 安全带预紧器的结构

安全带预紧器安装在前排座椅的左右两外侧,它包括电雷管、气化剂、气缸活塞和导线等。其作用是当汽车的碰撞强度较大,但还没达到使安全气囊膨胀展开的范围内(传感器已输出电信号,但没达到存储器内存储的强度信号)时,电雷管(引爆管)由CPU控制接通电源引爆气化剂,活塞在膨胀气体作用下迅速下移,并带动安全带迅速预紧,将驾乘人员向座椅靠背拉动,防止他们冲向汽车前方,减少伤害。图8-26为装备安全带预紧器的安全气囊系统的零部件位置示意图。

安全带预收紧功能是指当车速发生急剧变化

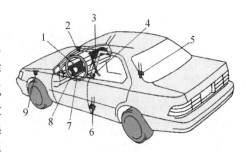

图8-26 装备安全带预紧器的安全气囊系统的零部件位置

1—SRS提示灯;2—右前碰撞传感器;3—乘员席SRS气囊组件;4—SRS ECU;5—右座椅安全带预紧器;6—左座椅安全带预紧器;7—驾驶席SRS气囊组件;8—螺旋电缆;9—左前碰撞传感器

的时候起到主要作用的装有控制装置和预拉紧装置的卷收器,能在0.1 s的时间内拉紧安全带,加强对驾驶员和乘员的约束力,保证人员的安全。

活塞式安全带预紧装置如图8-27所示,它由气体发生器、气缸、活塞、离合器、卷筒和缆绳等组成。缆绳的一端与活塞连接,另一端盘绕在卷筒上。当给气体发生器中的点火器通电时,气体发生器产生高压气体,推动活塞向下移动,与活塞连接的缆绳被拉紧,同时拖动卷筒向收紧安全带的方向旋转,离合器迫使安全带快速拉紧。

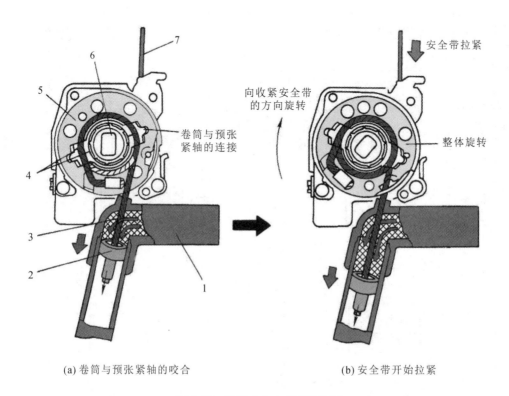

(a) 卷筒与预张紧轴的咬合　　　　　　　(b) 安全带开始拉紧

图8-27　活塞式安全带预紧装置

1—气体发生器;2—活塞;3—缆绳;4—离合器;5—卷筒;6—安全带收缩主轴;7—安全带

2.预紧器工作原理

装备座椅安全带预紧器的安全气囊系统的电路如图8-28所示。两个前碰撞传感器9、10与安装在SRS ECU中的中央碰撞传感器相互并联,驾驶席气囊点火器7与前乘员席气囊点火器8并联,左、右安全带预紧器点火器5、6并联。

在SRS ECU中,设有两只相互并联的保险传感器,其中一只与预紧器的点火器5、6和SRS ECU中的驱动电路构成回路,预紧器的点火器受控于SRS ECU。另一只保险传感器与气囊点火器7、8和前碰撞传感器9、10构成回路,气囊点火器7、8也受控于SRS ECU。

座椅安全带预紧器气体发生器的工作原理与安全气囊气体发生器的工作原理相似。当安全带预紧器点火器电路接通电源时,点火器引爆点火剂,充气剂受热分解产生气体,活塞在膨胀气体的作用下迅速移动,并推动预紧器的收紧装置将安全带迅速收紧15～20 cm,约束驾驶员和乘员向前移动的距离,从而防止其面部、胸部与转向盘、挡风玻璃或仪表板发生碰撞。

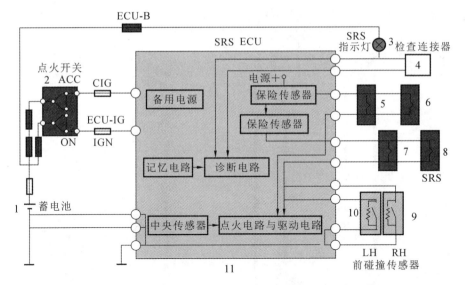

图 8-28 装备座椅安全带预紧器的安全气囊系统的电路

任务 8.2　汽车安全气囊系统故障诊断与排除

故障现象：速腾轿车安全气囊报警灯在行驶中突然闪亮。

故障检修：

(1) 用 VAS5051 诊断仪进行故障查询，有故障码提示：驾驶侧侧面安全气囊传感器 G179 不可靠信号，偶然。

(2) 查阅维修手册，仔细分析驾驶侧侧面安全气囊碰撞传感器 G179 的传递路线得知，G179 的 1 脚紫色线通过左侧 A 柱饰板下面的 T28/12 脚连接到安全气囊控制单元 J234 的 T50/45 脚；G179 的 2 脚棕色线通过左侧 A 柱饰板下面的 T28/13 脚连接到安全气囊控制单元 J234 的 T50/44 脚，电路如图 8-29 所示。该传感器为压力型传感器，如传感器本身或线路损坏会直接引起安全气囊控制单元 J234 的相关报警信息。

(3) 首先怀疑 G179 损坏。测量 G179 电阻为 26.2 kΩ，符合测量标准，排除 G179 阻值原因引起的信号超差损坏可能性。另一种可能性为此线束在左前门折页 T28 插头处虚接或进水，检查后未发现异常。

根据维修经验，安全气囊控制单元 J234 本身损坏的可能性不大，除非是控制单元受潮，局部插脚腐蚀。于是拆检安全气囊控制单元 J234，检查结果一切正常，未发现任何插脚腐蚀现象。

(4) 再次进行故障查询，发现安全气囊故障码变为：驾驶侧侧面安全气囊碰撞传感器 G179 断路/对正极短路的永久故障，不能清除。

(5) 因为产生了永久故障，所以准备测量线路。再次分解左前门外门板，用万用表测量 G179 插头的紫色线到左前门折页插头处的紫色线为接通，而测量 G179 插头的棕色线到左前门折页插头处的棕色线为断开状态。继续查找，发现在折页插头处附近棕色线断开，显然开始时此线为虚接，在重新插拔折页处插头时，该线断开了安全气囊控制单元 J234 控制电路，造成了永久故障。

（6）重新连接棕色线，清除故障码，故障彻底排除。

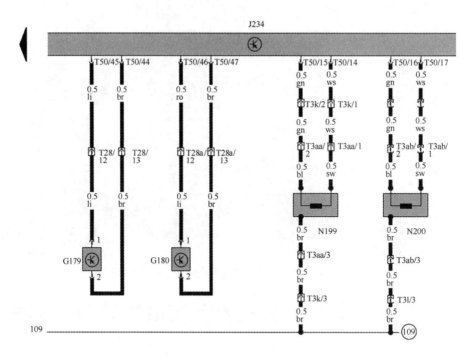

图 8-29　速腾轿车安全气囊电路

项目 9　辅助电气系统与检修

知识目标

1. 了解汽车辅助电气系统各元件及其在汽车上的安装位置；
2. 熟悉汽车各辅助电气系统的组成、结构；
3. 熟悉汽车各辅助电气系统的控制电路；
4. 掌握汽车各辅助电气系统控制原理，能分析故障原因。

能力目标

1. 能识别汽车各辅助电气系统设备和控制元件；
2. 能识读典型汽车各辅助电气系统电路图；
3. 能根据维修技术要求对汽车各辅助电气控制系统进行检测和维修。

随着汽车的不断发展，汽车辅助电气设备越来越多，也越来越重要，用以提高汽车的安全性、舒适性和实用性。汽车辅助电气设备主要有电动刮水器、洗涤器、电动车窗、电动座椅、中控门锁等。

任务 9.1　电动刮水器、洗涤及除霜装置

9.1.1　电动刮水器

电动刮水器的作用是清除汽车驾驶室前、后车窗玻璃上面的雨水、雾气、雪花及尘埃，以确保驾驶员良好的能见度。一般汽车的前挡风玻璃上都装有两个刮水片，有些汽车的后车窗也装有一个刮水片。

汽车上采用的刮水器种类很多，根据其动力不同可分为真空式、气动式和电动式三种。由于电动刮水器具有动力大、工作可靠、容易控制、不受发动机工况影响等优点，在汽车上得到了广泛应用。

1. 电动刮水器的组成

电动刮水器由直流电动机、传动机构、摆臂和刮片组成，如图 9-1 所示。微型直流电动机、蜗轮箱组成驱动部分，蜗轮的旋转运动由曲柄、连杆、摆杆变成左右往复摆动，刮水臂装在摆杆轴上。

如图 9-2 所示，电动刮水器工作时，电动机 11 转动，经蜗轮 9、蜗杆 10 减速后，带动拉杆 8、7、3 和摆杆 2、4、6 运动使刷架 1、5 摆动，橡胶刮片便刮去挡风玻璃上的泥土、雪花和雨水

等。为了使刮片能很好地适应风窗玻璃不同的外形及运行条件,一般刮片和摆杆都采用铰接式连接。

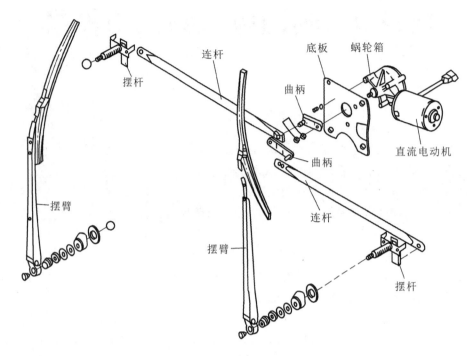

图 9-1 电动刮水器的组成

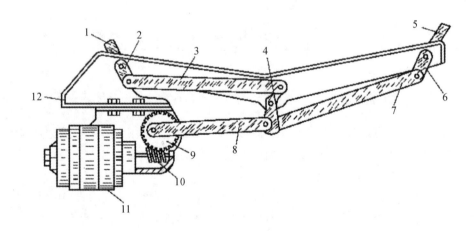

图 9-2 电动刮水器

1、5—刷架;2、4、6—摆杆;3、7、8—拉杆;9—蜗轮;10—蜗杆;11—电动机;12—底板

2.电动刮水器的工作原理

刮水器电动机按磁场结构不同,分为绕线式和永磁式两种。永磁式电动机应用广泛,其结构如图 9-3 所示。电动机轴端的蜗杆驱动蜗轮,蜗轮带动摇臂旋转,摇臂使拉杆往复运动,从而带动刮片左右摆动。

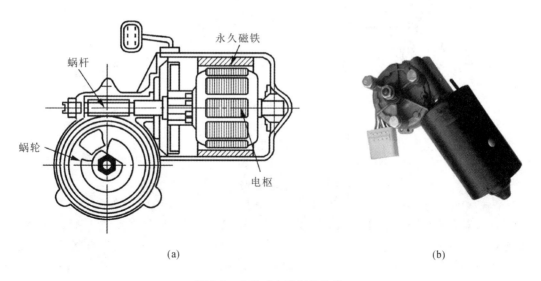

图 9-3 永磁式电动机的结构

1) 电动刮水器的变速原理

刮片一般都有两种摆动刮水速度。永磁式电动机在运行时,其磁场强弱是不能改变的,为了得到两种转速,通常在电动机内安装三个电刷,通过电刷的变换,改变两电刷间的导体数,达到变速的目的,其控制原理如图 9-4 所示。

当开关处于 L 挡时,电流流经 A、B 两电刷,这时,电枢内部形成两条对称的支路,一条经线圈 4、3、2、1,另一条经线圈 8、7、6、5。电枢两端有四个线圈的反电动势与电源电压相平衡,因此,电动机便以较低的稳定转速运转,使刮片慢速摆动。

当开关处于 H 挡时,电流流经 A、C 两电刷,这时电枢内部形成两条不对称的支路,一条经线圈 8、4、3、2、1,另一条经线圈 7、6、5。由于线圈 8 产生的反电动势与线圈 4、3、2、1 的相互抵消,此时只有三个线圈的反电动势与电源电压相平衡,只能提高转速,增大单个线圈的反电动势。因此,电动机在较高的稳定转速下运转,使刮片快速摆动。

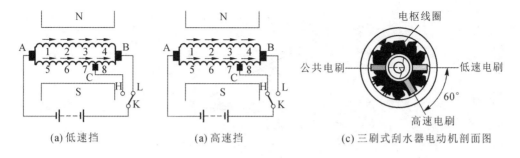

图 9-4 永磁双速电动机的工作原理

2) 刮水器自动复位装置

为了避免刮水器停止工作时刮片停在挡风玻璃中间影响驾驶员视线,电动刮水器都设有自动复位装置,如图 9-5 所示。自动复位装置的功能是在切断刮水器开关时,刮片能自动停在驾驶员视野以外的指定位置。

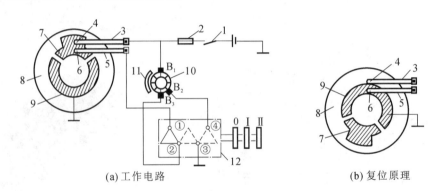

(a) 工作电路　　　　　　　　　(b) 复位原理

图 9-5　铜环刮水器自动复位装置

1—电源总开关；2—熔断器；3、5—触点臂；4、6—触点；7、9—铜环；8—蜗轮；10—电枢；11—永久磁铁；12—刮水器开关

当刮水器开关推到 0 挡时，如果刮片没有停在规定的位置，由于触点 6 与铜环 9 接触，则电流继续流入电枢。电流由蓄电池正极→电源总开关 1→熔断器 2→电动机电刷 B_1→电枢绕组→电刷 B_3→刮水器开关接线柱②→刮水器开关接线柱①→触点臂 5→触点 6→铜环 9→蓄电池负极形成回路，电动机以低速运转，见图 9-5(b)，直至蜗轮 8 转到图 9-5(a) 所示的位置时，触点 6 通过铜环 7 与触点 4 连通，将电动机电枢绕组短路。

与此同时，由于电动机存在惯性，不能立即停转，以发电机方式运行，产生很大的反电动势，从而产生制动力矩，电动机迅速停转，使刮片停在指定位置。

3）刮片的间歇控制

汽车在小雨或雾天行驶，风窗玻璃上会形成一层含有水分和灰尘的薄层，如果刮水器连续不断地工作，会使玻璃模糊而影响视线，并引起刮片的颤动，同时也会对玻璃有损伤。电动刮水器电子间歇控制电路可避免上述现象。电动刮水器的间歇控制按其间歇时间能否调节可分为可调式和不可调式。

(1) 不可调节式间歇控制电路。

刮水器的间歇控制是利用自动复位装置和电子振荡电路或集成电路实现的。凸轮式刮水器自动复位装置如图 9-6 所示。

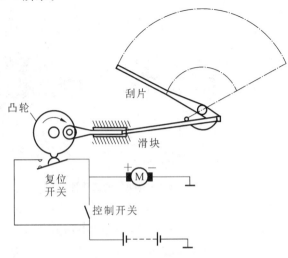

图 9-6　凸轮式刮水器自动复位装置

下面以同步振荡电路控制的间歇刮水器为例介绍不可调节式间歇控制电路的工作过程，电路如图9-7所示。

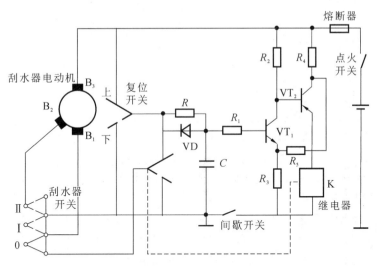

图9-7 同步间歇刮水器内部控制电路

电路中电阻 R、电容 C、二极管 VD 组成间歇时间控制电路，调整其参数可改变间歇时间的长短。当刮水器开关置"0"挡，且间歇开关闭合时，电流由蓄电池(＋)→点火开关→熔断器→复位开关"上"触点(常闭)→电阻 R→电容 C→搭铁→蓄电池(－)形成充电回路，使电容 C 两端电压上升，达一定值时，VT_1 导通，VT_2 随之导通。

继电器 K 中有电流通过，回路为蓄电池(＋)→点火开关→熔断器→R_4→VT_2→K→间歇开关→搭铁→蓄电池(－)；继电器磁化线圈通电使其常闭触点断开(实线位置)，常开触点闭合(虚线位置)。

刮水器电动机电路被接通，供电回路为蓄电池(＋)→点火开关→熔断器→公共电刷 B_3→电枢→低速电刷 B_1→刮水器开关"0"挡→继电器常开触点→搭铁→蓄电池(－)，刮水器电动机低速工作。

当复位开关常闭触点被复位装置顶开至常开"下"位置时，电流经电容 C(上端)→VD 和 R→复位开关"下"位置→电容 C；电容 C 快速放电，一段时间后，VT_1 截止，VT_2 截止，继电器断电，其触点复位。

但此时电动机仍运转，回路为蓄电池(＋)→点火开关→熔断器→公共电刷 B_3→电枢→低速电刷 B_1→刮水器开关"0"挡→继电器常闭触点→复位开关常开触点→搭铁→蓄电池(－)，只有当复位开关常开触点被复位装置顶回至常闭"上"位置时电动机才停止。电容 C 再次充电，重复周期开始。

（2）可调式间歇控制电路。

所谓可调式间歇控制电路是指刮水器控制电路能使刮水器根据雨量大小自动开闭，并自动调节间歇时间。图9-8所示为刮水器自动开关与调速控制电路。

电路中 S_1、S_2 和 S_3 是安装在风窗玻璃上的流量检测电极，雨水落在两检测电极之间，使其电阻减小，水流量越大，其电阻值越小。

S_1 与 S_3 之间的距离较近(约2.5 cm)。因此，晶体管 VT_1 首先导通，继电器 J_1 通电，在电磁吸力的作用下，P点闭合，刮水器电动机低速旋转。当雨量增大时，S_1 与 S_2 之间的电阻减小到使晶体管 VT_2 也导通，于是继电器 J_2 通电，在电磁吸力作用下，B点断开，A点接通，刮水器电

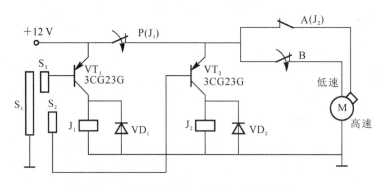

图 9-8　刮水器自动开关与调速控制电路

动机高速旋转。雨停时，检测电阻之间的阻值增大，晶体管 VT_1、VT_2 截止，继电器复位，刮水器电动机自动停止工作。

图 9-9 所示为刮水器电子调速电路，该调速电路可根据雨量大小或雾天实际情况，自动调节刮片的摆动速度，使风窗玻璃的清晰度提高，且能自动接通或关闭刮水器，以达到无级调速的目的。其中，传感器 M（雨滴传感器）有两个用镀铜板（尺寸为 6.5 cm×6.5 cm）制成的间隔很近，但互不相通的电极。图 9-10 所示为比较先进的雨滴传感器，它能获得刮水的最佳时间。

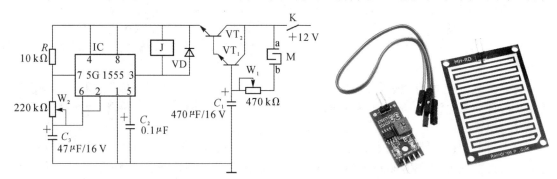

图 9-9　刮水器电子调速电路　　　　图 9-10　雨滴传感器

3.风窗清洗装置的组成

风窗清洗装置如图 9-11 所示，主要由储液罐、清洗泵、软管、三通管接头、喷嘴等组成。

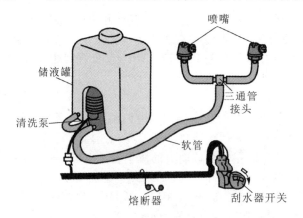

图 9-11　风窗清洗装置

储液罐一般由塑料制成,其内装有洗涤液。洗涤液一般由水或水与适量的添加剂组成,添加剂有助于清洁或降低冰点。为了能刮掉风窗玻璃上的油、蜡等物,可在水中加少量的去垢剂和防腐剂。

洗涤泵由永磁电动机和离心式叶片泵组成一体,喷射压力为 70~88 kPa。洗涤泵一般直接安装在储液罐上,也有安装在管路上的。在离心泵进口处设置有滤清器。

喷嘴安装在风窗玻璃下面,喷嘴方向可以调整,使水喷射在风窗玻璃的适当位置,喷嘴直径一般为 0.8~1 mm。

洗涤泵连续工作一般不超过 1 min,对刮水和洗涤分别控制的汽车,应开动洗涤泵后接通刮水器,喷水停止后,刮水器应继续刮动 3~5 次,经过这样的配合,可以达到良好的清洁效果。

9.1.2 电动刮水器控制电路

风窗清洗装置控制开关有 5 个挡位,分别是低速挡(Lo)、高速挡(Hi)、关闭挡(OFF)、间歇挡(INT)和喷洗挡。下面分析它们的工作过程,电路如图 9-12 所示。

1. 低速挡

前风窗刮水器开关置于低速挡(慢速挡)时,刮水系统低速刮水。其电路为:中央接线盒 X 线→熔断器 S11.15A→中央接线盒 B9→前风窗刮水器开关 E22(53a→53)→中央接线盒 A2→刮水继电器 J31(6/53S→2/53M)→中央接线盒 D12→刮水器电动机(4/53→5/31)→搭铁。刮水器电动机低速转动,刮水器低速刮水。

2. 高速挡

前风窗刮水器开关置于高速挡(快速挡)时,刮水系统高速刮水。其电路为:中央接线盒 X 线→熔断器 S11.15A→中央接线盒 B9→前风窗刮水器开关 E22(53a→53b)→中央接线盒 A5→中央接线盒 D9→刮水器电动机(2/53b→5/31)→搭铁。刮水器电动机高速转动,刮水器高速刮水。

3. 关闭挡

前风窗刮水器开关置于关闭挡时,刮水系统处于复位运转状态。

(1) 如果刮水器尚未回到初始位置(回位或复位),此时刮水器电动机复位装置中复位电源线 1/53a 与复位线 3/31b 接通,刮水器电动机继续转动,其电路为:中央接线盒 X 线→熔断器 S11.15A→中央接线盒 D20→刮水器电动机(1/53a→3/31b)→前风窗刮水器开关 E22(53e→53)→中央接线盒 A2→刮水继电器(6/53S→2/53M)→中央接线盒 D12→刮水器电动机(4/53→5/31)→搭铁。刮水器电动机低速转动,刮水器低速刮水直到复位。

(2) 如果刮水器电动机已回到初始位置,此时刮水器电动机复位装置中复位电源线 1/53a 与复位线 3/31b 断开,复位线 3/31b 与搭铁线 5/31 接通,刮水器电动机无电源并受到电动机自身产生的自感电动势电磁制动力的作用,停止转动。

4. 间歇挡

前风窗刮水器开关置于间歇挡时,刮水系统处于间歇运转状态。

(1) 刮水继电器工作分析。此时刮水继电器产生脉冲电流,使其内部常闭触点打开,常开触点闭合(一个脉冲宽度),刮水继电器 3/15 端子与 2/53M 端子接通一个脉冲宽度时间。刮水继电器工作电路为:中央接线盒 X 线→熔断器 S11.15A→中央接线盒 B9→前风窗刮水器开关 E22(53a→J)→中央接线盒 A12→刮水继电器(1/1→4/31)→中央接线盒 31→搭铁。

(2) 刮水器电动机工作分析。当刮水继电器 3/15 端子与 2/53M 端子接通时,刮水器电动机低速运转。其电路为:中央接线盒 X 线→熔断器 S11.15A→刮水继电器(3/15→2/53M)→中央接线盒 D12→刮水器电动机(4/53→5/31)→搭铁。刮水器电动机低速转动,刮水器低速刮水。

(3) 复位分析。脉冲结束后,刮水继电器常开触点打开,常闭触点又闭合,此时刮水器尚未复位,刮水器电动机继续低速运转直到复位。待刮水器复位一段时间后,刮水继电器又产生脉冲电流继续工作。如此循环,刮水系统间歇运转。

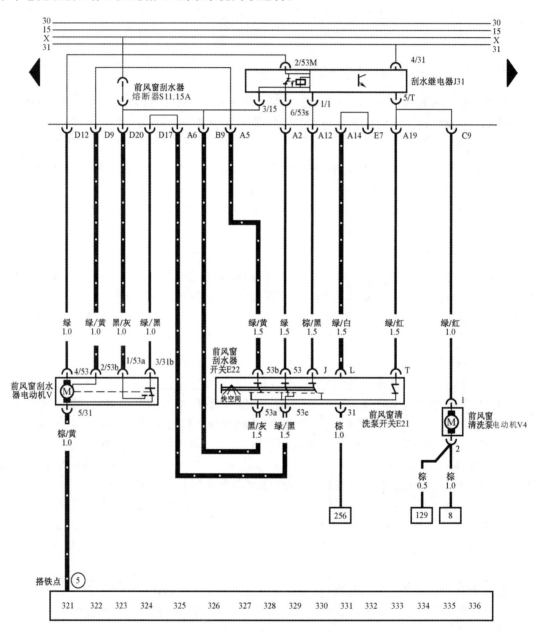

图 9-12 风窗玻璃刮水器和风窗玻璃洗涤器电路

5.喷洗挡

前风窗清洗泵开关 E21 置于喷洗挡时,清洗泵工作,刮水系统处于间歇运转状态。

(1) 刮水器间歇工作,刮水继电器工作电路为:中央接线盒 X 线→熔断器 S11.15A→中央接线盒 B9→前风窗刮水器开关(53a→T)→中央接线盒 A19→刮水继电器(5/T→4/31)→31→搭铁。刮水继电器工作。

(2) 清洗泵电动机转动,其电路为:中央接线盒 X 线→熔断器 S11.15A→中央接线盒 B9→前风窗刮水器开关(53a→T)→中央接线盒 A19→中央接线盒 C9→清洗泵电动机 V4→搭铁。清洗泵电动机动运转,清洗泵工作,喷头喷出水清洗风窗玻璃。

9.1.3 风窗玻璃除霜装置

汽车风窗玻璃在下雪天或气温较低的情况下易结霜,刮水器是无法清除的,严重影响驾驶员视线,因此汽车上安装有除霜装置。汽车前、侧挡风玻璃上的霜层通常利用空调系统中产生的暖气来清除,而后方玻璃因为不易擦拭,而且暖风也不易吹到,所以后挡风玻璃需加设除霜装置。

1.风窗玻璃除霜装置的组成

自动控制除霜装置由开关、传感器、控制器、电热丝、连接线路组成。后风窗玻璃除霜器由一组平行的含银陶瓷电阻丝组成,一般是在玻璃成型过程中,将很细的电阻丝烧结在玻璃表面上。在玻璃两侧有汇流条,各焊有一个接线柱,其中一个用以供电,另一个是搭铁接线柱。

这种除霜器的工作电流较大,因此电路中除设有开关外,有的还设有一个定时继电器。这种继电器在通电 10 min 后即能自动断电,如霜还没有除净,驾驶员可再次接通开关,但在这之后每次只能通电 5 min。传感器安装在后风窗玻璃上,采用热敏电阻,结霜越厚,阻值越小。电热丝采用正温度系数的细小镍铬丝,温度低时,阻值减小,电流增大;温度高时,阻值增大,电流减小。因此,除霜器自身具有一定的调节功能。后风窗玻璃除霜装置电路如图 9-13 所示。

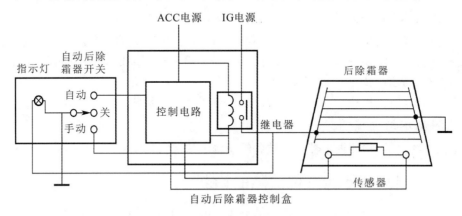

图 9-13 后风窗玻璃除霜装置电路

2.风窗玻璃除霜装置的工作过程

(1) 除霜器开关置"关"位置时,控制电路及指示灯电路被断开,除霜装置及指示灯均不工作。

(2) 除霜器开关置"手动"位置时,继电器线圈可经手动开关直接搭铁,继电器触点闭合,使控制电路及指示灯接通,除霜装置及指示灯均工作。

(3) 除霜器开关置"自动"位置时,若结霜达到一定厚度,传感器电阻值急剧减小到某一设定值,控制电路使继电器线圈通电,继电器触点闭合,由点火开关 IG 接线柱向电阻丝供电,同时点亮仪表板上的指示灯,表示除霜装置正在工作。

当玻璃上结霜减少到某一程度后,传感器电阻值增大,控制电路切断继电器线圈回路,触点断开,电阻丝断电,除霜装置停止工作,同时指示灯灭。

任务 9.2　刮水系统、风窗洗涤系统故障诊断与排除

9.2.1　刮水器不工作故障的诊断

刮水器不工作故障的原因有:点火开关、刮水器电动机、刮水继电器、前风窗刮水器开关损坏,电路断路等。以桑塔纳 2000GSi 为例说明如下。

1. 检测 X 线电源

刮水器电源由中央接线盒 X 线提供,而 X 线电源由点火开关控制。检测时,转动点火开关至 1 挡,用万用表电压挡或试灯,检测点火开关 30 接柱和 X 接柱上是否有蓄电池电压。

若 30 端子无蓄电池电压,说明蓄电池、30 电源线与点火开关 30 接柱之间的电路断路,应修复。

若 30 端子有蓄电池电压,X 端子无蓄电池电压,说明点火开关损坏,应更换。

若 30 端子和 X 端子均有蓄电池电压,而中央接线盒 X 线上无蓄电池电压,说明点火开关上的 X 接柱至中央接线盒 X 线之间电路断路,应修复。

若本项检测正常,进行下一步检测。

2. 检测熔断器 S11

拔下熔断器 S11,观察是否烧断。若烧断,应更换;若良好,插上熔断器进行下一步检测。

3. 检测刮水器电动机

拆下刮片,拆开风窗下刮水器电动机防护板,拔下连接刮水器的插头,用导线将刮水器插座(电动机)端的 5/31 端子搭铁,用导线分别将 4/53 端子或 2/53b 端子(电动机端)搭铁,电动机应分别以低、高速运转。

若电动机不转,应更换;若电动机运转正常,进行下一步检测。

4. 检测刮水继电器(J31)

拔下刮水继电器,检测继电器插头端各端子输入情况。

9.2.2　刮水器不能复位故障的诊断

刮水器不能复位故障的原因有:前风窗刮水器开关、刮水继电器、刮水器电动机复位装置、插接器损坏,电路断路等。以桑塔纳 2000GSi 为例说明如下。

1. 检测前风窗刮水器开关

前风窗刮水器开关处于关闭挡时,用万用表检测 53 端子与 53e 端子之间的电阻值,应为零。若不为零,应更换前风窗刮水器开关;若为零,进行下一步检测。

2. 检测刮水继电器

拔下刮水继电器,用万用表检测继电器 2/53M 端子与 6/53S 端子之间的电阻值,应为零。

若不为零,应更换刮水继电器;若为零,进行下一步检测。

3. 检测刮水器电动机复位装置

拆下刮水器连接插头,用万用表电阻挡分别检测 3/31b 端子与 1/53a 端子、5/31 端子之间的电阻值。刮水器处于完全复位状态时,3/31b 端子与 5/31 端子之间的电阻为零。若不为零,应予以修复或更换刮水器总成。

刮水器处于工作状态(未到完全复位状态)时,3/31b 端子与 1/53a 端子之间电阻为零。若不为零,应予以修复或更换刮水器总成。

4. 检测电路断路情况

若上述检测均正常,应分别检测和排除中央接线盒 D20 端子→刮水器接线插头 1/53a 端子之间、刮水器接线插头 3/31b 端子→中央接线盒 D17→A6 端子→前风窗刮水器开关 53e 端子之间、前风窗刮水器开关 53 端子→中央接线盒 A2 端子之间的电路断路故障。

9.2.3 风窗清洗装置不喷水故障的诊断

风窗清洗装置不喷水故障的原因有:前风窗清洗泵开关、清洗泵电动机、熔断器损坏,电路断路,软管或管道堵塞等。以桑塔纳 2000GSi 为例说明如下。

1. 检测清洗泵电动机

拔下前风窗清洗泵插头,将清洗泵两端分别接蓄电池正负极,观察清洗泵电动机的运转情况。若电动机不转,应予以更换;若运转正常,进行下一步检测。

2. 检测前风窗清洗泵开关

拔下前风窗清洗泵开关上的接线插头,用万用表电阻挡检测在清洗泵开关接通时,53a 端子与 T 端子之间的电阻值,应为零。

若电阻值不为零,应更换前风窗清洗泵开关;若电阻值为零,应检修和排除前风窗清洗泵开关 T 端子→中央接线盒 A19 端子→C9 端子→清洗泵电动机 1 号端子、接线柱 2 号端子→搭铁之间的电路。

任务9.3 汽车电动车窗、电控门锁、防盗系统及电动座椅

9.3.1 电动车窗

1. 电动车窗的结构组成

电动车窗又称自动车窗,其玻璃升降器能自动升降门窗玻璃,即使在行车过程中也能方便地开关车窗。电动车窗控制系统主要由车窗、玻璃升降器、电动机、控制开关(主开关、分开关)等组成,如图 9-14 所示。

1) 电动机

电动机是用来为车窗玻璃的升降提供动力的装置。由于车窗玻璃的动作是双向(升降)的,车窗升降电动机采用了双向转动的电动机。它有永磁型和双绕组型两种,永磁型采用外搭铁,双绕组型的电动机则是各绕组搭铁。

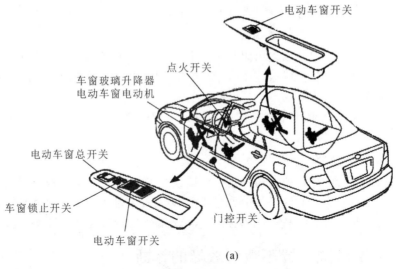

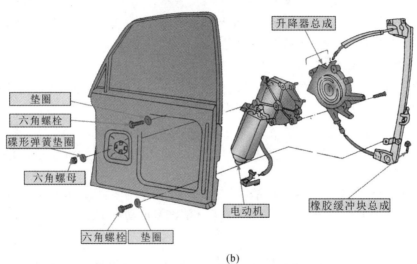

图 9-14 电动车窗控制系统的结构组成

2)控制开关

车窗系统一般都有两套控制开关,一套装在仪表板或驾驶员侧的车门扶手上,为主开关,可控制每个车窗的升降。另一套分别装在每个乘员席侧的门上,为分开关,可单独控制一个车窗。在主开关上还有断路开关,可切断分开关的电路,如图 9-15 所示。

(a)主开关

(b)分开关

图 9-15 车窗系统控制开关

3）车窗玻璃升降器

电动车窗最主要的组成部分是车窗玻璃升降器,目前使用的有电动交叉臂式玻璃升降器、电动钢丝滚筒绳式玻璃升降器、电动齿轮式玻璃升降器等几种,如图9-16至图9-18所示。电动交叉臂式玻璃升降器结构简单、工作可靠,在汽车上应用广泛。

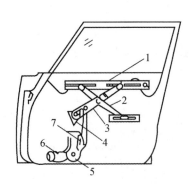
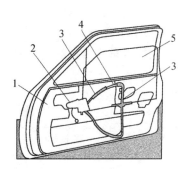
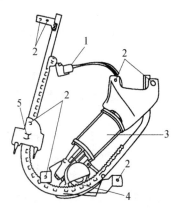

图 9-16 电动交叉臂式玻璃升降器　　图 9-17 电动钢丝滚筒绳式玻璃升降器　　图 9-18 电动齿轮式玻璃升降器

1—玻璃安装槽板;2—从动臂;
3—主动臂;4—托架;5—平衡弹簧;
6—电动机;7—扇形齿轮

1—盖板;2—永磁电动机及减速器;
3—导向套;4—钢丝绳;5—玻璃

1—导线连接器;2—铆钉;
3—小齿轮;4—电动机;5—定位架

2. 电动车窗的工作原理

车窗驱动电动机可分别由总开关和分开关控制,驾驶员可通过仪表板或驾驶员侧车门扶手上的总开关控制各个车窗,乘员则可通过车门扶手上的分开关自行控制车窗,如图9-19所示。

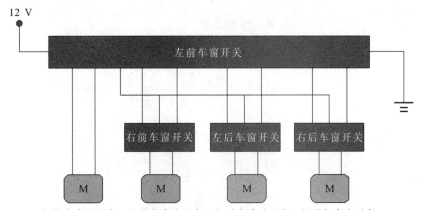

图 9-19 电动车窗系统示意图

手动控制是指按相应的手动按钮,车窗玻璃可以上升或下降,若中途松开按钮,上升或下降的动作即停止。而自动控制是指按下自动按钮,松开后车窗玻璃会一直上升至顶部或下降至最低。

3. 电动车窗的控制电路

电动车窗控制电路主要由电源、易熔线、断路器、指示灯等组成。不同车型所采用的电动车窗的电动机及其控制电路各不相同。根据搭铁形式不同电动机可分成直接搭铁式和控制搭铁式两种。

1）永磁型直流电动机电动车窗

永磁型直流电动机电动车窗通过改变电动机电枢的电流方向来改变电动机的旋转方向，使车窗玻璃上升或下降。图 9-20 为雷克萨斯 LS400 轿车电动车窗控制电路图。

当点火开关打至点火挡时，电动车窗主继电器工作，触点闭合，给电动车窗提供了电源。如将主开关上的窗锁开关闭合，那么所有车窗都可随时进入工作状态；若主开关上的车窗锁开关断开，则只有驾驶员侧车窗可进行工作。另外，驾驶员侧的车窗开关由点触式电路控制，驾驶员要使车窗玻璃下降时，只要点触一下下降开关，车窗玻璃就会自动下降到最低点，在下降过程中，如果要使玻璃停止在某一位置时，只要再点触一下开关即可。

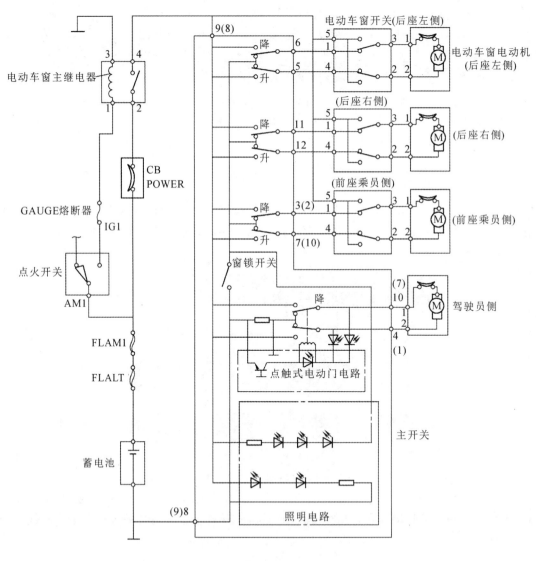

图 9-20　雷克萨斯 LS400 轿车电动车窗控制电路

注：括号内数字适用于 RHD 车型。

2) 双绕组串励式直流电动机电动车窗

双绕组串励式直流电动机有两个绕向相反的磁场绕组,一个称为上升绕组,一个称为下降绕组,在给不同绕组通电时,会产生相反方向的磁场,电动机的旋转方向也就不同,从而实现车窗玻璃上升或下降。典型控制电路如图 9-21 所示。

电动车窗的断路保护开关是双金属触点臂结构,当电动机超载,电路中电流过大时,双金属片因温度上升产生翘曲变形,打开触点,切断电路。电流消失后,双金属片冷却,变形消失,触点再次闭合。如此周期动作,使电动机电流平均值不超过规定值,不致过热而烧坏。

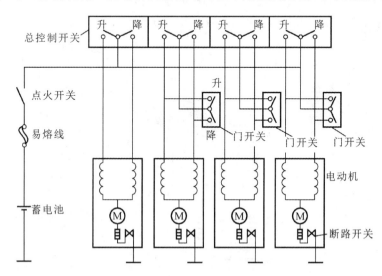

图 9-21 双绕组串励式直流电动机电动车窗电路图

9.3.2 电动门锁

为了使汽车的使用更加方便和安全,现代轿车多数都安装了电动门锁(也称为中央门锁)系统。所谓电动门锁,就是在左前门设有总开关,驾驶员可通过操纵按钮控制所有车门(包括行李厢门)的锁定和打开,另外在其他车门上设置的按钮可分别控制各门锁的开启或锁紧。这样既方便了驾驶员和乘员,又确保了安全。

1. 电动门锁的功能

装置电动门锁后可实现下列功能。

(1) 将驾驶员车门锁扣按下时,其他几个车门及行李厢门都能自动锁定;如用钥匙锁门,也可同时锁好其他车门和行李厢门。

(2) 将驾驶员车门锁扣拉起时,其他几个车门及行李厢门锁扣都能同时打开;用钥匙开门,也可实现该动作。

(3) 在车室内个别车门需打开时,可分别拉开各自的锁扣。

(4) 配合防盗系统,实现防盗。

2. 电动门锁系统分类

电动门锁系统的种类很多,按发展过程一般可分为普通中央控制电动门锁系统、电子式电动门锁系统、车速感应式电动门锁系统和遥控电动门锁系统;按控制方式不同,可分为不带防盗系统的中央门锁系统和与防盗系统成一体的电控中央门锁系统;按结构不同,可分为双向空气压力泵式和直流电动机式中央门锁系统。

3.电动门锁的组成及其原理

中央控制门锁系统结构如图 9-22 所示,主要由控制部分和执行机构组成。其中控制部分主要包括门锁开关和门锁控制器。

1) 门锁开关

门锁控制器的工作状况是由门锁开关控制的。电动门锁开关有中央控制门锁开关、钥匙控制开关、钥匙开锁报警开关、行李厢门开启器开关、门控开关、门锁开关等。

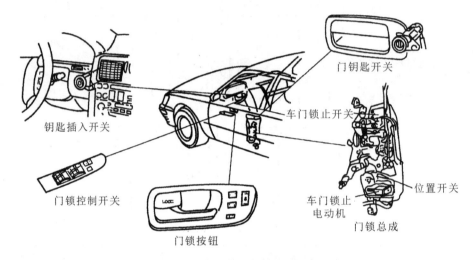

图 9-22　中央控制门锁系统结构

(1) 中央控制门锁开关。

中央控制门锁开关安装在左前门和右前门的内侧扶手上,如图 9-23 所示,用来在车内控制全车车门的开启与锁止,一般将开关向前压是锁门,向后压是开门。

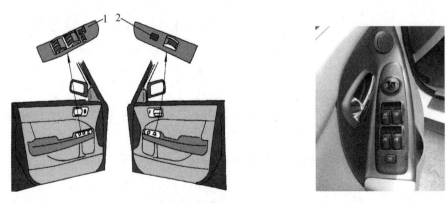

图 9-23　中央控制门锁开关
1—左门锁控制开关;2—右门锁控制开关

(2) 钥匙控制开关。

钥匙控制开关装在左前门和右前门的外侧门锁上,如图 9-24 所示。当从车外面用车门钥匙开车门或锁车门时,钥匙控制开关便发出开门或锁门的信号给门锁控制 ECU,实现车门打开或锁止。车门钥匙的功能是实现在车门外面锁车或打开车门锁,同时车门钥匙也是点火开关、燃料箱、行李厢等全车设置锁共用的钥匙。

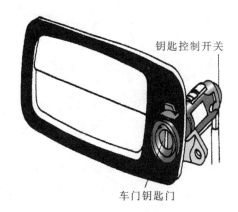

图 9-24 钥匙控制开关

(3) 钥匙开锁报警开关。

钥匙开锁报警开关用于探测点火钥匙是否插进钥匙孔内。当钥匙在钥匙孔内时,钥匙开锁报警开关接通电路报警;当钥匙离开钥匙孔时取消报警。

(4) 行李厢门开启器开关。

行李厢门开启器装在行李厢门上,结构如图 9-25 所示,主要由扼铁、插棒式铁心、电磁线圈和支架组成。轴用于连接行李厢门锁,当电磁线圈通电时,插棒式铁心将轴拉入并打开行李厢门。线路断路器用以防止电磁线圈因电流过大而过热。

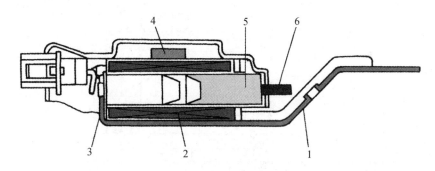

图 9-25 行李厢门开启器

1—支架;2—电磁线圈;3—扼铁;4—线路断路器;5—插棒式铁心;6—轴

行李厢门开启器开关位于仪表板下面,拉动此开关便能打开行李厢门,如图 9-26 所示。不同车的行李厢门开启器开关有所不同,操作图 9-26 所示的行李厢门开启器开关时,先用钥匙顺时针旋转打开行李厢门开启器主开关,然后再使用行李厢门开启器开关打开行李厢门。

(5) 门控开关。

门控开关是用来检测车门的开闭情况的。车门打开时,门控开关接通;车门关闭时,门控开关断开。

(6) 门锁开关。

门锁开关用于检测车门的开闭情况。车门关闭,门锁开关断开;车门开启,门锁开关接通。

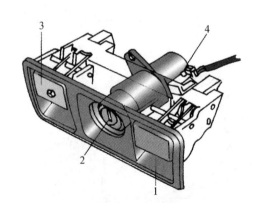

图 9-26 行李厢门开启器开关安装位置

1—行李厢门开启器开关；2—钥匙门；3—燃油箱盖开启器开关；4—行李厢门开启器主开关

2) 门锁控制器

为门锁提供开锁与闭锁脉冲电流的装置称为门锁控制器，常见的形式有以下三种。

(1) 晶体管式门锁控制器。

晶体管式门锁控制电路如图 9-27 所示，该门锁控制器内部有两个继电器，一个控制锁门，另一个控制开门。继电器由晶体管开关控制，它利用电容器的充放电过程控制一定的脉冲电流持续时间，使执行机构完成锁门和开门动作。

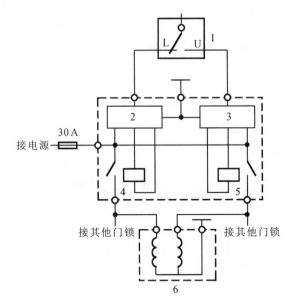

图 9-27 晶体管式门锁控制电路

1—门锁开关；2—门锁控制电路；3—开门控制电路；4—闭锁继电器；5—开锁继电器；6—门锁执行机构（电磁式）

(2) 电容式门锁控制器。

电容式门锁控制电路如图 9-28 所示。该门锁控制器利用电容充放电特性，使开锁或闭锁继电器线圈产生电磁力，接通执行机构电磁线圈来完成开锁或闭锁动作。平时电容器充足电，工作时接入控制电路使电路放电，使两电路中之一通电而短时吸合。电容器完全放电后，通过继电器的电容中断而使其触点断开，门锁系统不再工作。

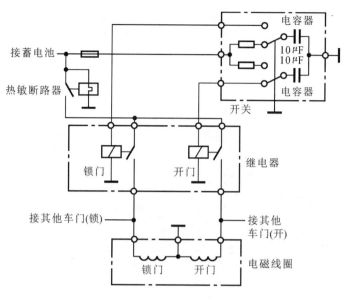

图 9-28 电容式门锁控制电路

(3) 车速感应式门锁控制器。

车速感应式门锁控制电路如图 9-29 所示。在中央集控门锁系统中加载车速 10 km/h 感应开关，当车速在 10 km/h 以上时，若车门未上锁，驾驶员不需动手，门锁控制器自动将门上锁。如果个别车门要自行开门或锁门，可分别操作。

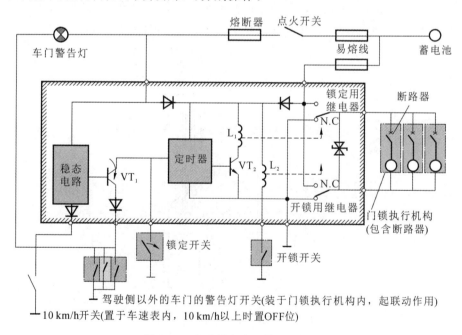

图 9-29 车速感应式门锁控制电路

3) 门锁执行机构

门锁执行机构的任务是在外电路的控制下，改变通电极性，从而改变运动方向，带动门锁连杆机构完成开锁和闭锁的功能。门锁执行机构分为电磁线圈式、直流电动机式和双向空气压力泵式。

(1) 电磁线圈式门锁执行机构。

电磁线圈式门锁执行机构内部有两个电磁线圈,分别用于开启和关闭门锁,如图 9-30 所示。当给锁门线圈通电时,衔铁带动连杆左移,即锁门;当给开锁线圈通电时,衔铁带动连杆右移,即开锁。

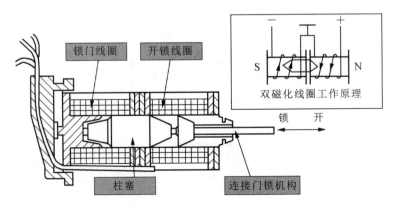

图 9-30 电磁线圈式门锁执行机构

(2) 直流电动机式门锁执行机构。

直流电动机式中央门锁的执行机构如图 9-31 所示,主要由双向电动机、导线、继电器、门锁开关及连杆操纵机构等组成。

当电动机转动时,蜗杆带动齿轮转动,齿轮推动锁杆,车门被锁上或打开,然后齿轮在回位弹簧的作用下返回原位置,防止操纵门锁按钮时电动机工作。位置开关在锁杆推向锁门位置时断开,推向开门位置时接通。其优点是体积小、耗电少及动作较迅速。

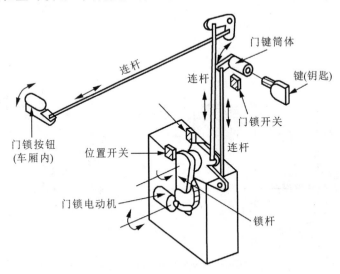

图 9-31 直流电动机式中央门锁的执行机构

(3) 双向空气压力泵式门锁执行机构。

双向空气压力泵式中央门锁的执行机构利用双向空气压力泵产生压力或真空,通过膜盒来完成门锁的启、闭动作。以奥迪 100 轿车为例,其前门锁执行机构如图 9-32 所示,控制电路如图 9-33 所示。

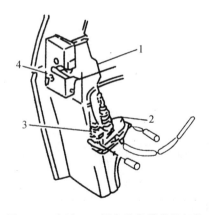

图 9-32 奥迪 100 轿车前门锁执行机构
1—连接杆；2—膜盒；3—门锁开关；4—门锁

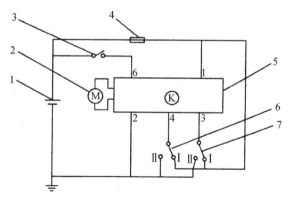

图 9-33 奥迪 100 轿车前门锁控制电路
1—蓄电池；2—双向压力泵；3—点火开关；4—熔断器；
5—中央门锁控制单元；6—左前门锁开关；7—右前门锁开关

开锁原理：当用钥匙操作或拉出两前门的任一门锁操纵杆时，连接杆被向上拉起，车门锁执行元件中的门锁开关的开锁触点 Ⅰ 闭合；控制单元收到此信号后，立即控制双向压力泵转动，系统管路中的气体呈正压，气体进入 4 个车门及行李厢的执行元件（膜盒）内，膜片推动连接杆向上运动将门锁打开。

锁车原理：当用钥匙操作或按下两前门的任一门锁操纵杆时，连接杆被压下，车门锁执行元件中的门锁开关的门锁触点 Ⅱ 闭合；控制单元收到此信号后，立即控制双向压力泵向另一个方向运转，用以抽吸空气，系统管路中呈负压，各门锁的执行元件进入真空状态，膜片带动连接杆向下运动而将车门锁住。

9.3.3 遥控门锁系统

1. 遥控门锁系统的组成

遥控门锁系统主要由以下部件组成：手持遥控发射器、接收器、遥控门锁 ECU、防盗和门锁控制 ECU（门锁控制组件）以及执行器等。具体零部件在车上的位置如图 9-34 所示。

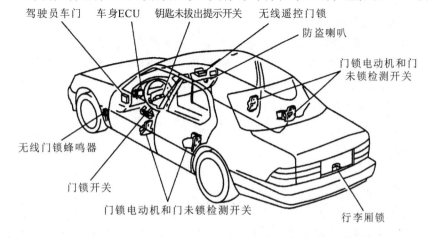

图 9-34 遥控门锁系统零部件位置

2. 遥控门锁系统电路

雷克萨斯 LS400 轿车遥控门锁系统的电路如图 9-35 所示。

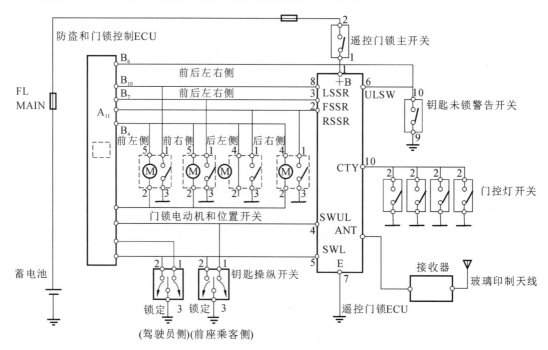

图 9-35　雷克萨斯 LS400 轿车遥控门锁系统电路

1）遥控天线电路

当操纵点火钥匙上的发送器时，发送器即发射电磁波。该电磁波以汽车后窗玻璃上的除雾电热丝为天线，然后通过匹配器，到达遥控门锁 ECU 的 ANT 端子。当 ECU 的 ANT 端子接收到该遥控电磁波信号时，即控制 4 个车门锁自动进行打开或锁止操作。

2）遥控门锁 ECU 电源电路

当遥控门锁主开关接通时，蓄电池电压加到遥控门锁 ECU 的 +B 端子上，使 ECU 工作。该电源为 ECU 的控制电源。

3）车门位置开关电路

车门位置开关设在门锁电动机总成内。当车门锁按钮处于锁止位置时，开关断开；当车门锁按钮处于打开位置时，开关接通。遥控门锁 ECU 的 LSSR、FSSR、RSSR 端子分别为左前门、右前门和两后门的车门位置开关端子。当 4 个车门的任一车门锁按钮处于锁止位置时，相对应的 ECU 端子的电压为蓄电池电压 12 V，相反，当按钮处于打开位置时，端子的电压为搭铁电压 0 V。

4）钥匙操纵开关电路

钥匙操纵开关设在车门锁芯内。当车门钥匙转至锁止侧时，开关的锁止端子搭铁；当车门钥匙转至打开侧时，开关的打开端子搭铁。

当点火开关接通时，蓄电池电压通过防盗 ECU 加到遥控门锁 ECU 的锁止端子 SWL 和打开端子 SWUL 上，即锁止端子 SWL 和打开端子 SWUL 的电压为 12 V。当钥匙操纵开关锁止端子搭铁时，遥控门锁 ECU 的锁止端子 SWL 的电压为 0 V。当钥匙操纵开关打开端子搭铁时,遥控门锁 ECU 的打开端子 SWUL 的电压为 0 V。

当遥控门锁 ECU 的 ANT 端子接收到点火钥匙发送器发出的遥控电磁波信号时,根据 SWL 端子和 SWUL 端子的电压信号,输出打开或锁止所有车门的信号。该信号通过两个 ECU 之间的通信线路 B7-FSSR、B10-LSSR、A11-RSSR 传送给防盗 ECU,防盗 ECU 即控制门锁打开或锁止。

5) 钥匙未锁警告开关电路

当钥匙插入点火开关锁芯时,钥匙未锁警告开关接通,遥控门锁 ECU 的 ULSW 端子的电压为 0 V,ECU 执行钥匙禁闭预防功能;钥匙未插入时,开关断开,ULSW 端子的电压为蓄电池电压 12 V,钥匙禁闭预防功能解除。

6) 门控灯开关电路

门控灯开关在车门打开时接通,车门关闭时关断。当任一车门打开时,遥控门锁 ECU 的 CTY 端子的电压为 0 V;当所有车门均关闭时,CTY 端子的电压为蓄电池电压 12 V。

9.3.4 汽车防盗系统

1. 防盗系统的组成及工作原理

汽车防盗系统如图 9-36 所示,一般由报警调置/解除装置、传感器(检测器)、防盗电控单元(ECU)、报警装置、防止汽车起动和移动装置等组成。

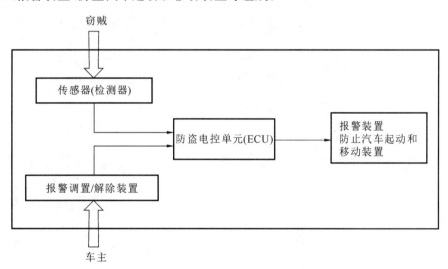

图 9-36 汽车防盗系统的基本组成

2. 汽车防盗系统电路

雷克萨斯 LS400 轿车防盗系统电路如图 9-37 所示。

1) 供电电路

防盗系统 ECU 的供电电路有多路:第一路为 A6 端子的供电,该电压来自蓄电池正极,经多个保险元件后得到;第二路是防盗系统 ECU 的 B2 端子供电,该电压也来自蓄电池的正极,但受点火开关的控制;第三路是 B8 端子的车门控制电路的供电,该电压来自蓄电池正极,经多个保险元件后得到。

2) 门锁驱动电路

防盗系统 ECU 的 B4 端子与 B3 端子内电路及外接的 4 个电动机及其内的 4 个到位控制开关共同构成了门锁驱动电路。该电路受车门钥匙控制开关或车门锁开关(手动)的控制,由防盗系统 ECU 的 B4 端子或 B3 端子输出不同方向的电流来带动相关机构将车门锁上或打开。

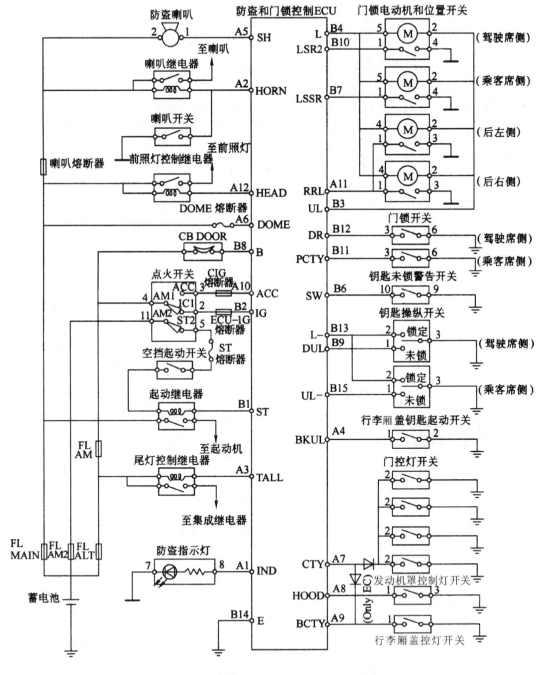

图 9-37 雷克萨斯 LS400 轿车防盗系统电路

当防盗系统 ECU 的 B4 端子输出高电平、B3 端子为低电平时,4 个电动机同时工作,将车门锁止。当防盗系统 ECU 的 B3 端子输出高电平,B4 端子为低电平时,4 个电动机同时工作,将车门打开。

3) 门锁开关

防盗系统 ECU 的 B12 端子、B11 端子分别外接驾驶席侧、乘客席(副驾驶)侧门锁开关;B13 端子、B9 端子和 B15 端子为钥匙操纵开关。当这几个开关中的任一个打开或闭合时,均会使门锁驱动电动机动作,开关机构将所有车门打开或锁止。

4) 起动控制电路

防盗系统 ECU 的 B1 端子内电路及其外接的起动继电器共同构成了起动控制电路。当防盗系统未工作时,其 B1 端子内的相关电路控制该端子等效接地,使起动继电器线圈的电流通路处于接通状态,只要接通点火开关,起动继电器线圈中就将有电流通过而使其常开触点闭合,使起动机工作。

当防盗系统处于防盗状态时,防盗系统 ECU 的 B1 端子内电路控制该端子与地之间断开,此时接通点火开关,起动系统将无法工作。

5) 门控灯开关电路

防盗系统 ECU 的 A7 端子为门控灯开关信号输入端,外接驾驶席侧车门、乘客席(副驾驶)侧车门、后门和行李厢盖控灯开关,这几个开关并联连接,只要有一门或发动机舱盖未关(盖)好,防盗系统 ECU 的 A7 端子就有检测信号输入,使 B1 端子相关电路处于断开状态,从而使起动机无法工作。

6) 防盗指示灯电路

防盗系统 ECU 的 A1 端子为防盗指示灯控制信号输出端,当处于防盗状态时,A1 端子输出为高电平,该信号经限流电阻使发光二极管导通发光,以示防盗工作状态。

9.3.5 电动座椅

1. 电动座椅的作用和功能

汽车座椅的主要功能是为驾驶员提供便于操作、舒适而又安全的驾驶位置;为乘员提供不易疲劳、舒适而又安全的乘坐位置。它应满足以下要求。

(1) 座椅在车厢内的布置要合适,尤其是驾驶员的座椅,必须处于最佳的驾驶位置。

(2) 按人体工程学的要求,座椅必须具有良好的静态与动态舒适性,其外形必须符合人体生理功能,在不影响舒适性的前提下,力求美观大方。

(3) 座椅应采用最经济的结构,尽可能地减轻质量。

(4) 座椅是支撑和保护人体的构件,必须十分安全可靠,应具有充分的强度、刚度与耐久性。对可调的座椅,要有可靠的锁止机构,以保证安全。

(5) 座椅应有良好的抗振动特性,能吸收从车厢底板传来的振动。

(6) 座椅应具有各种调节机构,它是适应不同驾驶员、乘员在不同条件下获得最佳驾驶位置与提高乘坐舒适性所不可缺少的手段。

作为人和汽车之间联系部件的座椅,其性能要求越来越高,座椅的调节正向多功能化发展,座椅的安全性、舒适性、操作性日益提高。座椅种类很多,还可以有不同的组合方式。如具有8种调节功能的电动座椅,其动作方式有座椅的前后调节、上下调节,座位前部的上下调节,靠背的倾斜调节,侧背支撑调节,腰椎支撑调节以及靠枕上下、前后调节。

电动座椅前后方向的调节量一般为100～160 mm,座位前部与后部的调节量为30～50 mm,全程移动所需时间为8～10 s。

2.电动座椅的构造和原理

电动座椅一般由双向电动机、传动装置和座椅调节器等组成,如图9-38所示

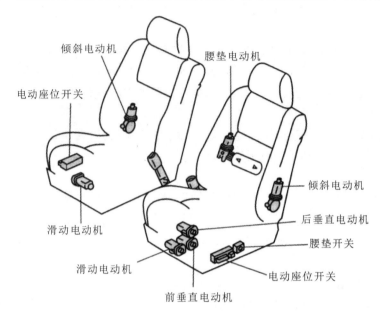

图 9-38 电动座椅的构造

1) 电动机

电动机的数量取决于电动座椅的类型,通常双向移动座椅装有2个电动机,四向移动的座椅装有4个电动机,最多可达6个电动机。电动座椅中使用的电动机一般为永磁式双向直流电动机,通过控制开关来改变流经电动机内部的电流方向,从而实现转动方向的改变。为防止电动机过载,大多数永磁式电动机内装有断路器。

2) 传动机构

电动机的旋转运动通过传动机构来改变座椅的空间位置。电动座椅的传动装置主要包括变速器、联轴节、软轴及齿轮传动机构等。变速器的作用是降速增矩。电动机轴分别与软轴相连,软轴再和变速器的输入轴相连,动力经过变速器的降速增矩以后,从变速器的输出轴输出;变速器的输出轴与蜗杆轴或齿轮轴相连,最终蜗轮蜗杆或齿轮齿条带动座椅支架产生位移。

3) 座椅调节器

(1) 高度调整机构。

高度调整机构由蜗杆轴、蜗轮、心轴等组成,如图9-39所示。调整时蜗杆轴在电动机的驱动下带动蜗轮转动,从而保证心轴旋进或旋出,实现座椅的上升与下降。

(2) 纵向调整机构。

纵向调整机构由蜗杆、蜗轮、齿条、导轨等组成,如图9-40所示。齿条装在导轨上,调整时,电动机转矩经蜗杆传至两侧的蜗轮上,经导轨上的齿条带动座椅前后移动。

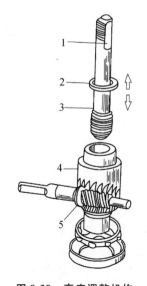 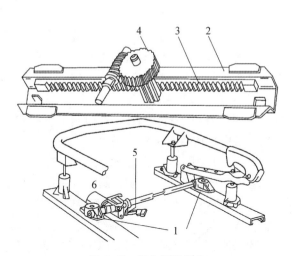

图 9-39　高度调整机构

1—铣平面；2—止推垫片；3—心轴；
4—蜗轮；5—挠性驱动蜗杆轴

图 9-40　纵向调整机构

1—支承及导向元件；2—导轨；3—齿条；4—蜗轮；
5—反馈信号电位计；6—调整电动机

3. 电动座椅的控制电路

以广州本田雅阁轿车电动座椅为例介绍电动座椅控制电路。广州本田雅阁轿车驾驶席电动座椅控制电路如图 9-41 所示。该座椅共设置了前后调节电动机、前端上下调节电动机、后端上下调节电动机和靠背倾斜调节电动机等 4 个电动机，分别对座椅前后滑动、前部上下移动、后部上下移动及靠背前后倾斜 8 个方向进行调节。

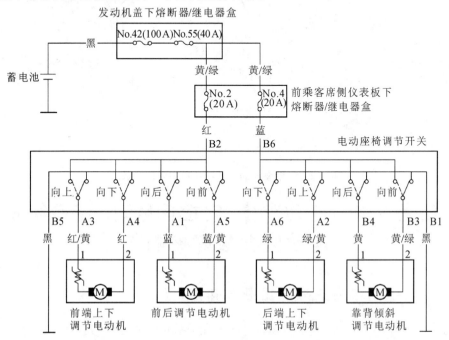

图 9-41　广州本田雅阁轿车驾驶席电动座椅控制电路

4. 自动座椅

自动座椅是带存储功能的电动座椅,它是人体工程与电子技术相结合的产物,它能自动适应不同体型的乘员乘坐舒适性的要求。

自动座椅的调整装置除能改变座椅的前后、高低、靠背倾斜及头枕等的位置外,还能存储座椅位置的若干个数据(或信息),只要乘员一按按钮,就能自动调出座椅的各个位置。如果此时不符合存储数据(或信息)的乘员乘坐,汽车便发出蜂鸣声响信号,以示警告。这种座椅1983年首先在日本日产(NISSAN)和丰田(TOYOTA)公司的公爵牌和皇冠牌轿车上使用,现已在许多中高档轿车中广泛应用。

如图9-42所示,自动座椅的基本结构及驱动方式与普通电动座椅相似,不同之处是附加了一套电子控制系统。电子控制系统有两套控制装置:一套是手动的,它包括电动座椅开关、腰垫开关、腰垫电动机以及一组座椅位置调整电动机等,各人根据其需要,通过相应的座椅开关和腰垫开关来调整,此套控制方式与普通电动座椅完全相同;另一套是自动的,它包括一组位置传感器、储存和复位开关、ECU及与手动系统共用的一组座椅位置调整电动机,此套装置可以根据位置传感器的信号将座椅位置储存起来,以备下次恢复座椅位置时使用。驾驶员可以根据不同需要,通过操纵储存与复位开关选择使用两套装置。

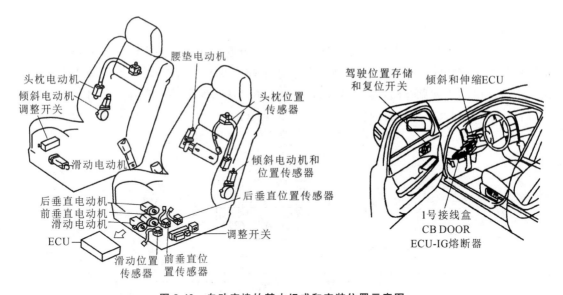

图9-42 自动座椅的基本组成和安装位置示意图

任务9.4 电动车窗、电控门锁、防盗系统及电动座椅故障诊断与排除

9.4.1 电动车窗的故障诊断与排除

以雷克萨斯LS400轿车为例,其电动车窗控制系统的故障诊断与排除方法如下。

1. 检测电路熔断器

如果全车所有的门窗升降都无动静,应首先检测电路熔断器。用试灯或电压表检测电路熔断器两边的电压。如果两边都有电压,电路熔断器是好的;如果电路熔断器的输入端有电压而输出端没有,则该电路熔断器坏了;如果电压没有加到电路熔断器的输入端上,则蓄电池供电回路为开路。

2. 检测电动机

断开电动机的线束连接器,线束连接器只有两个端子。将其中的一个端子用一根跨接线接蓄电池的正极,而将另一个端子用一根线搭铁。如果电动机旋转,把跨接线对调,当极性反过来后,该电动机应反转。如果电动机在一个或两个方向上都不旋转,则电动机有故障,应维修或更换。

3. 检测主开关

如果电动机正常运转,故障出在控制电路。为此要检测主开关,在主开关端子1和端子2之间接试灯,如图9-43所示。当主开关在关闭(OFF)位置时,试灯应点亮。如果灯不亮,则到主开关的电路或主开关搭铁电路有断路。检查搭铁端子4的连接是否可靠,如果很好,则继续检测。

如果试灯在跨接端子1和端子2时点亮,此时把开关设置到Up挡,试灯应熄灭。在端子1和端子3之间重复这样的检测,此时要把开关设置到Down挡。

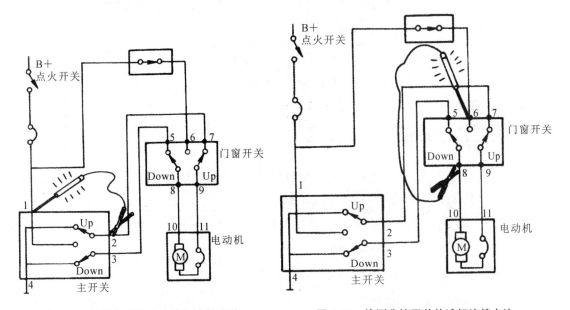

图9-43 检测主控开关的试灯连接方法　　图9-44 检测分控开关的试灯连接方法

4. 检测门窗开关

如果主开关是好的,再检测门窗开关。在端子6上应有蓄电池电压,否则应检查点火开关是否闭合,检查从端子6到电路熔断器之间的电路;将试灯跨接在端子8和端子6之间,如图9-44所示,试灯应点亮,此时若点火开关打到Down挡,则试灯熄灭;把试灯跨接到端子6和端子 9 之间,检测 Up 挡。

5.检测接触电阻、检查机械传动机构

如果车窗的升降速度比正常情况时慢,表明存在接触电阻或机械连杆机构有故障。这时,可采用检测电压降的方法查找产生接触电阻的原因:接触电阻可能存在于开关电路、搭铁回路或电动机中。例如,搭铁点锈蚀或开关接触点松动、有间隙,都会产生接触电阻,造成接触不良故障。如果是机械故障,则应检查连杆机构有无弯曲、卡滞或障碍干涉。

9.4.2 电控门锁的故障诊断与排除

中央门锁控制系统的常见故障有:操作门锁控制开关时,所有门锁均不动作;不能开门(或锁门);个别门锁不能动作;速度控制失灵(如果有速度控制)等。

1.操作门锁控制开关时,所有门锁均不动作

这种故障一般发生在电源电路中,其诊断流程如图 9-45 所示。

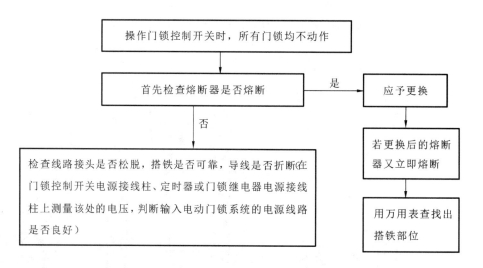

图 9-45 所有门锁均不动作故障诊断流程

2.操作门锁控制开关,不能开门(或锁门)

这种故障是开门(或锁门)继电器、门锁控制开关损坏所致,可能是继电器线圈烧断、触点接触不良、开关触点烧坏或导线接头松脱。

3.操作门锁控制开关,个别门锁不能动作

这种故障仅出现在相应车门上,可能是连接线路断路或松脱、门锁电动机(或电磁线圈式执行器)损坏、门锁连杆操纵机构损坏等。

4.速度控制失灵

速度控制失灵的检查诊断可按图 9-46 进行。

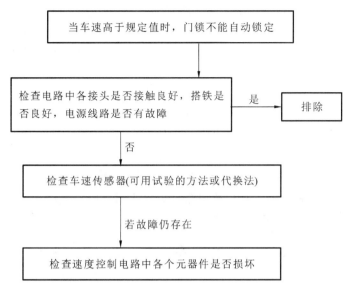

图 9-46 速度控制失灵故障诊断流程

9.4.3 防盗系统的故障诊断与排除

1. 系统检查

1) 防盗系统的设定

(1) 关闭所有车门。

(2) 关闭发动机罩盖和行李厢盖。

(3) 从点火开关锁芯中拔出点火钥匙。

(4) 当完成下列任何一项操作时,防盗指示灯开始闪烁,并在执行操作后约 30 s 内完成防盗系统设定。

① 用钥匙锁住左侧或右侧前门。

② 用门锁无线控制系统锁住所有车门。

③ 保持所有后门锁住及一扇前门锁住,不用钥匙锁住另一扇前门(无钥匙门锁)。

2) 解除防盗系统已设定的防盗功能

检查防盗指示灯是否在闪烁。如闪烁,表明防盗控制系统处于防盗状态,此时,下面任何一项操作完成时,防盗系统的防盗功能即被解除,防盗指示灯熄灭。

(1) 用钥匙打开左侧或右侧前门。

(2) 用门锁无线控制系统打开所有车门。

(3) 将点火钥匙插入点火锁芯,并将其转至 ACC 或 ON 位置(只有在防盗系统从未工作过时,该项工作才可执行)。

(4) 用钥匙打开行李厢,应注意的是,防盗系统功能仅在行李厢盖打开时临时解除,在行李厢盖关闭约 2 s 后,防盗系统重新设定。

3) 防盗系统正在报警时的解除

完成下列任何一项操作时,防盗系统功能解除。

(1) 用钥匙打开左侧或右侧车门。

(2) 用门锁无线控制系统打开车门。

(3) 将钥匙插入点火锁芯,并转至 ACC 或 ON 位置。

4) 防盗系统工作状况的检查

检查防盗指示灯是否闪烁。当完成下列任何一项操作时,防盗控制系统使汽车喇叭和防盗喇叭发声,前灯和尾灯闪烁约 30 s 或 1 min 作为报警。与此同时,防盗系统禁止起动发动机,并锁住所有车门(若所有车门未锁住,系统在报警时间内每隔 2 s 重复锁门动作)。

(1) 用发动机罩盖开启器打开发动机罩盖。

(2) 不用钥匙操纵使任一前门或后门打开。

2. 故障诊断

以桑塔纳 2000GSi 型轿车防盗器的维修为例,桑塔纳 2000GSi 型轿车的汽车防盗器系统属电子控制系统,因此设有故障自我诊断功能。必须使用专用的上海大众故障诊断阅读仪和相应的操作程序,来诊断故障和进行防盗器匹配。

1) 自诊断检测条件

(1) 被检测车辆蓄电池电压必须大于 11 V。

(2) 将大众专用故障阅读仪 V.A.G1552 的插头与车内变速器操纵杆前的诊断插口连接。

(3) 打开点火开关。

2) 操作步骤

(1) 点火开关打开后,进入车辆系统测试。屏幕显示:

```
Test of vehicle
HELP
Insert address word XX

车辆系统测试
帮助
输入地址码 XX
```

(2) 输入防盗器地址码"25"。屏幕显示:

```
Test of vehicle          Q
25-Immobilizer

车辆系统测试             Q
25-防盗器
```

(3) 按"Q"键确认。约 5 s 后,屏幕显示:

```
330 953 253 IMMO VWZ6ZOTO 123456 V01    →
Coding 00000            WSC 01205

330 953 253 IMMO VWZ6ZOTO 123456 V01    →
Coding 00000            WSC 01205
```

此屏幕显示直接进入01——查询防盗器ECU版本。

屏幕中:330 953 253为防盗器ECU零件号;IMMO为电子防盗系统缩写;VWZ6ZOTO 123456为防盗器ECU 14位字符号,凭借此号可向大众公司维修热线查询防盗密码;V01为防盗器控制单元软件版本;Coding 00000为编码号(对修理站来讲无意义);WSC 01205为维修站代码,在使用V.A.G1552检修防盗器时,必须先输入维修站代码。

(4)按"→"键,屏幕显示:

```
Test of vehicle          HELP
Select function XX

车辆系统测试             帮助
选择功能 XX
```

此时按"HELP"屏幕会列出以下可供选择的功能菜单:

02——查询故障;05——清除故障存储;06——结束输出;08——读测量数据块;10——匹配;11——输密码。

3. 防盗器故障代码的查询、清除及退出查询

(1)连接V.A.G1552,选择防盗器电子系统。屏幕显示:

```
Test of vehicle          HELP
Select function XX

车辆系统测试             帮助
选择功能 XX
```

(2)键入数字键"02"进入查询故障功能,并按"Q"键确认。屏幕显示:

```
X Fault recognized
发现 X 个故障
```

(3)按"→"键可以逐个显示故障代码和故障内容,直到全部故障显示完毕。

(4)如屏幕显示"NO Fault recognized",即未发现故障,按"→"键,则退回到功能菜单。

(5)防盗器故障代码查询结束后,按"→"键退回到功能菜单。键入数字键"05"进入清除故障存储功能,并按"Q"键确认,就可清除防盗器ECU中的故障存储。屏幕显示:

```
Test of vehicle          →
Fault memory is erased

车辆系统测试             →
故障存储已被清除
```

(6)键入数字键"06"进入结束输出功能,并按"Q"键确认。完成这一功能后,专用故障阅读仪退出防盗器诊断程序,回到待机状态。

9.4.4 电动座椅常见故障的诊断与排除

电动座椅常见故障有:座椅完全不能动作或某个方向不能动作。

1. 座椅完全不能动作

故障原因:熔断器熔断;线路及其插接件松脱;座椅开关故障;电源电路及其搭铁线路故障。

故障诊断与排除(见图9-47):

(1)检查熔断器是否熔断;

(2)检查线路及其插接件是否松脱;

(3)检查座椅开关是否损坏;

(4)检查电源电路及其搭铁线路是否有故障。

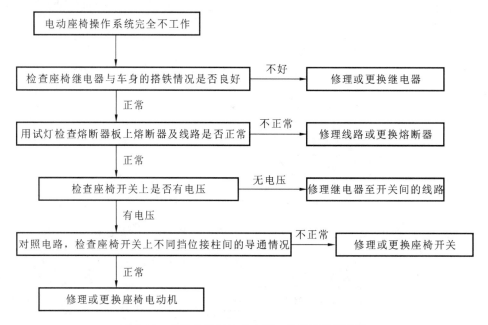

图9-47 电动座椅系统完全不工作故障诊断流程

2. 座椅某个方向不能动作

故障原因:该方向对应的电动机损坏;座椅开关损坏;该方向对应线路故障。

故障诊断与排除:

(1)检测该方向对应的电动机是否损坏;

(2)检测座椅开关工作是否正常;

(3)检测该方向对应线路是否有短路或断路。

项目 10　整车电路分析

知识目标

1. 熟知汽车电路图的组成和电路图的种类；
2. 熟知汽车电路图的绘制规则及识图方法。

能力目标

1. 学会识读主要车系电路图；
2. 学会利用电路图分析和查找电路故障。

任务 10.1　汽车电路识图

汽车电路图是利用各种符号和线条构成的图形，电路图清楚地表示了电路中的各组成元器件，如电源、熔断器、继电器、开关、继电器盒、接线盒、连接器、电线、搭铁等，有些电路图还表示出了电气零件的安装位置、连接器的形式及接线情况、电线的颜色、接线盒和继电器盒中继电器及熔断器的位置、线束在汽车上的布置等。

10.1.1　汽车电路图的种类

现代汽车电路图的种类繁多，电路图依车型不同也存在一定差别，但归纳起来汽车电路图主要有布线图、线束图、电路原理图等。

1. 布线图

布线图是各生产厂家根据自身生产汽车线路的特点给出的汽车全车电路的图形，一般是根据系统分类给出的，如图 10-1 所示。

布线图的特点：全车的电气设备数量明显且准确，电线的走向清楚，有始有终，便于循线跟踪，查找起来比较方便；按线束编制将电线分配到各条线束中去与各个插件的位置严格对号；在各开关附近用表格法表示了开关的接线与挡位控制关系，表示了熔断器与电线的连接关系，标明了电线的颜色与截面积。

布线图的缺点：图上电线纵横交错，印制版面小则不易分辨，版面过大印装受限制；读图、画图费时费力，不易抓住电路重点、难点；不易表达电路内部结构与工作原理。

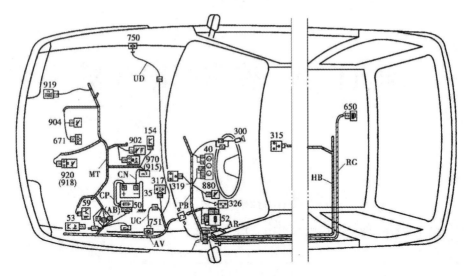

图 10-1　汽车仪表系统布线图

2.线束图

整车电路线束图常用于汽车厂总装线和修理厂的检修与配线,如图 10-2 所示。

线束图主要表明电线束各用电器的连接部位、接线柱的标记、线头、插接器(连接器)的形状及位置等,它是人们在汽车上能够实际接触到的汽车电路图。这种图一般不详细描绘线束内部的电线走向,只将露在线束外面的线头与插接器详细编号或用字母标记。它是一种突出装配记号的电路表现形式,非常便于安装、配线、检测与维修。如果再将此图各线端都用序号、颜色准确无误地标注出来,并与电路原理图和布线图结合起来使用,则会起到更大的作用且能收到更好的效果。

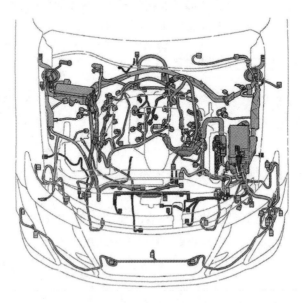

图 10-2　汽车线束图

3.电路原理图

电路原理图是用简明的国家标准图形、符号、字母(现在均采用国际电工委员会 IEC 标准)按电路原理将每个系统由上到下(从左到右)合理地用线连接,再将每个系统排列起来而成。原理图只表示电路构成、连接关系和工作原理,而不考虑其实际安装位置。它可以是系统(局部)电路原理图,也可以是整车电路原理图,如图10-3和图10-4所示。

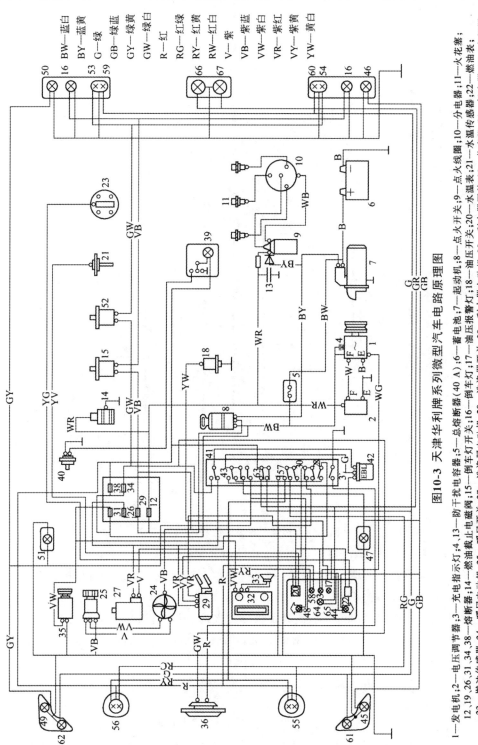

图10-3 天津华利牌系列微型汽车电路原理图

1—发电机;2—电压调节器;3—充电指示灯;4、13—防干扰电容器;5—总熔断器(40 A);6—蓄电池;7—起动机;8—点火开关;9—点火线圈;10—分电器;11—火花塞;12、19、26、31、34、38—熔断器;14—燃油截止电磁阀;15—倒车灯开关;16—倒车灯;17—油压报警开关;18—油压报警灯;20—水温表;21—水温传感器;22—燃油表;23—燃油传感器;24—暖风电动机;25—暖风开关;27—洗涤器电动机;28—洗涤器与危险报警开关;29—刮水器电动机;30—刮水器开关;32—收音机;33—扬声器;35—点烟器;36—电喇叭;37—喇叭按钮;39—带灯的室内灯;40—门控开关;41—转向与危险指示灯;42—闪光器;43—转向灯开关;44—左转向指示灯;45~47—左转向信号灯;48~51—右转向信号灯;52—制动灯开关;53、54—制动灯;55、56—前照灯;57—前照灯灯开关;58—远光指示灯;59、60—后示宽灯;61、62—前示宽灯;63—前示宽灯开关;64、65—仪表照明灯;66、67—牌照灯

BW—蓝白 BY—蓝黄 G—绿 GB—绿蓝 GY—绿黄 GW—绿白 R—红 RG—红绿 RY—红黄 RW—红白 V—紫 VB—紫蓝 VW—紫白 VR—紫红 VY—紫黄 YW—黄白

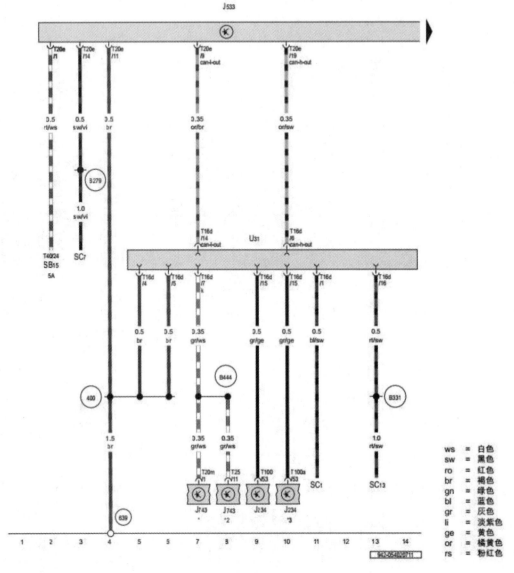

图 10-4 迈腾数据诊断电路图

原理图与线路图有所不同,其特点如下。

(1) 对全车电路有完整的概念,它既是一幅完整的全车电路图,又是一幅互相联系的局部电路图,重点难点突出、繁简适当。

(2) 在图上建立了电位高、低的概念:其负极"一"接地(俗称搭铁),电位最低,可用图中的最下面一条线表示;正极"＋"电位最高,用最上面的那条线表示。电流的方向基本都是由上而下,路径是:电源正极"＋"→开关→用电器→搭铁→电源负极"一"。

(3) 可以减少电线的曲折与交叉,布局合理,图面简洁、清晰,图形符号考虑到元器件的外形与内部结构,便于读者联想、分析,易读、易画。

(4) 各局部电路(或称子系统)相互并联且关系清楚,发电机与蓄电池间、各个子系统之间的连接点尽量保持原位,熔断器、开关及仪表等的接法基本上与原图吻合。

10.1.2 汽车电路识图的一般方法

由于各国汽车电路图的绘制方法、符号标记以及文字、技术标准等的不同,各国汽车电路图存在很大的差异,甚至同一国家不同汽车公司的汽车电路图也存在着较大差异。这就给识读电路图带来了许多麻烦。要想完全读懂一种车型的整车电路图,特别是较复杂的轿车电路图并非是一件轻松的事,所以掌握汽车电路图的识读方法是十分必要的。

当拿到一张汽车电路图时,它大多是接线图或电气原理图,无论是哪种电路图,一般都是线条密集、纵横交错、头绪多而杂,不易看懂。在认识了汽车电路图中的有关图形符号和标志,知道了汽车电路图的种类等内容后,一般可以按照下列方法步骤进行阅读。

1. 善于化整为零

纵观"全车",眼盯"局部",由"集中"到"分散"。全车电路一般都是由各个局部电路所构成,它表达了各个局部电路之间的连接和控制关系。要把局部电路从全车总图中分割出来,就必须掌握各个单元电路的基本情况和接线规律。前面讲述过,汽车电路的基本特点是:单线制、负极搭铁、各用电器互相并联。各单元(局部)电路,例如电源系统、起动系统、点火系统、照明系统、信号系统、仪表系统等都有其自身的一些特点,看电路要以其自身的特点为指导,去分解并研究全车电路,这样做会少一些盲目性,能较快速、准确地识读汽车电路图。开始必须认真地读几遍图注,对照线路图查看电器在车上的大概位置及数量,查看有没有新颖独特的电器,如有应加倍注意。

2. 注意开关的作用

开关是控制电路通断的关键。我们通常按操纵开关的功能及不同工作状态来分析电路的工作原理。如点火系统供电,点火开关应处于点火挡或起动挡。在标准画法的电路图中,开关总是处于零位,即开关处于断开状态;电子开关的状态则视具体情形而定。这里所说的电子开关主要包括晶体管及晶闸管等具有开关特性的电子元件。

在一些复杂电路控制中,一个主开关往往汇集许多导线,分析汽车电路时应注意以下几个问题。

(1) 蓄电池(或发电机)的电流是通过什么路径到达这个开关的,中间是否经过其他的开关和熔断器,这个开关是手动还是电控的?

(2) 这个开关控制哪些用电器,每个被控电器的作用是什么?

(3) 开关的许多接线柱中,哪些是直通电源的,哪些是接用电器的,接线柱旁是否有接线符号,这些符号是否常见?

(4) 开关共有几个挡位,在每一个挡位中,哪些接线柱有电,哪些无电?

(5) 在被控制的用电器中,哪些用电器应经常接通,哪些应先接通,哪些应后接通,哪些应单独工作,哪些应同时工作,哪些用电器不允许同时接通?

3. 熟悉电器元件及配线

在分析某个电路系统时,要清楚电路中所包括的各部件的功能、作用和技术参数等。

现代汽车的线路如同人的神经一样分布在各个区域,其复杂程度与日俱增,而线路中的配线、插接器、接线盒、断电器、接地点等如同神经的"节点"。所以熟悉这些电器元件在电路图中的表示符号、位置、连接方式、内部电路等对阅读汽车电路图会有很大的帮助。因此在阅读接线图时,要正确判断接点标记、线型和色码标志等。

4. 了解继电器的工作状态

现代汽车电路中经常采用各种继电器对一些复杂电路进行控制。了解继电器的工作状态,特别是一些电子继电器的工作状态,对分析电路会有较大的帮助。

阅读电路图时可以把含有线圈和触点的继电器,看成由线圈工作的控制电路和触点工作的主电路两部分组成。主电路中的触点只有在线圈电路中有工作电流流过后才能动作。电路图中所画为继电器线圈处于失电状态的情形。

5. 掌握回路原则

回路是最简单的电气学概念。在阅读电路图时,应掌握回路原则,即电路中工作电流是由电源正极流出,经用电设备后流回电源负极;电路中只有当电流流过用电设备时,用电设备才能工作。

即使掌握了回路原则,在阅读电路图时还是容易犯一些错误。常见的错误有:从电源正极出发,到某用电器(或再经其他用电器)又回到了电源正极;把发电机、蓄电池这两个电源当成一个电源,常从这个电源的正极出发,经过用电器回到另一个电源的负极,这实际上并未构成真正的通路,也就不能产生电流;虽然注意到回路原则,但在电流方向上是随意的,有时从电源的负极出发,经用电器回到电源的正极。

另外,进口汽车一般只配有接线图,其原理图往往是进口以后有关人员为研究、使用与检修而收集和绘制的。由于这些图的来源不同,收集时间不同以及符号、惯例的变更等,在画法上可能出现差异,所以在读电路原理图时应加以注意。

任务 10.2 典型车系的电路分析

10.2.1 大众车系电路分析

德国大众系列汽车在我国的轿车工业中已占据了主导地位,如一汽大众公司生产的迈腾、捷达轿车以及上海大众公司生产的桑塔纳、帕萨特轿车等,这些产品的电路图与其他系列汽车电路图相比,具有许多不同之处。它既不同于其他车辆的接线图,也不同于电路原理图。它可以看作电路原理图,但实质上更接近接线图。在识图前应先了解电路中各符号、图形等的含义。大众车系电路图中部分电气元件的符号如表 10-1 所示。

表 10-1 大众车系部分电气元件符号

图形符号	含义	图形符号	含义
	保险丝	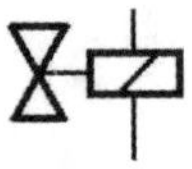	电磁阀
	过载保险丝		电动机

续表

图形符号	含义	图形符号	含义
	蓄电池		两挡刮水器电动机
	起动机		手动开关
	发动机		热敏开关
	点火线圈		手动按钮开关
	火花塞插头		机械控制开关
	加热器加热电阻		压力开关
	热敏时控阀		手动多级开关
	暖风调节器附加空气阀		可变电阻
	电阻		热敏电阻
	二极管		继电器
	稳压二极管		继电器(电子控制式)
	发光二极管		速度传感器
	白炽灯		双丝白炽灯
	内饰灯		点烟器
	后窗加热器装置		喇叭

续表

图形符号	含义	图形符号	含义
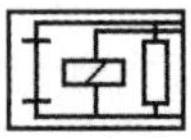	蜂鸣器	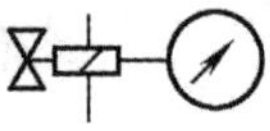	燃油指示器
	插接		多孔插接
	线路分配器		可拆式线路连接
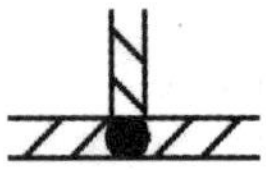	不可拆式线路连接	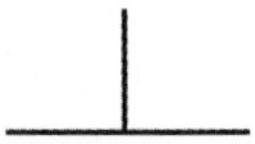	元件内部连接
	电阻导线		滑动触点
	电子控制器	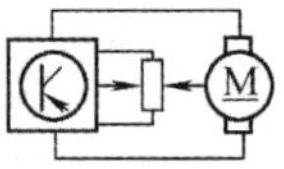	灯光调节电动机

大众车系电路图大致可分为四部分，即外线部分、内部连接部分、电气元件部分、继电器/熔断器及其连接件部分。

外线部分在图上以粗实线画出，集中在图的中间部位。每条线上都有导线的颜色、导线的截面积的标注。线端都有接线柱号或插口号标示其连接关系。颜色标记以字母表示，对应关系如表10-2所示。

表10-2　大众车系导线颜色代码对照表

代码	颜色	代码	颜色	代码	颜色
ws	白色	sw	黑色	ro(或 rt)	红色
br	褐色	gn	绿色	bl	蓝色
gr	灰色	vi(或 li)	淡紫色	ge	黄色
or	橘黄色	rs	粉红色	—	—

如果导线是双色的，则以两种颜色的字母共同标记。例如 ro/sw、sw/ge 等。导线的截面积以数字标示在导线颜色上方，单位是 mm^2，例如 4.0、6.0 等。

内部连接部分在图上以细线画出。这部分连接是存在的，但线路是不存在的。标示线路只是为了说明这种连接关系，同时使电路图更加容易被理解。

电路图本身就是表达元件之间的连接关系的。因此，电气元件在电路图中是主体。电气元件在图中用框图辅以相应的标号表示。每一个元件都有一个代号，如 A 表示蓄电池，V7 表示散热器风扇等。电气元件的接线点都用标号标出，标号在元件上可以找到。例如，起动机 B 有两个接点，一个标记 30，一个标记 50。

继电器、熔断器等反映的内容有继电器位置号、继电器名称、继电器盒上插接元件符号、继电器盒上连接件符号、熔断器标号及熔断器容量等,并且熔断器容量用不同的颜色加以区别。车上大部分继电器和熔断器都安装在继电器盒的正面,几乎全部主线束均从继电器盒背面插接通往各用电设备。

在图的最下方还有电路连接号。这一标号只是制图和识图的标记号,数字的大小没有实际的物理意义。它有两个作用,一是可顺序表达整个车的全部电路内容,便于每一部分既相对独立又相互联系;另一个是便于反映在一部分电路图中难以表达的接续部分。

电路实例分析,迈腾汽车蓄电池、起动机电路如图10-5所示。

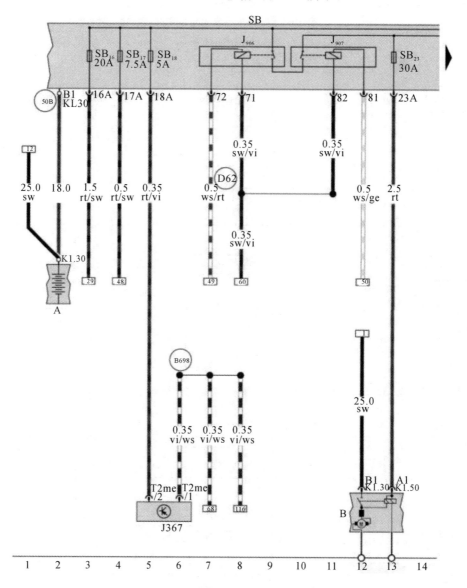

图 10-5 迈腾汽车蓄电池、起动机电路

A—蓄电池;B—起动机;J367—蓄电池监控控制单元;J906—起动继电器1;J907—起动继电器2;SB—保险丝架B;
SB16—保险丝架B上的保险丝16;SB17—保险丝架B上的保险丝17;SB18—保险丝架B上的保险丝18;
SB23—保险丝架B上的保险丝23;T2me—2芯插头连接,黑色;508—螺栓连接(30),在电控箱上;
B698—连接3(LIN总线),在主导线束中;D52—正极连接(15a),在发动机舱导线束中;*—通过外壳接地

10.2.2 丰田车系电路分析

丰田车系电路图中的电气元件通常用文字直接标注。在电路总图中各系统电路按横轴方向逐个布置,并在电路图上方标出各系统电路区域和代表该电路系统的符号及文字说明。电路图中绘出了搭铁点,并标注代号与文字说明,可以从电路图了解搭铁点。部分电路图中还直接标出电路插接器的端子排列和各端子的使用情况,给识图和电路故障查询提供了方便。丰田车系电路图中使用的图形符号及含义见表 10-3。

表 10-3 丰田车系常见电路符号

图形符号	含义	图形符号	含义
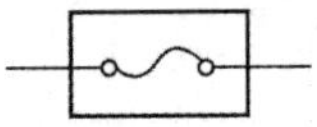	熔断器	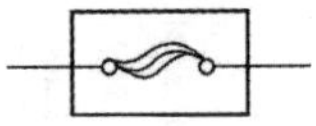	易熔丝
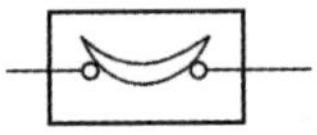	断路器	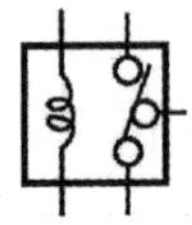	双流向继电器
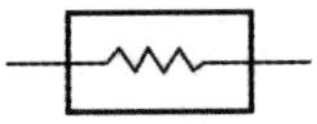	电阻	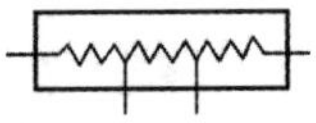	按键式变阻器
	无级可变电阻器	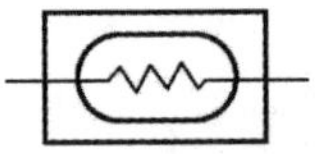	热敏电阻传感器
	模拟速度传感器	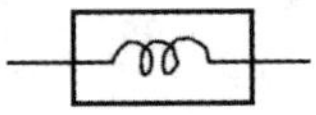	电磁阀或电磁线圈
	电机		发光二极管
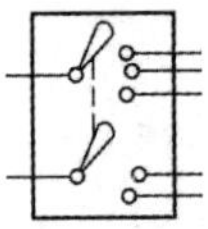	点火开关	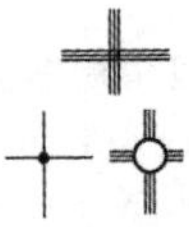	配线: 不连接或绞接

在线路图中,配线颜色用字母代号表示,字母代号的含义见表10-4。

表 10-4　丰田车系导线颜色代码对照表

代码	颜色	代码	颜色	代码	颜色
B	黑色	L	蓝色	R	红色
BR	棕色	LG	浅绿色	V	紫色
G	绿色	O	橙色	W	白色
GR	灰色	P	粉红色	Y	黄色

电路实例分析,丰田卡罗拉起动电路如图10-6和图10-7所示。

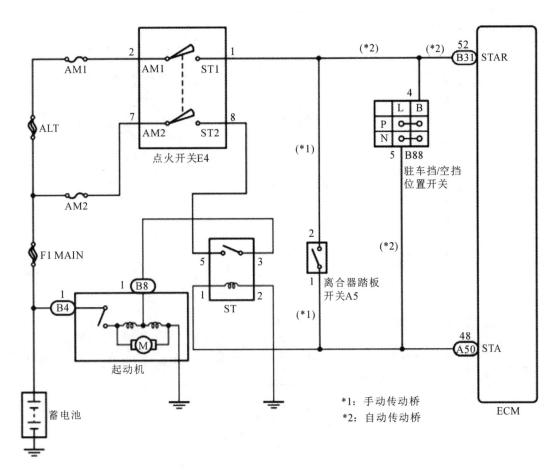

图 10-6　丰田卡罗拉起动电路

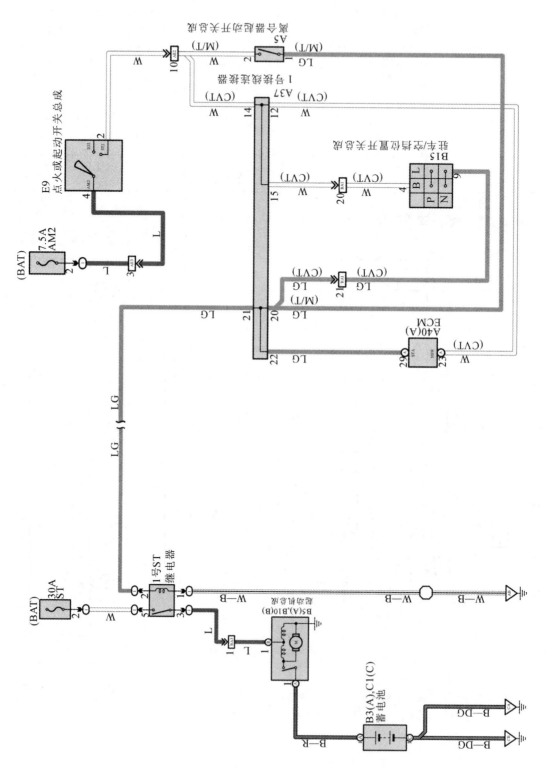

图10-7 丰田卡罗拉起动电路（2016款）

10.2.3　通用车系电路分析

通用车系中汽车电路图按系统可分为电源分配图、熔丝图、系统电路图和搭铁电路图。其中系统电路图又将供电、搭铁、总线、传感器、执行器等分开单独画出，可快速查找相关电路图。如 2016 款科鲁兹发动机控制系统电路图就分为“电源、搭铁、串行数据和故障灯”“发动机数据传感器——空气流量计、压力和温度”“发动机数据传感器——节气门”等。

系统电路图中电源线从上方进入，通常从熔丝处开始，并于熔丝上方用黑线框标注此处与电源之间的通断关系；用电器在中部，接地点在最下方。如果是由电子控制的系统，电路图中除该系统的工作电路外，还会包括与该系统工作有关的信号电路(如传感器等)。

在电路图中，各导线除了标明颜色和截面积外，通常还标有该电路的编码。通过电路编码可以知道该电路在汽车上的位置，以方便识图和故障查询。

通用车系电路图中使用的符号及含义见表 10-5。

表 10-5　通用车系常见电路符号

图形符号	含义	图形符号	含义
B+	蓄电池电压	IGN Ⅱ	点火开关-Run 位置
IGN0	点火开关-Off 位置	IGN	点火开关-Start 位置
IGN Ⅰ	点火开关-Accessory 位置	L O C	主要部件列表图标，示意图上的图标，用于链接“主要电气部件列表”
→	下一页示意图图标	←	前一页示意图图标
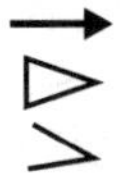	常规向右的箭头		常规向左的箭头
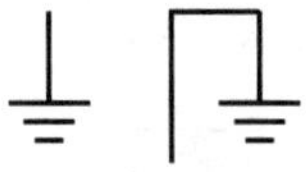	低电平参考电压		保险丝
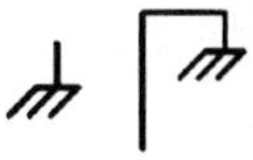	搭铁	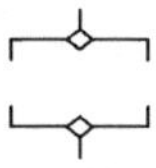	选装件断点
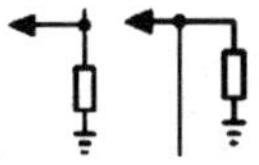	输入/输出下拉电阻器	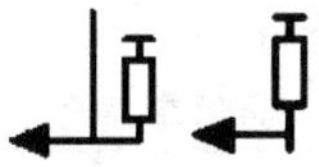	输入/输出上拉电阻器
	输入/输出高压侧驱动开关	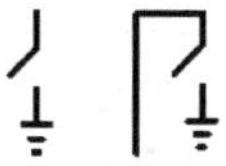	输入/输出低压侧驱动开关
	附件电源插座	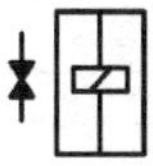	电磁阀

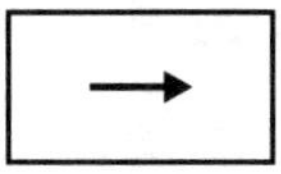

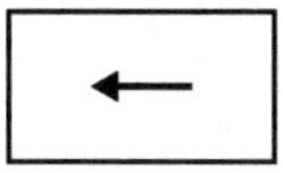

续表

图形符号	含义	图形符号	含义
	位置2常闭开关	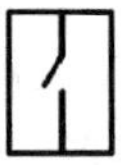	位置2常开开关
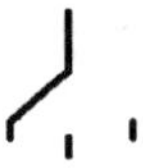	位置3开关		位置4开关
	位置6开关	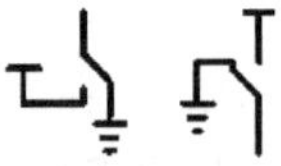	输入/输出双向开关
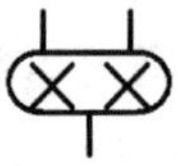	双丝灯泡		二极管
	发光二极管	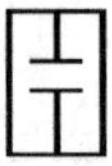	电容器
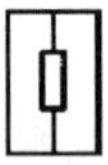	电阻器	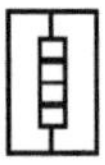	加热元件
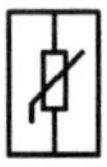	可变电阻器	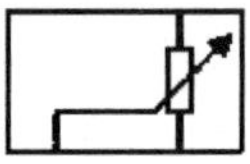	位置传感器
	可变电阻器-负温度系数	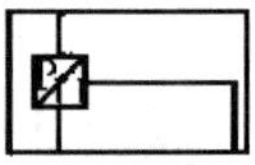	压力传感器
	易断裂导线		氧传感器-2线
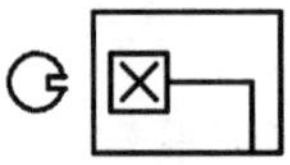	霍尔效应传感器	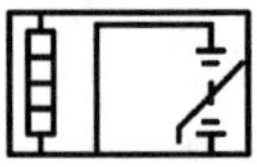	加热型氧传感器-4线
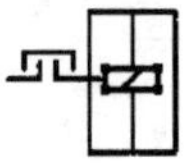	离合器		电机
	扬声器	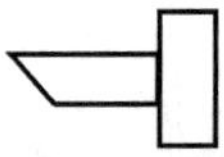	喇叭

通用车系导线颜色代码对照见表10-6。

表10-6 通用车系导线颜色代码对照表

代码	颜色	代码	颜色	代码	颜色
BK	黑色	OG	橙色	WH	白色
BU	蓝色	PNK	粉红色	YE	黄色
BN	棕色	PU	紫色	GY	灰色
RD	红色	GN	绿色	TAN	褐色
D	深色	L	浅色	—	—

项目 10 整车电路分析

电路实例分析,科鲁兹点火系统电路如图 10-8 所示,前照灯电路如图 10-9 所示。

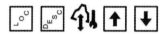

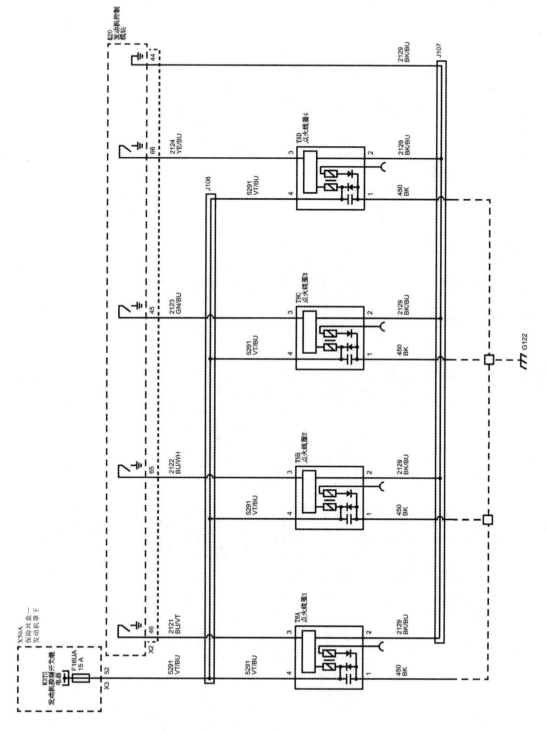

图10-8 科鲁兹点火系统电路图

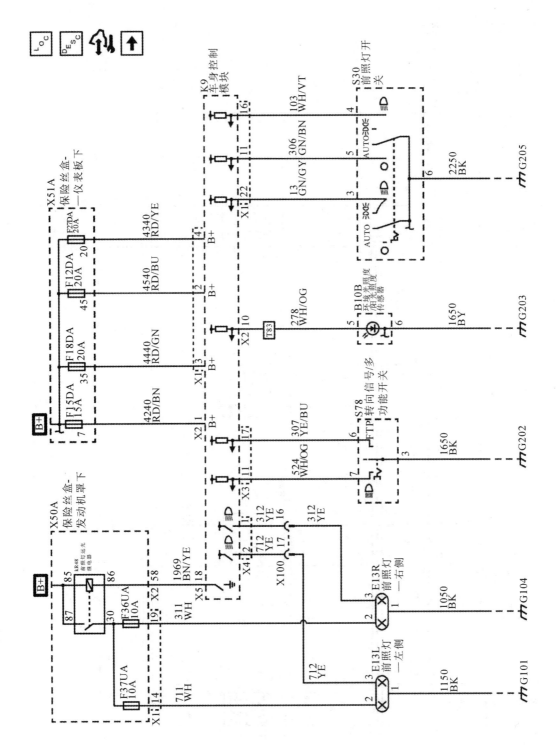

图10-9 科鲁兹前照灯电路图

10.2.4 雪铁龙车系电路分析

雪铁龙车系电路图中常用符号如表 10-7 所示。

表 10-7 雪铁龙车系常见电路符号

图形符号	含义	图形符号	含义
	线头焊片接点	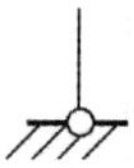	经线头焊片搭铁
	插头接点	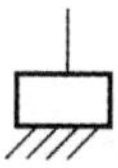	经插接器搭铁
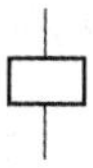	插接器接点	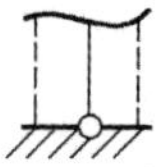	经零件外壳搭铁
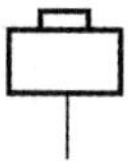	带分辨记号的插接器接点	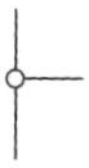	不可拆接点
	机械开关		手动开关
	压力开关		转换开关
	动合触点(自动回位)		动断触点(自动回位)
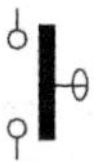	温度开关		延时断开触点
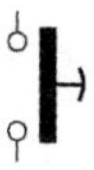	延时闭合触点		摩擦式触点
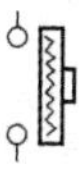	带电阻手动开关		电阻
	可变电阻		手动可变电阻

续表

图形符号	含义	图形符号	含义
	机械可变电阻		热敏电阻
	压力可变电阻		可变电阻
	电子控制组件		继电器组件
	零件框图（带有原理图）		零件框图（无原理图）
	零件部分框图		零件部分框图（无原理图）
	照明灯		双灯丝的照明灯
	发光二极管		光敏二极管
	二极管		熔断器
	蓄电池单格		电容器
	电动机		双速电动机
	交流发电机		发声元件
	接线柱		联动线（轴）
	NPN 晶体三极管		PNP 晶体三极管

雪铁龙车系导线颜色代码对照如表 10-8 所示。

表 10-8 雪铁龙车系导线颜色代码对照表

代码	颜色	代码	颜色	代码	颜色
N	黑色	J	柠檬黄	G	灰色
M	栗色	V	翠绿	B	白色
R	大红	Bl	湖蓝	Lc	透明
Ro	粉红	Or	橙色	Mv	深紫
Vi	紫罗兰	—	—	—	—

法国雪铁龙汽车电路图在表现形式上与通常的汽车电路图有较大差别,该车系电路原理图与布线图的标示方法如图 10-10 所示。图 10-11 所示为车内照明系统电路原理图。

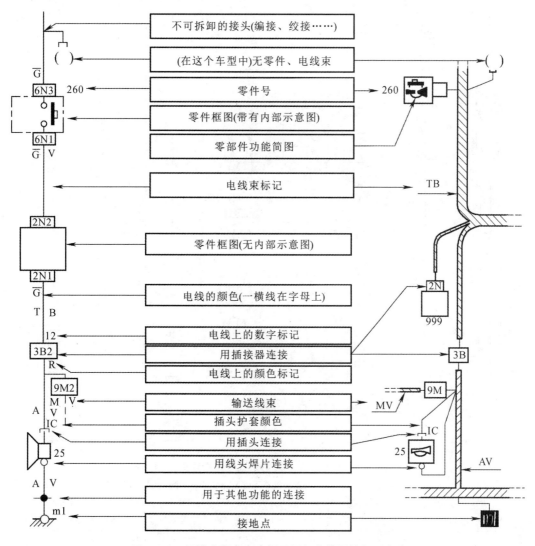

图 10-10 雪铁龙汽车电路原理图与布线图的标示方法

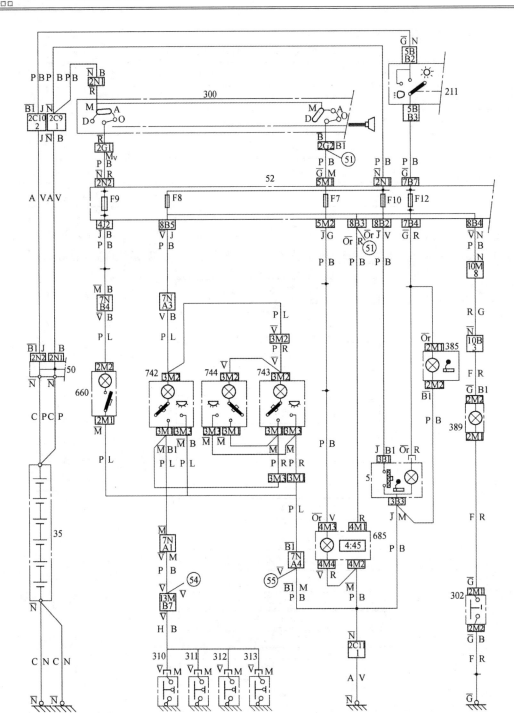

图 10-11 车内照明系统电路原理图

5—前点烟器；35—蓄电池；50—发动机罩下熔断器盒；52—驾驶室内熔断器盒；
211—组合开关（照明、转向、喇叭）；300—点火开关；302—行李厢照明开关；310—左前门控开关；
311—右前门控开关；312—左后门控开关；313—右后门控开关；385—前烟灰缸照明灯；389—行李厢照明灯；
660—阅读灯；685—石英钟及照明灯；742—前顶灯；743—左后顶灯；744—右后顶灯

参考文献

[1] 李春明.汽车电器与电路[M].北京:高等教育出版社,2003.
[2] 卢明.汽车电气设备构造与检修[M].长春:吉林大学出版社,2016.
[3] 王辉,张文秀,刘祥泽.汽车电气设备构造与维修[M].长春:吉林大学出版社,2016.
[4] 麻友良,丁卫东.汽车电器与电子控制系统[M].北京:机械工业出版社,2013.
[5] 王勇.汽车电气设备构造与维修[M].北京:机械工业出版社,2002.
[6] 陈家瑞.汽车构造[M].3版.北京:机械工业出版社,2009.
[7] 李春明,王景晟,冯伟.汽车构造[M].北京:机械工业出版社,2015.
[8] 于海东,胡波勇.一汽大众汽车维修案例精析与技术通报[M].北京:化学工业出版社,2016.
[9] 瑞佩尔.大众汽车维修案例·电路·资料全书[M].北京:化学工业出版社,2017.
[10] 刘冬生,黄国平,黄华文.汽车电气设备构造与维修[M].北京:机械工业出版社,2017.
[11] 徐红举,曹廷华.汽车电气设备构造与维修[M].武汉:华中科技大学出版社,2010.
[12] 吴定才.汽车电子控制系统构造与维护[M].北京:人民交通出版社,2016.
[13] 王绍铳,李建秋,夏群生.汽车电子学[M].2版.北京:清华大学出版社,2012.
[14] 康拉德·莱夫.BOSCH汽车电气与电子(中文)[M].2版.北京:北京理工大学出版社,2014.
[15] 汤姆·登顿.汽车电气与电子控制系统[M].北京:机械工业出版社,2008.